# 成都服务业发展的
## 多维演变研究

林　娜／著

西南财经大学出版社
中国·成都

图书在版编目(CIP)数据

成都服务业发展的多维演变研究/林娜著.--成都：
西南财经大学出版社,2024.7.--ISBN 978-7-5504-6273-1

Ⅰ.F726.9

中国国家版本馆 CIP 数据核字第 20241KZ624 号

成都服务业发展的多维演变研究

CHENGDU FUWUYE FAZHAN DE DUOWEI YANBIAN YANJIU

林 娜 著

策划编辑:李 琼
责任编辑:李 琼
责任校对:李思嘉
封面设计:墨创文化
责任印制:朱曼丽

| | |
|---|---|
| 出版发行 | 西南财经大学出版社(四川省成都市光华村街55号) |
| 网 址 | http://cbs.swufe.edu.cn |
| 电子邮件 | bookcj@swufe.edu.cn |
| 邮政编码 | 610074 |
| 电 话 | 028-87353785 |
| 照 排 | 四川胜翔数码印务设计有限公司 |
| 印 刷 | 郫县犀浦印刷厂 |
| 成品尺寸 | 170 mm×240 mm |
| 印 张 | 16.25 |
| 字 数 | 328 千字 |
| 版 次 | 2024 年 8 月第 1 版 |
| 印 次 | 2024 年 8 月第 1 次印刷 |
| 书 号 | ISBN 978-7-5504-6273-1 |
| 定 价 | 78.00 元 |

# 前言

　　城市是先进生产力的聚集地，是服务部门高度密集化的地理空间。现代服务业向城市聚集，是后工业时代城市化的重要内容，服务业在城市经济活动中的地位日益重要，成为城市经济增长的重要驱动力。中华人民共和国成立以来，成都服务业产业规模不断壮大，在全国、西部地区、成渝地区双城经济圈中显示出较为强大的集聚能力。当前，成都正处于城市能级活跃期、发展方式转型期、动力转换攻坚期、改革创新关键期、现代治理提升期，在建设中国西部具有全球影响力和美誉度的社会主义现代化国际大都市的奋斗目标下，实现服务业高质量发展成为重要而紧迫的任务。

　　笔者结合十多年来对成都服务业的研究实践，构建了一个包含时间、空间、结构、动能等多维度的分析框架，以较为系统和深入的方式研究和理解成都服务业发展的特点，在此基础上探寻服务业高质量发展的路径并提出推进高质量发展的建议。本书共分为六章。

　　第一章是"服务业相关理论和分析框架"。服务业内部具有众多产业部门，不同类型服务业的经济性质差异大，都有独特性，各具特色。因此，理解服务业，需要以宏观理论为指导，探讨其发展规律和趋势。本章主要阐述了服务业的内涵特征和行业分类、服务经济理论演进，探究了服务业与工业化、城镇化、国际化的关系，以及服务业和城市发展的关系，为剖析成都服务业发展提供研究立足点。

　　第二章是"成都服务业发展的时间演变"。本章梳理了中华人民共和国成立以来成都服务业发展的历程，分别为改革开放前的缓慢发展阶段、1979—1992年的波动成长阶段、1993—2012年的高速壮大阶段，以及2013年至今的稳定增长阶段。通过将成都与国际大都市，以及国内一线城市、城市能级相近城市的服务业发展进行比较分析，洞察其发展的优劣势。

第三章是"成都服务业发展的空间演变"。城市内部的具体环境条件、产业分工、人口集聚、规划政策不同，往往会形成差异化的服务业发展格局。由于2000年以前成都没有对县（市、区）服务业进行单独统计，因此，本章梳理了2000年以来成都市服务业发展的空间格局演变情况。总体来看，成都服务业空间格局演变经历了向心集聚、重点拓展、功能协同三个阶段，而市场机制、规划引导、需求变化等是引致服务业布局演变的主要因素。

第四章是"成都服务业发展的结构演变"。本章梳理了成都服务业内部各行业占服务业增加值比重的变动情况，发现其经历了从"两小一窄"即经济体量小、辐射范围小、服务领域窄向"两高一广"即经济贡献率高、服务能级高、辐射范围广转变的过程，内部结构正在由以传统服务业为主向以现代和新兴服务业为主演化，总体上是劳动密集型—资本密集型—知识密集型迭代演进。

第五章是"成都服务业发展的动能演变"。本章从动能维度关注成都服务业增长的驱动力，对成都服务业动能转换的阶段划分及各阶段的特点进行深入分析，通过搜集整理成都在推进服务业综合改革、开放、创新方面的举措和政策，回顾和梳理了成都服务业综合改革、开放发展、创新发展的轨迹和特征。

第六章是"推进成都服务业高质量发展"。本章在中国式现代化视域下探索成都服务业高质量发展的战略思路和具体路径，阐述了服务业高质量发展的内涵特征，分析了数字技术时代服务业的趋势特征，研判了成都服务业的阶段特征。据此，围绕高质量发展主题，粗浅提出了成都服务业发展的思路和路径。

本书是2022年成都市哲学社会科学"雏鹰计划"优秀成果出版项目，项目编号为CY001。成都市服务业研究院全体同事，以及西南财经大学的李萍教授对本书写作给予了大力支持和帮助，在此表示诚挚感谢。虽然在编写中做了最大努力，但由于笔者水平有限，以及时间、资料等方面的限制，本书仍有许多不尽如人意之处，敬请各位读者批评指正。

林娜

2024年2月

# 目录

# 第一章　服务业相关理论和分析框架

　　服务业是在经济发展和社会变革的基础上逐渐形成和发展起来的。随着工业化和城市化进程的演进，人们在生活和经济活动中对服务的需求逐渐增加，服务业通过提供各种服务满足生产和消费的多样化需求，成为现代化经济体系中的重要组成部分。

## 第一节　服务业的定义和分类

### 一、服务业的内涵

　　研究服务业的内涵，应当首先从研究服务业形成开始。服务业历史悠久，经济学家在 17 世纪就开始对服务业有所关注，但在很长的历史时期，服务业并不被看成一个产业，至少不是一个生产性产业或者实体经济，而被认为只是一个附属部门。

　　从 20 世纪 30 年代开始，服务业的重要性开始得到广泛认同。在西方经济学中，服务业首先是以"第三产业"的表述方式出现的。20 世纪 30 年代初，经济学家阿·格·费希尔（Allan G. B. Fisher）在《安全与进步的冲突》（*The Clash of Progress and Security*）一书中，提出了第三产业部门的概念，"第三产业是繁衍于有形财富生产活动中的无形财富生产的部门"，认为第三产业是在第一产业和第二产业的基础上产生的，而且指出第三产业的本质在于提供服务，这一部门的重要性在于它包含了很多潜在的"增长点"。1940 年，经济学家和统计学家科林·克拉克（Colin Clark）

在继承威廉·配第（William Petty）和阿·格·费希尔的研究成果的基础上，在《经济进步的条件》（*The Conditions of Economic Progress*）中把整个国民经济划分为农业（第一产业）、制造业（第二产业）、服务业（第三产业）三个主要部门，运用三次产业分类方法，采用了劳动力指标分析经济发展同产业结构变化之间的规律。科林·克拉克所说的服务部门不限于直接给最终购买者提供服务的部门，比如商业、个人服务业等，还把服务业扩大到包括为企业提供服务的部门，比如运输与通信、专业服务业等。1949年，让·福拉斯蒂（Jean Fourastié）在《20世纪的伟大希望》（*The Great White Hope Of The 20ᵗʰ Century*）中提出了三次产业的划分方法，认为在任何给定时期，第一产业的生产率增长只是平均水平，第二产业生产率增长快于平均水平，而第三产业的生产率则增长缓慢，甚至呈现零增长，并且认为服务业最终成为经济主体可能是大势所趋。经济学家西蒙·库兹涅茨（Simon Kuznets）在《现代经济增长：速度、结构与扩展》（*Modern Economic Growth：Speed，Structure and Expansion*）中，提出整个国民经济划分为三个主要部门，即农业及相关的渔业、林业和狩猎，工业（包含采矿业、制造业、建筑业、水利电力、运输业和通信），以及服务业（包括贸易、金融、不动产、动产、商业、仆佣、专业人员及政府）。1935—1965年的30年是第三产业部门概念逐渐成熟时期，也是在这一时期，形成了界定三次产业构成的术语。

20世纪60年代以来，伴随着服务经济的大规模兴起，服务业在国民经济体系中的重要性日益凸显，相当多的学者充分意识到服务业的存在和意义，以一个更为积极的立场进行服务业研究，研究对象从"服务部门"转向"服务产业"。国外正式使用服务业这个概念，最早见于维克多·富克斯（Victor Fuchs）所著的《服务经济学》（*The Service Economy*）。维克多·富克斯在《服务经济学》中首次提出了服务业的概念，第一次明确地从服务业本身来考察，将服务经济作为研究对象，提出用服务业就业占全部从业人员的比重来判断一个国家（地区）是否进入"服务经济时代"。富克斯的这部著作具有极高的学术地位，影响非常之大，服务业的概念被众多国家和国际组织所采用，用"服务业"取代"第三产业"已普遍存在。在科技进步和经济全球化驱动下，服务业内涵更加丰富，分工更加细化，业态更加多样，模式不断创新，在产业升级中的作用更加突出，已经成为支撑发展的主要动能、价值创造的重要源泉和国际竞争的主战场。服务业的形成主要是由于经济发展和社会变革的需要，随着工业化和城市化的进程不断推进，人们对于服务的需求逐渐增长，而不再仅仅局限于商品的生产和交换。服务业通过提供各种服务，如零售、餐饮、旅游、金融、物流、科研、教育、医疗、家政等，满足人们生活和经济活动中的多样化需求。与工业和农业相比，服务业涉及的行业十分广阔，异质性很强，是一个比较模糊和难以精确定义的产业。

关于服务业的定义方式主要有两种：一种方式是通过排他的或剩余的方式定义。服务业的概念是从第三产业的概念衍生出来的，根据传统农业—工业—服务业的三次产业分类法，服务业是农业、工业和建筑业之外的所有经济活动的总和。随着生产力的进步和社会分工的深化，服务业在国民经济中的地位越来越重要，已经成为世界经济的主体部分，按照三次产业结构界定服务业的内涵引起了极大的争议。简·欧文·詹森（Jan Owen Jansson）指出，无论以各服务行业的增加值，还是以就业量统计的服务业，逐渐被冠以工农业之外的"其他行业"称谓，当服务业的就业人数差不多达到总就业人数的80%时，再这样分析产业结构已经没有任何意义。另一种方式是通过性质定义。服务业是指以提供各种服务为主要经营活动的经济部门，是所有服务类行业的统称。由于服务的核心特征在变化，因此服务业的内涵也是动态的。

**二、服务的核心特征**

通常认为，服务是指没有实物形态产出的经济活动。联合国《1993年国民账户体系》认为，服务不是能够确定所有权的独立实体，它们不能脱离生产单独地进行交易；服务是定做生产的异质产出；到生产完成时，它们必定已经提供给消费者。国际标准化组织和国际电工委员会联合颁布的《ISO/IEC 76号指南》认为，服务是为满足顾客的需要，供方和顾客之间接触的活动以及供方内部互动所产生的结果。简·欧文·詹森（2003）指出，服务有三个核心特征：一是服务作为无形产品，意味着大部分服务是无法储存、不可运输的；二是个人服务中有相当大的一部分，其"生产率"天生是低速增长；三是公共产品和所有公益产品都是服务。江小涓等（2018）认为，与制造业相比，服务有三个特点：一是生产和消费的同步性，即生产过程需要消费者参与，服务供给和服务消费同时同地发生；二是不可储存性，服务是一个过程，"随生随灭"；三是需求差异性，有些服务需求的个体差异大，不可能批量和标准化供给。上述机构和学者均指出与商品产品相比，传统服务产品具有非实物性、不可储存性和生产与消费同时性等特征。一是服务的无形特征。服务是具有交换价值的无形交易品，没有产生实物结果，在很多情况下是比较抽象的、不可触摸的、无法用肉眼看到的、无法尝到的。二是服务产业中的生产活动和消费活动的同步性和服务的不可存储性，即服务生产和服务消费在时间和空间上同时进行，服务一旦生产出来必须由消费者获得而不能储存，服务没有"库存"概念。三是服务的异质性。服务产品通常依据客户的需求进行定制，服务的质量和效果主要受服务提供者的素质能力高低、服务消费者的知识水平兴趣爱好、提供服务的时间地点变化等因素影响，服务生产者往往很难预先证实所提供服务的品质。

21世纪以来，新一轮科技革命和产业变革突飞猛进，其中数字技术的广泛应用给传统各产业部门带来了翻天覆地的变化，也深刻改变了服务的一些传统特征。一是服务的不可储存性、不可贸易、生产和消费面对面等传统特性发生了改变。周振华（2019）认为，信息传输技术和数字技术使时间和距离的概念逐渐丧失了其重要性，许多生产和消费原需同时进行的服务现在可以实现生产和消费的分离，越来越多地在远离最终市场的地方提供。江小娟等（2018）认为，信息传输技术特别是网络技术的出现，使许多服务业摆脱了生产和消费要"同时同地""面对面"这个传统服务业的基本特征，也由此摆脱了"不可储存""不可贸易"这类衍生的特点。二是服务的规模经济效应显现，传统服务业"生产率"低速增长的特性发生了改变。规模经济是产品的平均成本随着产量的增加而下降的现象。李晓华（2022）认为，在数字技术的推动下，服务业规模经济的底层逻辑是服务活动的标准化，根据服务价值链中规模经济所处的不同环节，将其分为：第一，与服务数字化对应的终端服务规模经济，将服务以二进制形态存储，如以光盘等存储介质为载体将音乐会等无形服务过程变成有形制品进行全球销售。第二，与流程自动化对应的过程规模经济，将服务企业价值创造过程中各部门、各环节所积累的各种知识模型化、代码化、工具化，如AI客服。第三，与数据要素利用对应的数据规模经济，将数据作为生产要素，通过充分挖掘数据创造更多价值，比如共享汽车服务。

**三、服务业的分类**

20世纪初，经济学家开始研究服务业的分类标准，从不同角度对服务业进行分类。按照服务的功能聚类，布朗宁（Browning）和辛格曼（Singelmann）在《服务社会的兴起：美国劳动力的部门转换的人口与社会特征》（*The Emergence of a Service Society: Demographic and Sociological Aspects of the Sectoral Transformation of the Labor Force in the U. S. A*）提出将服务业分为四个子类别：分配服务业，是与销售、流通直接相关的服务，包括运输、通信、贸易等；生产者服务业，是指与生产直接相关的服务，包括银行、商务服务、房地产等；社会服务业，是提供公共需求的服务，包括医疗护理、教育、邮政服务、公共和非营利性服务；个人服务业，是指与个人消费相关的服务，包括家务料理、旅店、饭店、旅游、维修等。布朗宁和辛格曼的分类对后来的研究产生了深远影响，在美国乃至全球，它仍然是关于服务业分类的基本参考。按照服务存续的时间和生产方式聚类，将服务业分为传统服务业和现代服务业两大类。传统服务业和现代服务业是相对而言的。传统服务业是指早已存在且发展的各种服务行业的总称，具有无形、不可远距离贸易、不可存储等特性，使得传统服务业生产率增长缓慢。现代服务业是指伴随信息技术和知识经济的发展而产生，利用现代科学技术和现代管理理念，推动生产性服务业向专业化和价值链高端延伸，推动生活性服务业向高品质和多样化升级，加强公益性基础性服务业发展所形成的具有高技术含量、高人力资本含量、高附加价值等特征的经济活动。与传统服务业相比，现代服务业具有更明显的高科技性、高附加值性、知识密集性、集聚性、新兴性等特征，其服务半径远超出本地区域，其本质是实现服务业的现代化。按照服务的对象聚类，将服务业分为生产性服务业和生活性服务业。生产性服务业是指伴随着技术进步与分工深化，从生产环节中逐步分离出来的直接或间接为生产过程提供专业性和高知识含量服务的具有中间需求性的服务业。生活性服务业是指那些直接满足人们生活需求的服务行业，其产品、服务用于解决购买者生活中的各种需求。按照服务的知识含量聚类，将服务业分为知识型服务业和劳务型服务业。知识型服务业是以知识和信息为基础的、知识含量较高的服务行业。劳务型服务业是以体力和劳务为基础的、知识含量较低的服务行业。

根据世界贸易组织（WTO）提供的国际服务贸易分类表，服务业包括商业服务业、通信服务业、建筑及其有关的工程服务业、销售服务业、教育服务业、环境服务业、金融服务业、健康与社会服务业、与旅游有关的服务业、文化娱乐及体育服务业、交通运输服务业11个大类。在我国，

"服务业"和"第三产业"的概念通常混用，两者内涵也基本一致。我国对三次产业的划分始于 1985 年。国家统计局《关于建立第三产业统计的报告》首次规定了我国三次产业的划分范围。2018 年，国家统计局根据新颁布的《国民经济行业分类》（GB/T 4754—2017），对《三次产业划分规定》进行了修订。三次产业的划分大致按照国民经济行业分类的顺序依次归类，其中，比较特殊的是将 A 门类"农、林、牧、渔业"中的大类"05 农、林、牧、渔专业及辅助性活动"，B 门类"采矿业"中的大类"11 开采专业及辅助性活动"，C 门类"制造业"中的大类"43 金属制品、机械和设备修理业"三个大类界定为第三产业。具体见表 1.1。

表 1.1　三次产业划分

| 第一产业 | 农、林、牧、渔业（不含农、林、牧、渔专业及辅助性活动） |
|---|---|
| 第二产业 | 采矿业（不含开采专业及辅助性活动），制造业（不含金属制品、机械和设备修理业），电力、热力、燃气及水生产和供应业，建筑业 |
| 第三产业 | 批发和零售业，交通运输、仓储和邮政业，住宿和餐饮业，信息传输、软件和信息技术服务业，金融业，房地产业，租赁和商务服务业，科学研究和技术服务业，水利、环境和公共设施管理业，居民服务、修理和其他服务业，教育，卫生和社会工作，文化、体育和娱乐业，公共管理、社会保障和社会组织，国际组织，以及农、林、牧、渔业中的农、林、牧、渔专业及辅助性活动，采矿业中的开采专业及辅助性活动，制造业中的金属制品、机械和设备修理业 |

资料来源：国家统计局官网。


## 第二节　理论演进与相关争论

服务与商品的性质有很大差异。服务行业门类众多且性质迥异，服务的规模经济、生产率，及其对经济增长的影响等比物质产品更为复杂，服务业在发展过程中始终充满着争议。由于服务业经济理论的争论主题不断切换，无法逐一列举，本书选取争论延续时间长、有代表性的研究主题进行阐述，从而粗略梳理出服务经济理论的演进历程。

### 一、关于服务活动本质的争论

古典经济学家（不包括重商主义思想家）在阐述服务业时通常源自对

生产性和非生产性活动的描述，其主要研究对象是从事服务业的职业人群，而非服务产业。前古典时期的重商主义学者从国家财政的角度对二者进行区分，以探讨不同经济活动对于国家财富积累的重要性，认为商贸业尤其是对外贸易发展对于国家财富的积累具有重要的作用。这种以贸易带来黄金增加的思维方式事实上奠定了"消费导向"的基础，即把消费货币产生的经济活动都看作等效生产活动，消费价格高低衡量了财富创造的生产性大小。法国古典政治经济学创始人、重农学派的先驱布阿吉尔贝尔（P. Lepesant de Boisguilbert）在《法国的零售业》（ _Le Detail de la France_ ）中提出，医生、律师、演员、科学家、贸易商、军官等职业所提供的劳动都是国家的财富，并指出服务在财富的创造上和农业、工业生产没有什么不同，都有助于国民财富的增长。

古典经济学之父亚当·斯密将经济活动划分为生产性劳动和非生产性劳动，其中，加在某一事物上的、能增加其价值的劳动，称为生产性劳动；如果不能增加价值，便被称为非生产性劳动，神职、医生、律师、作家、艺术家、音乐家、私人家仆、公务员和军队的职业都属于非生产性劳动。斯密认为，制造业工人的劳动，通常会把维持自身生活所需的价值和提供雇主利润的价值，加在所加工的原材料的价值上。然而家仆的劳动，却不能增加什么价值，在一定程度上否定了部分服务业对经济发展的贡献作用。这一观点影响了后来的大卫·李嘉图、马尔萨斯、詹姆斯·穆勒、西斯蒙第等经济学家。

马克思没有专门的服务业理论，但是在开展生产性和非生产性劳动、资本的社会再生产、商业和金融资本等研究中都涉及一些和服务业相关的思想。马克思认为，服务劳动和物化劳动是两种不同的基本劳动形式，服务劳动可分为物质生产领域和非物质生产领域的劳动，前者是生产性的，后者不是。相对应的是，生产性服务与资本相交换，为资本家带来剩余价值；而非生产性服务则是与收入相交换。只有参与狭义的物质生产的服务才是生产性的，如商品运输和维修是属于生产性的，因为它们作为服务业活动的结果已经包含在最终消费品和生产性设备上，而不再进入市场。但大多数服务业是非生产性的，不创造价值。商业和金融资本既不创造价值也不创造剩余价值，因为消费者为了使用价值而购买产品，而商业和金融资本只是转移使用价值所有权的工具。可以看出，马克思经济思想揭示了劳资之间剥削与被剥削的经济利益关系本质，对服务活动本质的相关结论与斯密一致。

19世纪中期开始，随着服务业发展，服务活动是非生产性活动的观点受到经济学家的批驳，服务是被生产出来的论断得到这一时期西方经济学家的肯定，服务自然也成为一种生产性的劳动。法国学者费雷德里克·巴斯夏（Frederic Bastiat）在《经济和谐论》（*Harmonies Economiques*）中，将经济关系视为服务交换，认为劳动是个人获得一种物品时所节约的劳动，人类的劳动不管是哪种活动都并没有创造物质，而是改变物质的形态，因而最终是来源于"服务"，所有的价值交换都成为服务交换，而所谓财产就是一束服务，与公正毫无二致。庸俗经济学派让-巴蒂斯特·萨伊赞同服务业生产是"非物质性"产出，但他认为部分非物质性的服务产出比其他活动更具有生产性，因此提出"非物质性产品"概念，服务被看作"在生产的同时消费的产品"。他认为银行和贸易服务是生产性的，"商业活动是生产，如同工业生产一样，都是将产品从一个地方转移到另一个地方，为产品增加价值"，银行活动也属于生产性的，因为银行业在转移货币的同时能实现增值。

可以看出，前古典和古典经济学时期对服务经济活动的认识存在很大的分歧，这些分歧主要来自对资本积累和服务业作用的认知差异。这一时期，经济学家普遍承认看得见的物质资本的积累，但对看不见的服务究竟属于"经济成果"还是"经济产品"、有没有包含"生产性内容"却没有定论。因此，一部分经济学家提出限制服务业的发展以增强国家资本积累，另一部分经济学家则认为服务业也是生产力的一种表现形式。

**二、关于服务活动增长的争论**

20世纪初，服务业的价值已经被经济学家所肯定，关于服务活动本质的讨论不再是服务业领域研究的焦点。特别是二战后各国经济迅速复苏，物质产品的丰富使得人们从初级消费需求向高级消费需求转变，对服务产品的关注度大幅提升，服务业迅速发展，成为重要的经济现象，构成了发达国家就业和GDP的主要部分。在相当长的一段时间，服务业对经济增长的作用成为经济学家关注的重要话题，也是一个颇具争议的话题。在服务业蓬勃发展过程中，出现了很多"谜"一样的经济现象，如二战以后陆续进入以服务业为主的阶段的多个经济体的表现。在服务业比重超过一半的年份前后，这些经济体的增长速度都呈现下降趋势（见图1.1和图1.2）。

这是经济发展史上较为少见的规律性表现（江小涓 等，2018）。这一经济现象，被学术界称为"结构性减速"，即服务业的快速发展不但没有带来更高的经济增长，而且总是伴随经济增长减速。服务活动的生产率或更宽泛地称为经济表现困惑学术界多年，由此引起服务活动生产率的理论争论。

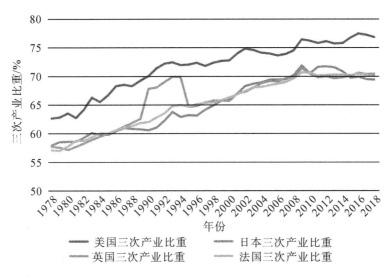

**图 1.1　美、英、日、法三次产业比重**

（数据来源：wind）

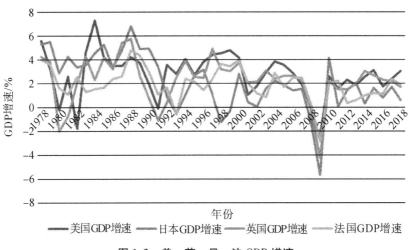

**图 1.2　美、英、日、法 GDP 增速**

（数据来源：wind）

1967 年，威廉·J. 鲍莫尔（William J. Baumol）在论文"Macroeconomics of unbalanced growth: the anatomy of urban crisis"中，构建了一个有关服务业的非均衡增长模型。他从技术进步的角度把经济活动分为技术进步部门和非进步部门。技术进步部门可以应用先进技术设备，能大规模生产从而发挥规模经济效应和范围经济效应促使生产率不断提高；而一些服务业部门的生产和供给过程在过去的几十年甚至几个世纪都没有什么变化，因而无法提高劳动生产率。根据此模型，鲍莫尔得出了"服务业生产率低"的著名观点，这就是著名的鲍莫尔成本病与增长病，简称"鲍莫尔病"。维克多·富克斯在 1968 年研究了美国服务业的就业问题，通过对1929—1965 年的美国服务业数据进行计量分析，提出服务业具有相对较低的劳动生产率，服务业就业最主要的影响因素是服务业的劳动生产率低。两人的研究被学术界称为鲍莫尔-富克斯假说，引起了学术界的极大兴趣。

基于鲍莫尔和富克斯的研究，学术界展开了诸多讨论。质疑鲍莫尔-富克斯假说的观点，总体上可以概括为两种解释。一种解释认为，服务部门显示出高度的异质性，服务业内部行业的生产率差别迥异，不能笼统地认为服务业是生产率增长缓慢部门（生产率增长停滞）的集合体。如，爱德华·N. 沃尔夫（Edward N. Wolff）注意到服务业行业在生产率增长上的差异，有些服务业，如数据处理和电信，与电子技术高度相关，不受个人感情影响，生产率增长显著。他认为成本病模型并不指向普遍的服务业，而是指向特定的停滞服务业，这些服务业的技术并不随着时间的推移而变化。第二种解释认为，服务业生产率明显的低增长其实就是一个度量问题，即质疑传统的生产率度量方法在服务业，特别是在与信息和知识相关的很多现代和复杂服务业中的有效性。如，让·盖雷（Jean Gadrey）通过比较美国和法国服务业生产率，发现美国在大部分服务业领域从技术和组织两个方面都占据领先地位，但是按传统度量方法得出的服务业生产率美国却比法国差许多，证明了与许多停滞服务业产出定义相关的概念性问题确实带来了严重的度量问题。让·盖雷认为传统生产率度量方法是为工业领域设计的，具有倾向性，而服务业由于其产出评估的难度可能比商品生产大得多，传统的生产率度量方法存在缺陷。

随着技术的发展，鲍莫尔和富克斯对服务业生产率偏低的问题有新的认识。鲍莫尔在给《服务业的生产率、创新与知识》一书撰写序言时，对服务业生产率增长滞后的观点提出了质疑。他以医疗服务为例，"当代医疗技术的进步并不能节省多少时间，对于相同的病症一个 21 世纪的医生可能会和一个 18 世纪的医生花费差不多的时间，但是前者相对于后者能够更好地拯救生命。显然，这代表了生产率的显著增长"。根据刘涛 2019 年 1 月对富克斯的采访，富克斯表示不太同意服务业"成本病"的观点，因为可以依靠技术进步提升服务业生产率。云计算、大数据等颠覆性新技术不断涌现、日益成熟与广泛应用，不仅改变了服务的核心特征，而且带动了服务业中的数字经济和服务业数字化、智能化快速发展，提高了资源配置效率和劳动生产率。国内外学者围绕人工智能、数字技术等新技术是否治愈鲍莫尔成本病主题也开展了一些研究。如，Triplett 和 Bosworth（2003）认为 1995 年之后信息服务部门的劳动生产率增长远快于商品生产部门，鲍莫尔成本病已被治愈。谭洪波（2017）、李晓华（2022）的研究也认为人工智能和数字技术的广泛应用有助于颠覆"鲍莫尔成本病"存在的基础。根据中国信息通信研究院发布的《中国数字经济发展研究报告 2023 年》，2022 年我国数字经济全要素生产率从 2012 年的 1.66 上升至 2022 年的 1.75，数字经济生产率水平和同比增幅都显著高于整体国民经济生产率，其中，第三产业数字经济全要素生产率大幅提升，从 2012 年的 1.70 上升至 2022 年的 1.90，成为驱动数字经济全要素生产率增长的关键力量，在一定程度上有助于缓解我国服务业鲍莫尔成本病问题。

### 三、关于服务活动创新的争论

经济发展的创新理论是经济学家熊彼特（J. A. Schumpeter）提出来的，他把创新定义为现有要素的新组合。关于服务创新的概念界定，学术界并没有统一的观点。在很长一段时间，服务业被认为是创新有限和技术上落后的部门。20 世纪 80 年代以来，发达经济体实践证明，服务业不仅是技术的主要购买者和使用者，还成为创新活动的重要场所。

刘书翰（2005）总结了新熊彼特经济学服务创新理论的研究成果，即发展了技术主义的、服务定向的和综合的研究思路或方法。其中，技术主义的研究思路主要是研究应用于服务的技术创新，服务定向的研究思路主要是研究不同服务业中影响服务创新的因素和机制，综合的研究思路试图从统一的角度对商品和服务的创新进行综合研究。孟佩和徐宏毅（2022）对服务创新发展脉络进行梳理，将国外服务创新的研究历程分为四个阶段：第一阶段（1986—1996 年）是萌芽阶段，这一阶段的研究主要源于对制造企业技术创新的分析。第二阶段（1997—2005 年）是形成阶段，这一阶段研究的重点在于解释"服务创新是如何发生的"和"服务创新的特殊性是什么"。第三阶段（2006—2010 年）是繁荣阶段，这一阶段的研究更加强调服务创新的多维视角，对顾客参与的讨论也更加频繁。第四阶段（2011 年之后）是成熟阶段，服务创新研究出现跨学科视角。

本书按照时间顺序，尝试对服务创新的一些研究成果进行粗略的归纳和整理。20 世纪 80 年代后期，学术界已经积累了一些关于服务创新的研究，巴拉斯、埃万杰利斯塔和萨沃纳等专家学者在定义服务创新中形成了一些代表性观点。通常认为，巴拉斯模型（Barras's model）第一次试图建立服务创新理论，被视为服务创新研究的开始。巴拉斯（Barras，1986）逆向产品周期模型中提出了服务产业创新活动的演进规律：第一阶段为效率提高，即渐进性过程创新和服务效率提升；第二阶段为质量改进，即根本性过程创新和服务质量提升；第三阶段为新服务，即服务产品的创新。埃万杰利斯塔和萨沃纳（Evangelista and Savona，1998）把服务部门归为四类：第一类是技术的使用者，依赖于制造业提供的技术，是创新性最低的一类；第二类是互动性服务，这种类型的创新是通过与客户进行紧密互动实现的；第三类是以科学技术为基础的服务，这类服务部门能够创造新的技术知识，并扩散至其他企业；第四类是技术咨询服务，这类服务部门既在内部进行创新性活动，同时也十分看重客户的知识。伊安·米尔斯（Ian Miles）对服务业研发活动研究文献作了综述后，提出服务本身、服务创新过程、服务在创新系统中所扮演角色的多样性反映了创新研究第三产业化。森川正之（2021）认为，不是只有制造业才是技术革新的中坚力量，服务产业中也产生了各种各样的软技术创新，包括研究开发、无形资产的投资以及 IT、AI、大数据、IOT 等技术在服务业领域的应用。皮姆·登赫脱希（Pim den Hertog）区分了多种创新模式，即供应商主导的创新、服务业内部的创新、客户主导的创新、经由服务实现的创新和范式创新，认为服务创新涉及各种非技术的因素，要正确理解和衡量服务创新就不能再忽视这些非技术因素。

随着互联网、大数据和人工智能等数字技术的广泛应用，服务业网络化、数字化和智能化的趋势愈加明显，服务创新研究逐步以网络为中心、以价值为中心和以体验为中心。任兴洲和王微（2017）认为新一轮科技革命促进了服务业分工的持续深化，在服务业态、商业模式、运作方式和管理方式上的更迭将成为常态。江小涓等（2018）提出信息传输技术使许多服务业摆脱了生产和消费要"同时同地""面对面"这个传统服务业的基本特征，也由此摆脱"不可储存""不可贸易"这类衍生的特点，这些变化正在重构服务业的商业模式、市场结构、消费方式乃至思维模式。互联网的发展赋予了服务业新的特征和内涵，在网络经济和大数据时代，服务业创新的重要特征是技术创新、内容创新和商业模式创新三位一体，尤其是商业模式创新在资源聚集和生产组织方式中发挥着重要的作用。可见，服务创新对整个经济的创新研究具有重要意义，成为共识。尽管学术界对服务创新的界定仍然存在分歧，但是对服务创新的研究范围、研究内容和研究深度不断拓展。

# 第三节　服务业与"三化"的关系

服务业在区域工业化、城镇化、国际化中扮演着越来越重要的角色，服务业高质量发展对工业化、城镇化、国际化效率的提升至关重要。

## 一、服务业与工业化进程

狭义的工业化是指工业尤其是制造业在国民生产总值中的比重上升的过程。由于工业的发展与服务业的发展有密切的联系，广义的工业化则是表现为非农产业部门逐渐取代农业部门在国民经济中占据主导地位。通常认为 18 世纪英国的第一次产业革命是全球工业化时代的开端，但关于工业化阶段的划分尚未形成统一的标准。钱纳里（H. B. Chenery）和贝尔（D. Bell）以人均 GDP 为标准，罗斯托（W. W. Rostow）以主导产业、制造结构和人类的追求目标为标准，配第（W. petty）和克拉克（Colin Clark）以三次产业就业比重的变化为标准，库兹涅茨（Simon Kuznets）则是以三次产业增加值比重的变化为标准，等等。虽然多数学者的划分标准不同，但较为一致的是以生产技术的变化所引起的产业增加值比重、就业比重的变动为特征，将工业化划分为前、中、后三个阶段。

工业化初期，制造业发展大幅提升了传统手工作坊的生产效率，工业成为经济增长和结构升级的绝对引擎。工业对服务业的需求主要集中在以交通运输和仓储、邮政、电信、批发零售等为主的流通性服务业，人们对生活性服务业的需求还停留在基本的个人服务阶段。由于国家财富积累不足，教育、医疗卫生、社会保障、公共管理等社会服务业也维持在较低水平。在这一阶段，服务业更多表现为对工业的补充和依附关系，服务业比重迅速增加，甚至达到45%~50%。

工业化中期，制造业水平大幅提升，工业化水平继续提升，在经济发展中占主导地位，但增幅开始放缓。以金融保险、房地产、租赁和商务服务、软件和信息服务、科学研究和技术服务业为主的生产性服务业加快发展，为工业发展提供支撑和服务。美国在20世纪70年代中期，法国、德国在20世纪80年代初，日本在20世纪80年代中期，韩国在20世纪90年代初，生产性服务业在服务业内部的比重开始超过流通性服务业。在这一阶段，工业和服务业尤其是生产性服务业的互动明显增加。

工业化中后期和后工业化时期，服务业开始成为国民经济中最主要的部门。工业中的内部服务部门加快分离出来，生产性服务业的专业化、精细化水平大幅提升，成为工业不断进步发展的重要保障和前提，生产性服务业的发展水平直接影响到制造业的竞争力和影响力。同时，生产性服务业对服务业内部行业的支撑也在增强，带动传统服务业转型升级。经济发展带来人们物质生活的丰富和消费水平的提高，个人服务业和社会服务业在服务业内部的比重小幅提升至一定水平后趋于稳定。从世界经济产业结构演进历程来看，在这一阶段服务业的比重会出现迅速增长，达到60%以上。

随着工业化进程的推进，服务业和工业、服务业和农业逐步呈现较高水平的协同和融合发展趋势。

（一）制造和服务呈现出相互渗透、融合发展的演变趋势

服务在产业结构中占据了主导地位，不仅体现为服务业的主导地位，还体现在制造中的服务含量不断增加，生产性服务在产品价值增值链中的比重持续上升。在日益精细化的现代产业分工体系下，制造和服务融合渗透是大势所趋。中国社科院李晓华教授的研究表明，数字技术正在清除制造业服务化转型的障碍，服务型制造在加速发展，服务业与制造业融合度不断提高。从城市经济发展实践看，制造业之"强"，不在规模和比重，而"强"在能控制科技研发、信息服务、营销网络、资本运作、文化塑造等价值链高增值服务环节。这些环节正是制造业服务化后形成的生产性服务环节。它们在相当程度上构成了人力资本、数据要素和知识资本进入生产过程的通道，也由此成为技术进步和创新的载体。城市制造业竞争力的

提升不再只是单纯依靠硬性的制造业部门，而是发挥城市综合服务优势，通过生产性服务业赋能制造业，推动制造业向价值链高端攀升，加速发展现代服务业和生产性服务业，以高端产业链引领城市经济发展，培育与发展多元支柱产业，实现先进制造业与现代服务业的双轮驱动，从而推进城市摆脱经济衰退的困境，成功转型。

---

**专栏　制造业服务化和服务业制造化趋势**

制造业服务化和服务业制造化是二、三产业跨界融合的两种主要表现形式。

（1）制造业服务化。

随着高端制造业中服务环节在价值链中的作用越来越显著，制造业和服务业的融合发展不断深化，制造业服务化趋势日趋明显。制造业服务化，是指制造企业为了获取竞争优势，将价值链核心由以制造为中心向以服务为中心转变，制造与服务边界日益模糊化。制造业企业由原先只关注产品本身，正转向产品+服务，向消费者提供"制造+服务"一体化方案，提升制造业附加价值。

制造业服务化有利于促进企业由单纯提供产品和设备向提供全生命周期管理及系统解决方案转变，消除制造业与消费者之间的信息间隔，解决低端产能过剩、高端产能不足的问题，推动产业转型升级，增强制造业的创新能力，从根本上提升供给体系的质量和效益。汽车制造、大型装备制造、白色家电、电子信息消费品以及家饰家具等行业都已呈现出典型的服务业制造化趋势。如汽车4S店就是汽车企业从传统汽车生产向售后服务、维修、装饰等高附加值终生性服务的延伸。IBM在20世纪90年代是一家典型的硬件制造龙头企业，但如今已成功转型为"提供硬件、网络和软件服务的整体解决方案供应商"，IBM全球营收中大约有65%的收入来自IT服务。

2015年，国务院发布《中国制造2025》，明确提出加快制造与服务的协同发展，推动商业模式创新和业态创新，促进生产型制造向服务型制造转变。主要发展方向包括四个方面：一是引导和支持制造业企业延伸服务链条，增加服务环节投入，发展个性化定制服务、全生命周期管理、网络精准营销和在线支持服务。二是支持企业由提供设备向提供系统集成总承包服务转变，由提供产品向提供整体解决方案转变。三是鼓励优势制造业企业"裂变"专业优势，通过业务流程再造，面向行业提供社会化、专业化服务。四是支持制造业企业建立财务公司、金融租赁公司等金融机构，发展大型制造设备、生产线等融资租赁服务。

（2）服务业制造化。

与制造业服务化相比，服务业制造化在学术界的研究相对较少。一部分学者认为，服务业制造化是服务业厂商探索为客户提供一种更高效的一体化解决方案，将制造业的现代化生产方式、标准化产品、流程管控等引入服务业（肖挺 等，2018）。也有学者认为服务业制造化是在"互联网+"背景下，服务业企业在发展到一定规模后，凭借自身的核心技术，以实体产品为载体进入制造业领域，生产相应产品，完成向制造业企业的转变（袁博，2016）。服务业制造化含义存在争议的背后，反映的是服务业与制造业在产业融合中的主导性、主动性、作用机理等方面的认知差异。

服务业制造化的产业绩效在行业间存在异质性特性。服务业制造化与服务业的产业绩效在大多数服务行业有显著的正相关关系。其中，运输邮电及房地产服务等行业在制造化的进程中起着排头兵的作用；但也有部分行业如金融业等，实证分析服务业制造化对其生产效率提升并无显著影响。此外，服务业制造化的产业绩效效应与制造业技术含量密切相关，高技术制造业对服务业拥有更高的产业关联效应和知识溢出效应，尤其是自动化技术、信息技术等服务业高技术制造化对服务业生产率提升具有明显的促进作用，有助于提升服务业效率。

（二）服务业与农业的融合互动趋势明显

党的十八大以来历年中央一号文件均提出促进农村一、二、三产业融合发展。2022 年中央一号文件再次明确持续推进农村一、二、三产业融合发展，为服务业与农业的融合发展提供了政策支撑。推动农村一、二、三产业融合发展是实现农业农村现代化的必然要求，也是巩固拓展脱贫攻坚成果有效衔接乡村振兴的重要途径。一是农业生产性服务业与农业现代化相伴而生。芦千文和韩馥冰（2023）认为，农业生产性服务业是指以农业生产全程和农业全产业链为服务对象的生产性服务业，通过将服务功能渗透农业产前—产中—产后全产业链，提升农业生产效率，提高农业现代化水平。肖建中（2012）以浙江省为研究区域，分析得出服务业每增加 1 个百分点其外溢效应可推动农业经济增长 0.4 个百分点。陈笑艳（2014）以广东省为例，发现生产性服务业尤其是金融保险服务和农产品营销服务对广东农业生产效率的提高具有显著影响，金融保险服务和农产品营销服务的服务水平每提高 1 个百分点，将促进农业劳动生产率分别提升 0.35 和 0.17 个百分点。二是活用农业资源实现农业新价值。充分发挥农村生态、农业资源等优势，推进农业与商业、文化、旅游、体育、教育、康养等产业深度融合，发展创意农业、乡村休闲旅游、餐饮美食、田园民宿、休闲农业、文化体验、健康养老等新产业新业态。董凤丽等（2017）提出，在农业和旅游业融合的过程中，农业扮演的是供应资源的角色，古风古韵的村容村貌、清新的田园风光、质朴的村民生活状态、传统的农耕文化等都是具有旅游价值的农业资源，是乡村旅游内容的基本构成，旅游业则扮演服务延伸的角色，旅游活动以农业资源的方式进行表现。建设"农业+"主题的、可欣赏可传播的消费场景，适应城乡居民日益增长的新期待新需求，将乡村发展具化为可感可及可参与的美好体验。

---

**专栏　成都市蒲江县明月村：艺术振兴乡村**

明月村距离成都市中心约 90 千米，是成都市最偏远的乡村之一，面积 11.38 平方千米，辖 15 个村民小组，共 1 237 户。过去明月村以传统农业为主导，基础设施薄弱，经济发展滞后，农民居住条件较差，2009年前曾是市级贫困村。为了发展本村经济，明月村先是花大力气修复了川西特有的乡村居住形态——川西林盘，提升了人居环境，之后充分挖掘茶山、竹海、明月窑三个特色资源，吸引了百余位艺术家"新村民"慕名而来，引进蓝染、陶艺、篆刻、剧场、音乐酒馆、美术馆和主题民宿等 40 多个文创项目，形成陶、茶、竹三大特色产业，打造集家庭农场、林盘民宿、研学课堂于一体的旅游新业态，成为知名的文化艺术聚集地。2021 年，明月村农民人均可支配收入近 3 万元，比 2012 年增长约200%。明月村荣获"中国十大最美乡村"等荣誉，成为中国乡村旅游创客示范基地、中国传统村落活化最佳案例。

资料来源：由新华社《从"富口袋"到"富脑袋"——成都探寻乡村振兴的文化力量》和新浪网《四川明月村：农民与艺术家共建的诗意乡村》整理形成。

---

## 二、服务业与城镇化进程

城镇化是一个多维的概念，人口学、经济学、生态学、社会学都有各自的定义。在这一过程中的核心是农村人口向城镇人口转化，农民生产生活方式向市民生产生活方式转变，也就是"人的城镇化"。在城镇化进程中，除了人口生产方式转变和经济结构的升级，一般还伴随着城市空间的扩张和社会思想观念的转变。服务业与城镇化具有双向作用的互动关系，但在城镇化发展的不同阶段，服务业对城镇化的作用呈现不同的特征。

城镇化初期，工业的快速发展是城镇化发展的直接动力，服务业则主要表现为受产业扩散效应和生活服务需求的带动而发展。这一阶段，工业快速从农业人口中集聚了大量劳动力来到城市从事工业生产，而人口集聚必然带来对服务业的需求增长。一方面，城市生产方式推动人口将由家庭提供服务的生活方式向由社会提供服务的生活方式转变，对生活性服务业的需求快速增加，同时人口大量聚集也要求政府在公共服务供给方面有所增加；另一方面，工业的发展带来产业工人的收入水平上升，消费购买力增强，为服务业的发展提供了有力支撑。

城镇化中期，城镇化水平快速提升，人口快速向工业和服务业聚集，逐步形成工业和服务业双轮驱动的局面。在这一阶段，人口城镇化、经济城镇化、社会城镇化、空间城镇化均获得较大发展。由于服务业的快速发展，其吸纳劳动力的作用极大增强，有力提升了城市就业水平，反过来促进了城镇化水平的进一步提高。同时，城市生产生活用地需求增加，城市空间规模快速扩张，城市功能开始完善。

城镇化中后期，随着社会大多数人口已经转移到城镇，人口城镇化进程放缓，工业在推动城镇化过程中所发挥的主导作用逐渐被服务业发展带来的规模效应和集聚效应代替，生产结构和消费结构发生变化，服务业开始成为推动城镇化进程的主导力量。一方面，CBD、高档写字楼、城市综合体等高能级服务业载体在城市建设加快，城市对人才、资本、信息等要素的集聚为服务业的发展提供了必要支撑。另一方面，先进制造业的发展对生产性服务业的需求显著增强，对增强产业创新能力和市场竞争力起到十分关键的作用；人们生活水平的提高，刺激了满足物质消费和服务消费的生活性服务业需求增加，推动城市向消费社会转型；城市文明的发展要求政府进一步完善城市功能，优化国际营商环境，加大对医疗、教育、环保等领域的高质量公共服务供给。这一阶段，城镇化与服务业逐步实现较高层次的协同发展。

学术界对我国服务业与城镇化协调耦合发展关系进行了大量的实证研究。

（一）服务业和较高阶段城镇化的互动关系较为显著

城镇化进程对服务业发展具有正向促进作用，为服务业发展提供了充足的市场基础；而服务业能有效吸纳就业人口，反过来促进人口城镇化，尤其是在城镇化进程的较高阶段，服务业对城镇化进程起到主导作用。杜宇玮和刘东皇（2015）认为，我国服务业发展对人口城镇化的促进作用表现出弱"U"形的变动趋势，即在19世纪80年代和2009年以后服务业对城镇化的促进作用较为显著。其原因在于改革开放初期，服务业主要为满足城市居民需求的传统服务业，对劳动力有很大的需求，能够极大地促进人口城镇化；随着全球化程度的加深，我国出口导向型的经济发展模式限制了经济服务化进程；全球金融危机爆发使中国加工贸易遭受了严重冲击，经济结构调整，扩大内需和服务业发展成为重点，城市服务业发展加速，对吸引人口流入和推动城镇化进程再次起到重要作用。瞿华和刘荣荣（2018）测量了我国城镇化对服务业发展水平的区域影响，发现东、中部地区城镇化对服务业发展的促进作用较为显著，但西部地区城镇化对服务业发展的促进作用不显著。这个结论与部分学者认为服务业和较高阶段城镇化的互动关系较为显著的判断基本相符，西部地区城镇化水平相对东、中部地区更低，仍处在工业化是城镇化水平提升的主要推动力阶段。王少剑等（2019）对服务业与多维城镇化的耦合协调关系进行了实证研究，发现广州市服务业发展对人口城镇化、经济城镇化、社会城镇化和空间城镇化进程具有较为一致的促进作用，但在时间演化上表现不同步，服务业与人口城镇化最先进入高层次协调耦合阶段，其次是空间城镇化和社会城镇化，最后是经济城镇化，主要原因是广州市对传统服务业的高度依赖制约了服务业与经济城镇化的协同作用。

（二）服务业对规模大的城市人口增长影响较为显著

城市规模越大意味着聚集了越多的消费者和生产者，也形成了更大规模的生活性服务业市场需求以及生产性服务业中间需求，这也会进一步增强城市竞争力，促进城镇化发展。相关学者从多个视角对不同规模城市人口和服务业的耦合协同进行研究。Zhong等基于面板回归模型发现，城市人口规模对服务业的增长有重要影响。刘钰等（2021）对 1995—2015 年福建省城市人口与服务业的空间协同机制进行了分析，发现城市人口与服务业都有向中心城市周边聚集的趋势，而且服务业在中心城市的集中度要高于城市人口。传统经济时代，城市发展路径遵循先"引产"，再"聚人"，后"造城"的思路推进。数字时代的到来，深刻地改变了以往"产人城"的城市城镇化逻辑，形成"人城产"新模式，即城市的发展应先锚定人，将生活方式转换为生产力，围绕人的需求造城，后引产。正如《新地理》作者乔尔·科特金所言："哪里宜居，知识分子就会到哪里居住；知识分子到哪里居住，人类的智慧就会在哪里聚集；智慧在哪里，人类财富最终就会在哪里汇聚。"发展服务业特别是满足人的美好生活需求的生活性服务业，加快发展高品质的消费服务功能，培育具有鲜明气质的生活城市，是推进规模较大城市集聚各类人才、汇聚高端要素资源的重要抓手。

### 三、服务业与国际化进程

对于城市而言，国际化是指城市积极参与国际分工与协作，日益融入全球经济、政治、文化事务交流和管理的过程，以及要素配置功能在全球发挥作用的程度，是国际社会公认的迅速提升城市综合实力和治理水平的重要途径。依照国内外学者对城市国际化发展实践的观察与研究，从世界范围看，城市的国际化路径大多遵循"区域层面中心城市—国家层面中心城市—洲际层面全球城市—全球层面全球城市"的递进发展范式。经济全球化驱动城市国际化进程，从产业的角度看，城市国际化水平取决于服务业的发展水平，服务业发展的高度成熟是城市国际化所必需的前提条件。

（一）服务业是国际经贸合作的重要领域

当前，全球经济格局发生深刻变化，服务贸易在国际贸易和国际经贸合作中的重要性日益凸显，服务业成为国际经贸规则重构的焦点。服务业在国际货物贸易中的作用主要体现在三个方面：一是服务业为产品制造活动提供服务。在产品制造过程中，采购、原材料运输、融资贷款、员工培训、工厂生活配套等都离不开各类生产性和生活性服务，没有服务业支撑的制造业无法实现大规模可持续发展。二是围绕国际贸易全链条帮助货物贸易顺利实现。围绕着国际货物贸易，物流仓储、国际商贸、金融保险、检验检疫、专业代理等服务业加快国际化发展进程，为全球货物贸易发展提供支撑，保障了货物贸易的顺利实现。服务业跨国公司全球扩张的初期，主要表现在围绕农业和制造业龙头服务的追随式全球扩张。三是帮助产品增值，提升货物贸易价值。今天的货物贸易，已经不完全是由商品本身决定市场，服务业对货物贸易的贡献度越来越大。研发设计、品牌营销、地域化服务等商品"微笑曲线"的两端环节大多需要由服务业进行提供和实现。可以说，服务业的参与推动了凝结在货物贸易里实物产品的价值提升。服务贸易包含面较广，包括服务的跨境交付、消费者跨境服务消费、企业跨境提供服务、服务人员跨境提供服务等。服务贸易的发展已经突破了以前经济学家"消费不可存储"的认知，许多生产性服务业可以通过服务外包、技术贸易等方式实现生产地和消费地的分离；而生活性服务业和部分公共服务业则可以通过消费者或服务供应商（服务供应者）跨境流通的方式实现。当前，服务贸易的重点主要集中在信息技术服务、旅游服务、交通运输、国际金融、技术贸易、文化娱乐等方面。实际上，服务贸易领域对各国而言具有较强的"敏感性"，因而服务贸易壁垒远远多于货物贸易壁垒。一方面，信息技术、通信、金融、交通运输等行业涉及国家安全，出于本国经济独立性和安全性的考虑，各国政府会限制服务贸易发展；另一方面，教育、新闻、影视娱乐等行业虽然不是影响国家经济命脉的行业，但出于意识形态独立和政治文化上的考虑，各国政府对这些服务行业普遍采取保守的开放态度。

（二）服务业是推进城市国际化进程的重要力量

从理论推导和实践发展看，从工业主导向服务业主导转变是向国际化城市迈进的必由之路，这是现代经济发展的一条重要规律。一是发展现代服务业是推动城市国际化的必由之路。全球化和世界城市研究网络小组把世界城市定义为"提供全球服务的中心"，世界城市是服务业的高度集中地，其职能是将先进服务业的生产与消费中心，以及它们所连带的地方社会，逐渐连接到全球网络。一个城市在全球城市网络中的节点地位取决于该城市的高能级生产性服务业跨国机构与其他城市之间联系的多少、层次、频率等。因此，服务业是国际化城市重要的主导产业，世界城市服务业占 GDP 比重普遍在 80% 左右，金融、保险、咨询等高附加值的生产性服务业高度发达，是世界经济的管理、控制中心。二是服务业是国际化城市强化集聚辐射功能的重要支撑。国际化城市都有一个共同特征，城市面对的不仅仅是一个城市的市场，更是全球的市场，即城市的经济、贸易、金融活动具有超出本区域和本国的辐射半径。伦敦、纽约、东京等城市一个十分鲜明的特征就是它们都拥有强大的集聚与辐射功能,这些功能多数体现为高端服务功能。这些城市的发展经验表明,国际先进城市必须具有雄厚的经济实力,发达的现代化产业体系,成为全球或区域性金融中心、贸易中心、专业服务中心和重要的生产与消费中心;必须是跨国公司总部或地区总部的集聚地,对物流、技术、资金、人才等资源具有很强的配置能力,对区域乃至国际范围经济发展具有强大的辐射带动功能;必须是智力资源密集区,成为全球或区域性的创新之源。

## 第四节 服务业在城市的地位

城市聚集特性和服务的基本属性是把服务业与城市发展联系在一起的内在机制。城市是知识经济的中心,城市经济是以地理上接近、生产专业化以及知识、财富与技术的集中为特征的,经济活动集聚在一个有限空间能带来规模经济和集聚经济。据经合组织报告估算,2008 年世界已经有超过半数的人口生活在城市里,到 2029 年,城市人口将达到世界总人口的75%。由于服务业的供给和需求是在人和人之间面对面交流互动的过程中产生的,所以服务业的发展高度依赖于集聚了大量人口的城市。

### 一、服务业成为城市经济增长的主导力量

产业结构递进演变的普适规律表明,在供给侧生产要素在部门之间的转移和需求侧消费需求升级的共同作用下,一国或地区的经济结构转型普遍遵循农业主导向工业主导再向服务业主导的发展趋势。从历史数据看,人均国内生产总值 1 万~1.5 万美元是重要的临界点,越过这个临界点后,产业结构和服务业比重将发生重要变化。国家统计局课题组通过研究成功跨越中等收入陷阱的国家的经济发展数据,发现当一国经济发展到一定阶段后,即人均国内生产总值超过 12 000 国际元(按 2011 年国际元计算),服务业发展快于工业,第二产业增加值占国内生产总值的比重达到顶峰,随后出现回落,表明经济由工业主导逐步向服务业主导转变。国务院研究中心市场经济所课题组在研究服务业发展的大规律时,也发现类似规律,即某一国家或地区在达到中等收入水平、人均 GDP 超过 1 万国际元之后,

就会出现服务业加速发展、服务业占GDP比重和拉动就业比重持续提升的现象，社会开始进入服务业和制造业双轮驱动的发展阶段，之后逐渐向以服务业为主的方向继续发展。

从城市的维度看，我国学者对服务业和城市经济增长的关系进行实证分析，得出不少重要结论。米娟（2008）提出现代服务业集聚及其优势、现代服务业的集聚效应和现代服务业集聚是实现城市经济增长的有效途径。王兆宇（2015）通过归纳和整理伦敦、纽约、巴黎和东京等世界城市服务业发展的结构特征，提出金融业、研发服务业、软件和信息技术服务业、商务服务业、创意设计业等高端服务业的专业化经济对城市经济增长的贡献巨大。杨艳琳（2015年）以我国30个地级以上城市作为研究对象，对服务业集聚和城市经济增长之间的关系进行了实证分析，得出现代服务业发展对经济增长非常重要，服务业集聚能够对城市经济增长产生正向影响。周振华（2019）提出，以服务经济为主导的产业发展是全球城市经济增长的主要驱动力，服务业对经济增长的贡献不仅表现为服务业增长速度超过其他部门以及在经济总量中居主导地位，也同样反映在服务业提供的服务正成为其他部门生产的一个越来越重要的中间投入。可见，服务业发展对城市经济增长有重要影响。

（一）从经济结构调整演进看，服务业在城市产业结构中占据了主导地位

城市往往会经历工业主导向服务业主导的转变阶段，现代服务业成为城市经济转型的新动力。观瞻世界城市发展实践，世界城市大多经历了以"生产—投资"驱动为增长动力的传统赶超型增长模式向以"服务—创新"为核心的内生型增长模式转变，成为以现代服务业为支撑的服务型城市。以芝加哥为例，19世纪末，芝加哥成为知名的"钢铁城市"，建立起了以钢铁工业、金属加工业、机械制造业、食品加工业、印刷业等制造业为支柱产业的经济体系。随着工业化进程的推进，工业生产导致的严重空气污染、交通拥堵等问题开始对城市生活带来诸多负面影响，中心城区空心化问题凸显。20世纪60年代开始芝加哥开始摒弃了以制造业为单一支撑产业的发展模式，执行"以服务业为主导的多元化经济"的发展目标，重点扶持与制造业密切关联的新兴服务业，发展商贸、金融、文旅、会展等现代服务业，形成了以现代服务业为主导的多元产业结构体系。除了芝加哥，巴黎、伦敦等城市也大多是由生产型城市转型而来的。它们经历了工

业化的历程，随后又导入了新兴服务业，并不断发展壮大这些服务产业。根据国际经验，一个国家服务业产值占 GDP 的比重和服务业就业占总就业的比重双双超过 60%，则标志着该国全面进入服务经济时代。一是进入服务经济主导的城市，服务业在城市生产总值中占据主导地位；二是生产性服务业在服务业中占据主导地位；三是服务业从业人员占社会总就业人员的比重达到 70%，成为吸纳城市就业的主渠道；四是城市经济增长主要来自服务业，服务业成为城市经济增长的主动力。2022 年，我国近 70% 的直辖市和副省级城市服务业增加值占 GDP 的比重超过 60%，形成以服务经济为主的产业结构（详见表 1.2）。服务业能级提升和效率提高，成为城市经济转型升级的主要推动力和城市经济发展新动能。

表 1.2　2022 年我国直辖市和副省级城市服务业比重

| 城市 | 服务业增加值/亿元 | 服务业增加值占 GDP 比重/% |
|---|---|---|
| 北京 | 34 894.3 | 83.9 |
| 上海 | 33 097.4 | 74.1 |
| 天津 | 9 999.3 | 61.3 |
| 重庆 | 15 423.1 | 52.9 |
| 成都 | 13 825.0 | 66.4 |
| 哈尔滨 | 3 533.0 | 64.4 |
| 长春 | 3 498.27 | 51.9 |
| 沈阳 | 4 475.1 | 58.1 |
| 大连 | 4 155.4 | 49.3 |
| 青岛 | 9 245.4 | 62.0 |
| 深圳 | 19 956.2 | 61.6 |
| 广州 | 20 611.4 | 71.5 |
| 宁波 | 7 908.8 | 50.4 |
| 厦门 | 4 539.8 | 58.2 |
| 南京 | 10 522.6 | 62.2 |
| 武汉 | 11 674.0 | 61.9 |
| 西安 | 7 091.4 | 61.7 |
| 杭州 | 12 787 | 68.2 |
| 济南 | 7 426.7 | 61.7 |

数据来源：各城市统计公报。

（二）从就业结构调整演进看，服务业在城市就业结构中占据了主导地位

按照产业结构演进的一般性规律，产业结构从以第二产业为主转向以第三产业为主的过程中，从农业部门转移出来的劳动力也迅速从制造业转向服务业，在全社会就业结构中体现为服务业就业总量增加、比重提高。据人力资源和社会保障部测算，2009—2012年期间，服务业每增长1个百分点，带动新增就业70万人；2016年，服务业每增长1个百分点，能创造约120万个就业岗位，服务业就业带动能力明显增强。国家统计局发布的《2019年农民工监测调查报告》显示，近期农民工就业曲线的变化稳定地在向服务业转移，在2019年从事服务业的农民工比重为51%。洪群联（2021）在分析我国服务业就业结构演进和变化特征时指出，2011年以来服务业成为我国吸纳就业"主渠道"，由于服务业行业多、门类广、涉及人民群众生活的方方面面，劳动密集、技术密集、知识密集行业并存，就业创业方式灵活多样，相比一、二产业，服务业具有更高的就业弹性。互联网时代，5G、大数据、人工智能、物联网、区块链、云计算等新一代信息通信技术加速创新突破，推动了服务业特别是生活服务业与数字化的融合，促进了生活服务业的升级改造。据中国信息通信研究院发布的《中国数字经济发展研究报告2023年》，2022年，我国服务业数字渗透率为44.7%，在生活领域，数字化应用爆发式增长，大量无接触经济新业态涌现。而新业态的涌现为新兴职业形态的涌现提供了客观基础。这些新职业形态正成为城市新增就业和从农业部门转移出来的劳动力的就业蓄水池。具体见表1.3。

表1.3　生活服务业新职业人群

| 生活服务业新职业人群 | 酒店收益管理师、整形医生、轰趴管家、育婴师、密室剧本设计师、宠物摄影师、非遗菜系传承人、宠物训练师、线上餐厅装修师、民宿房东、头皮养护师、美甲美睫师、外卖运营规划师、旅拍策划师、植发医生、收纳师、侍水/茶/酒师、整屋设计师、产后修复师、电竞顾问、宠物医生、CS教练、STEM创客指导师、整体造型师、调酒师、健身教练等 |
| --- | --- |

数据来源：美团点评联合21世纪经济研究院、智联招聘共同发布的《2019年生活服务业新职业人群报告》。

## 二、服务业成为城市优化布局的重要方向

服务业区位选择的理论基础主要包括中心地理论、竞租理论、集聚理论等。德国经济学家克里斯塔勒提出的中心地理论指出,商业市场(第三产业)的区位规模、影响范围以及提供服务的性质都与门槛人口保持一定的数量关系,并形成区域空间不同等级服务体系。廖什市场网络理论认为,各个较高级别的市场区服务的中心地,按一定格局分布并构成有序排列的中心地体系。不论是克里斯塔勒或是廖什的中心地体系理论均指出,城乡人口规模和人均收入水平是第三产业规划布局的重要依据。按照马克思的地租理论,地价的增值不是由于土地用途的转变(农业用地转为建设用地),而是区位地租的增值。根据威廉·阿隆索的竞租模型,决定各种经济活动区位的因素是其所能支付的地租,通过土地供给中的竞价决定各自的最适区位,最终自动形成一种产业布局,促进城市土地资源的最优配置,使土地的潜在效益得到最大限度发挥。按照竞租理论,越靠近城市中心,各产业的地租成本越高,高附加值产品的生产和高端服务业等一般都布局在城市中心位置。克鲁格曼(P. R. Krugman)集聚理论把产业空间集聚理解为向心力(市场规模效应、密集型劳动力市场和纯外部经济)以及离心力(生产要素的非流动性、地租、纯外部不经济)两种力量作用的结果。对于服务业而言,特定服务业在空间上的集聚是为了学习和创新的需求、共享信息、获得高端熟练的劳动市场,以及追求企业之间面对面商务交流和合作的便利性和互补性等。

城市空间结构是城市功能组织方式在空间地域上的"投影"。对服务业的地理分布特征及其对城市空间结构形态演进的影响,我国很多学者已有大量的理论和实证研究,主要有以下结论:

### (一)服务业已成为城市空间结构形态演进的主要构造力

吴启焰(1998)提出,由于高昂的交易成本、相对较低的内部规模,以及对市场的空间接近需求,服务业对内城区位的需求非常强烈,城市地区仍是服务业的最佳区位。张文忠(1999)提出,服务业向大城市及其中心区集聚的趋势,主要与它们能支付高额的地租、中心区易于获取各种信息,以及追求集聚经济效益等有关。现代服务业向城市集聚,深刻地改变着城市面貌和城市空间结构形态。一方面表现为现代服务业的区位分布呈现一种新的空间形态,在现代城市发展过程中,具有占地多、污染大、效

益低等特征的传统加工制造业从中心地区不断腾退转移，成片工业园区式的空间形态被复合型用地的产业功能区取代。另一方面，服务业会由中心向外围边缘地区不断转移，以生产性服务业和消费性服务业为主导的多核心、分散化的过程在城市-新城-郊区的空间重构过程中起着重要作用，推动了城市向多中心、网络化的空间结构演化，推动中心城区和新城、郊区之间形成相互联系的、多元功能相互组合的有机整体。

（二）生产性服务业与生活性服务业的空间布局存在较大差异

大量研究已阐释了生产性服务业在空间上的非均衡发展。申玉铭等（2009）认为，在国家和一定区域内，生产性服务业不论是行业整体还是部分行业的空间分布都表现出了高度不均衡和集聚特征。曹邦宇和姚洋洋（2013）考察了2001—2011年纽约大都市圈服务业各行业空间基尼系数的变动情况，得出生产性服务业基本上都表现出了集聚的特征，在纽约大都市圈内的分布较为集中。除了生产性服务业的整体研究外，还有一些学者对某一行业的集聚现象进行了实证分析。赵弘和牛艳华（2010）以商务服务业空间分布为研究对象，提出大城市作为经济活动的控制中心、协调和指挥中心，资本和贸易活动频繁，往往成为商务服务企业的集聚中心。相较于生产性服务业集聚分布的特性，生活性服务业的地理分布特征相差较大。陈绪冬等（2013）提出消费服务型服务业由于接待的客户量大，布局上以服务对象的可达性为原则，主要位于市中心和片区中心。主要服务于本地居民的生活服务业由于依赖区域人口分布表现出均匀分布的特征，此类生活服务业空间布局相对均匀。

（三）服务业的集聚与扩散推动城市群经济整体发展

在城市群发展初期，服务业特别是生产性服务业会在中心城市集中布局，中心城市的服务功能得以强化，但对周边城市带动作用不强；但当城市群发展到一定阶段之后，随着周边城市产业发展和人口集聚，物流、零售、文化教育卫生娱乐设施等服务业开始出现向外扩散的趋势，服务业的扩散会从中心地区到周边地区形成一种产业波及效应，城市群区域次中心的服务功能得以提升，进而提高周边地区整体的经济水平，推动整个城市群的经济发展。孙正等（2022）从城市群集聚角度精准测算生产性服务业与制造业的协同集聚程度，发现在城市群内部，生产性服务业与制造业在空间上重新匹配生产要素，劳动密集型产业通过梯度转移逐渐转移到外围城市，成本敏感型制造业、低端生产性服务业以及龙头企业的非核心产业迫于成本压力从中心城市退出，逐渐转移到城市周边，以高附加值和高技术含量为主要特征的高端生产性服务业聚集于中心城市并辐射周边产业，城市群内产业结构实现重组，形成中心城市带动周边城市产业融合集聚发展的格局。

### 三、服务业成为新经济成长的支撑源泉

"新经济"一词最早由 1983 年《时代》周刊的一篇文章提出，1996 年美国《商业周刊》的一篇文章推动其真正流行起来。广义上，新经济是指美国经济在 20 世纪 90 年代初到 2001 年互联网泡沫期间出现的高增长、低失业和低通胀并存的一波经济繁荣。狭义上，新经济是指以大数据、云计算、人工智能、物联网等新一代信息技术为核心技术，以数据为生产要素的数字经济。新一代信息技术对产业产生颠覆性影响，既有新技术形成新产业，更有新技术与传统产业融合而对产业内部的产品、业态、模式、场景等方面的颠覆性变革。新技术对服务业的影响也引起了专家学者的关注。江小涓（2017）认为，网络技术的发展正在改变服务业的基本性质，引起了广泛的资源重组与聚合，对传统服务经济理论提出根本挑战，如服务业生产率低的假设不再成立。李晓华（2022）认为，颠覆性数字技术创新的不断涌现、日益成熟与广泛应用，不但带动了服务业中的数字经济部门快速发展，而且推动了服务业数字化、智能化转型，深刻改变了服务业的性质。"十三五"期间，上海、杭州等城市服务业已成为新经济创新迭代支撑源泉。新技术对服务业产生了广泛且深刻的影响，突出表现在两个方面。

（一）新技术赋能服务业推动新业态的形成

5G、云计算、大数据等新一代信息技术促进服务业创新发展，甚至有学者认为信息通信技术革命是一个"服务业的故事"。以新一代信息技术为代表的新技术能够从两个维度推动服务业新业态的形成。一个维度是由于新技术的发展直接形成的新业态，是"无中生有"。例如，从通信技术和交通运输技术发展而来的电子商务。由于新技术的应用极大地降低了交易成本，电子商务成为商贸流通业中增长很快的新业态。国家统计局数据显示，2022 年我国电子商务交易额为 43.8 万亿元，同比增长 3.5%。商务局数据显示，全国实物商品网上零售额实现 11.96 万亿元，占社会消费品零售总额的比重为 27.2%。另一个维度是新技术改造、提升传统服务业形

成新的业态，是"有中生新"。新技术改变了服务的重要属性，多数服务业成为可贸易的行业，传统服务迭代为新服务。例如，数字技术与金融、商贸、教育、医疗、交通运输等服务业深度融合形成的新服务。以 AI+金融为例，根据艾瑞咨询测算数据，2021 年 AI+金融核心市场规模达到 296 亿元，带动相关产业规模 677 亿元。

（二）新技术赋能服务业推动新模式的形成

商业模式是一家企业如何为客户创造价值、传递价值以及从中获得价值的模式。新一代信息技术及其利用带来的万物互联、数据成为生产要素、智能无处不在等特征会使上述多个方面发生改变，从而催生新的商业模式。新技术推动的商业模式创新中，平台经济、分享经济和网红经济较为常见。互联网的出现和发展突破了物理空间的制约，迅速发展起来一大批以"经营平台"为特征的平台企业。闫德利（2023）提出，平台的构成要件有三个：连接双边（连接了双边或多边市场）、直接交互（两个群体按规则进行交易、浏览、点评、点赞等直接交互）、自己不干（不生产商品，不直接参与具体交互环节）。例如，Uber，世界上最大的出租车公司之一，却没有自己的汽车；Facebook，世界上最流行的媒体所有者之一，却不创造内容；阿里巴巴，最有价值的零售商之一，却没有自己的存货；Airbnb，世界最大的住所提供商之一，却没有自己的不动产。分享经济的基本理念是利用包括时间、空间、技能、知识、资本等闲置的社会资源换取经济利益，实现社会资源的优化重构。王宁（2021）认为，在新公地观念和共享观念兴起的背景下，正是借助于互联网平台所促成的跨距直接互动结构及其匹配直接性，私人财物剩余使用容量的分享，不但变得日常可及，而且成为规模经济。分享经济的兴起让我们目睹了一场存量资源的消费革命，是一种带有"颠覆性创新"特征的商业模式。"网红"指被网民关注而走红并且在社交平台上有一定量的社交资产且有潜力变现的人。网红经济的核心是依靠网红个人魅力对粉丝流量的追逐和变现。网红经济就是粉丝经济。莱骐（2015）认为，粉丝经济模式的具体模式体现在：一是以偶像为核心的明星经济，其在媒介融合语境下也呈现出跨界融合的趋势；二是围绕媒介内容的 IP 经济，通过调动粉丝的参与性构建出以内容为核心的纵横联合的文化产业链；三是以社群为核心的合伙人商业模式，粉丝、偶像及商业机构等以社群为平台实现了广泛的连接与合作，创建了多元的商业合作方式。

## 第五节　本书分析框架

服务业对城市发展的影响，无论从哪个角度来看，其重要性都是显而易见的。国内学者以城市为研究尺度，有的研究视角主要集中于时间维度，比如，谭振亚、陈伟军（2009）从时间维度分析了改革开放以来武汉市服务业的发展历程和演变；有的研究视角主要集中于空间维度，比如，高雁鹏（2018）以空间为研究视角，开展沈阳市现代服务业空间格局演变研究；有的研究视角主要集中于结构维度，比如，刘黄金和陈幼英（2007）实证分析了20世纪90年代以来南京市服务业内部结构演变特征；有的研究视角主要集中于创新、开放、改革等动能维度，比如梁鹏等（2022）分析了新冠疫情下北京市服务业扩大开放促进服务业高质量发展的路径。

本书选取成都为研究对象，综合多方面的研究、实证分析，构建一个时间、空间、结构、动能等多维度的分析框架，以更全面和深入的方式梳理服务业的各个方面。多维度的理论构架从不同角度揭示成都服务业的运行特征和演变历程。其中，时间维度是分析服务业发展的基础，通过历史演变和趋势分析，挖掘服务业的变化轨迹。空间维度是分析服务业活动在空间映射的演变特征，通过空间格局分析，洞察影响服务业空间格局的关键因素和动力机制。结构维度是分析服务业内部结构的变动情况，服务业涵盖广泛的领域，通过服务业内部结构的演变规律分析，有助于理解其调整方向。动能维度是分析驱动服务业增长的动力源泉，通过动能演变的分析，更好地预测推动服务业不断变革和升级的影响因素。通过从时间、空间、结构、动能等多个维度对服务业发展状况进行实证研究，力图能够从整体上对成都市服务业发展有深入把握。本书的结构安排如图1.3所示。

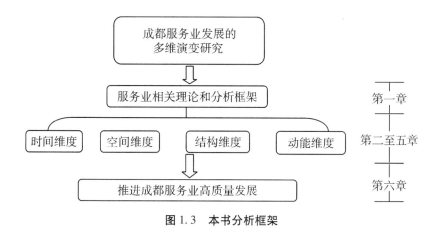

图 1.3　本书分析框架

# 第六节　本章小结

本章梳理了服务业的定义和分类，探讨了服务经济理论演进、发展实践，得出一些有意义的结论：

第一，服务的核心特征正发生变化。服务业是一种经济活动，具有与其他产业不同的特点。以新一代信息技术为代表的新技术的广泛应用给服务业带来了翻天覆地的变化，也深刻改变了服务的一些传统特征。传统服务业"生产率"低速增长的特性也发生了改变。对这些特征的理解是进行服务业分析的基础。

第二，服务业与工业化、城镇化、国际化具有双向作用的关系。具体表现为相互促进、相互作用、共同发展，即服务业是推进区域工业化、城镇化、国际化的重要支撑，服务业发展促进了工业化、城镇化、国际化进程的加快；区域工业化、城镇化、国际化为服务业发展创造了条件，为服务业发展提供了市场需求和中间需求。

第三，服务业向城市集聚是后工业时代城市化的重要内容。城市聚集特性和服务的基本属性是把服务业与城市发展联系在一起的内在机制。城市特别是国际化城市成为现代服务业部门高度密集化的地理空间。服务业已成为城市经济增长的主导力量、城市优化布局的重要方向、新经济成长的支撑源泉。

# 第二章 成都服务业发展的时间演变

中华人民共和国成立以来，成都服务业逐渐发展壮大，逐渐成长为成都市经济发展的重要支撑和动力引擎，在全国、西部地区、成渝地区双城经济圈中逐渐显示出较为强大的集聚能力。本章从时间维度讨论成都服务业发展的特点，结合服务业增加值增长的变化将中华人民共和国成立以来到现在分为四个阶段。下文将主要讨论成都服务业发展的时间演进特征。

## 第一节　成都服务业的时间演变历程

1949—2021 年，成都服务业增加值占 GDP 的比重基本保持稳步提升的态势，由 1949 年的 16.9%增加到 2021 年的 66.4%，提升了 49.5 个百分点，在经济结构中占据主体地位。综合对比不同时期的服务业增加值和增速（见图 2.1），大致可以将服务业的整体变动划分为四个阶段。

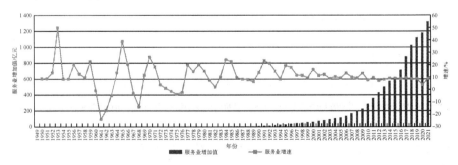

**图 2.1　1949—2021 年成都服务业增加值及增速**

（数据来源：《成都统计年鉴 2022》）

## 一、缓慢发展阶段：1949—1978 年

1949—1978 年期间，整个社会缺乏对服务业发展的认识和重视，统计指标中将服务业剔除在外，经济核算指标没有国民生产总值仅有工农业总产值，服务业基本上处于理论研究和经济工作之外，在改革开放前的 4 次五年计划中，服务业极少被纳入重大项目安排，由此导致服务业缺乏发展的经济基础与理论基础。受国家发展战略和相应制度安排的影响，和国内其他大城市一样，成都经济发展的重心在工业，以重工业驱动城市发展，服务业整体上相当薄弱，基本处于低位发展状态，对经济增长的贡献度远低于工业。这一阶段的主要特征如下：

（一）服务业总体规模在缓慢增长

图 2.2 显示了中华人民共和国成立后、改革开放前成都市服务业的增加值及增速。1949 年，全市服务业增加值总额 0.68 亿元，占 GDP 比重为 16.9%；1978 年，成都市服务业增加值达到 7.52 亿元，占国内生产总值的 21%，规模是 1949 年的 11 倍，占比较 1949 年上升了 4.1 个百分点。"二五"时期，服务业对 GDP 增长的平均贡献率为 29%，较工业低 63.8%。从增速看，服务业增加值增速处于震荡波动。1949—1978 年，服务业增长波动幅度大，这期间，增速最高的年份是 1953 年，接近 50%；增速最低的年份是 1961 年，为−23.9%。

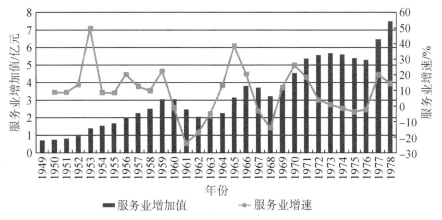

**图 2.2　1949—1978 年成都市服务业增加值及增速情况**

（数据来源：《成都统计年鉴 2022》）

（二）服务业内部绝大多数行业发展缓慢

从服务业内部结构看，这一阶段服务业提供的产品多为公共产品或准公共产品，主要由政府提供；生产性服务业发展严重滞后；生活性服务业发展相对占比较大（见图2.3）。产业资本市场的扩大有赖于商业的发展，商品的销售、装运必须以交通运输业和邮电通信业的运转为前提，批发和零售业，以及交通运输、仓储和邮政业成为这一时期占比最高的两个行业。1978年，批发和零售业占服务业增加值的比重达到26.1%，交通运输、仓储和邮政业占服务业增加值的比重达到20.3%。从服务业行业布局看，成都市在市中心商业中心位置建成天府广场，并围绕广场设立了行政办公中心，市中心的春熙路等传统商业街也在之前的基础上自然延伸逐渐形成了城市商业集中地。

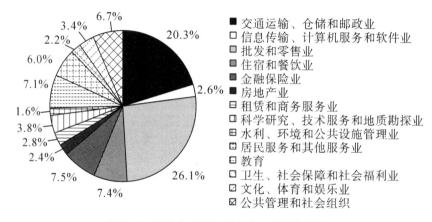

图2.3  1978年成都市服务业内部结构情况

（数据来源：《成都统计年鉴2022》）

二、波动成长阶段：1979—1992年

改革开放后，学术界开始讨论服务业的相关问题，决策层和产业界逐渐提高对服务业发展的重视程度，服务业被纳入国民经济统计核算范围。1992年中共中央、国务院颁布了《关于加快发展第三产业的决定》，有力推动了服务业的发展和增长。这一阶段，成都各项事业蓬勃发展，为服务业发展提供了较大的需求空间，特别是以商贸餐饮、居民服务等为代表的生活性服务业得到恢复性大幅度增长，极大地推动了服务业的发展，服务业对全市经济社会发展的重要性明显提升。

这一阶段，成都服务业增长总体呈现波动大的特征。从服务业增速看，在 1982 年和 1989 年形成两个明显低谷，1979 年、1984 年和 1991 年形成三个波峰。具体来看，1979 年后服务业增速逐步下滑，至 1982 年跌到谷底，之后又快速回升，1984 年升到顶峰，随后又较大幅度回落，至 1989 年降到第二个谷底，随后又一次快速回升，至 1991 年升到第二个峰点，服务业增加值占 GDP 的比重首次超过第二产业，成为第一大产业，这一阶段总体呈现"两降两升"的"W"形（见图 2.4）。从服务业对经济增长的贡献看，1980 年服务业经济增长贡献度为 32.4%，1982 年降到最低，经过 3 年的调整，到 1986 年达到一个峰值（61.6%），之后几年服务业对经济增长贡献度又迅速下降，到 1988 年降到 28.4%，随后持续上升，1990 年接近 70%，总体上也呈现"W"形。这一阶段成都服务业增速大起大落，有内外部因素的综合作用：一是改革开放以后，不论理论界还是实践层面均开始重视服务业的发展，国家自上而下开始纠正多年来重建设轻生活的传统经济增长模式，开始推行改革开放各项政策和发展服务业的政策措施，较大程度释放了服务业发展潜力。二是成都服务业的发展受到了国内大环境低迷的影响，尤其是在第二次下降的时间节点。三是成都对经济发展思想和城市经济结构进行调整，抓住国家发展服务业的契机，在发展战略和政策方面均进行了一些尝试性探索，这种探索在产业发展上难免会有波动。四是服务业本身规模小，极易受到经济增长模式的校正影响。

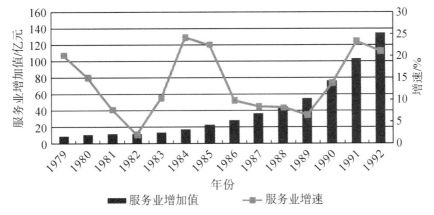

**图 2.4　1979—1992 年成都服务业增加值及增速情况**

（数据来源：历年成都统计年鉴）

## 三、高速壮大阶段：1993—2012 年

1992 年，邓小平同志的南方谈话深刻回答了计划和市场的关系。随后，党的十四大明确提出我国经济体制改革的目标是建立社会主义市场经济体制。1993 年党的十四届三中全会通过了《中共中央关于建立社会主义市场经济体制若干问题的决定》，确定了社会主义市场经济体制的基本结构和多项改革工作。2001 年中国加入世界贸易组织，有力地促进对外开放，我国抓住了加入世界贸易组织的发展机遇，实现了货物贸易和服务贸易的快速增长。得益于市场经济体制改革的推动和加入世界贸易组织后对外开放格局的形成，中国的工业和服务业得到了极大的发展。这一阶段，成都城市发展的目标、战略进一步明晰，出台了一系列促进服务业发展的政策措施，服务业保持在 12%～14% 的范围内增长，产业规模稳步扩大。以 2005 年为界，这一阶段又分为两个发展时期（见图 2.5）。

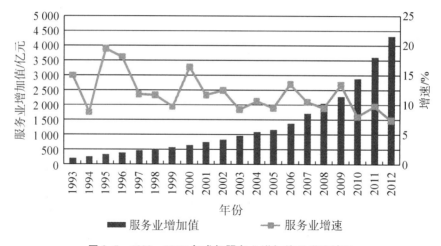

**图 2.5　1993—2012 年成都服务业增加值及增速情况**

（数据来源：《成都统计年鉴 2022》）

第一时期是 1993—2005 年，经过改革开放后十五年左右的调整，成都服务业发展规模稳步增长，2004 年实现服务业增加值过千亿。1993 年成都被国务院确定为"西南地区的科技中心、商贸中心、金融中心和交通通信枢纽"以后，区域性服务中心地位更加凸显，成都在四川省服务业发展的首位度进一步提高。1993—2005 年，成都服务业增加值占四川省服务业的比重在 40.3%，高于上一阶段，说明成都在全省服务业发展的中心地位进

一步提升。从服务业内部结构看，服务于居民的传统生活性服务业依然保持小幅增长态势，服务于生产的流通等生产性服务业开始快速发展。此外，商业模式和业态的发展有所突破，1993 年台湾远东集团太平洋百货春熙路店携众多一、二线流行百货品牌在春熙路开业，引入新的经营理念。

第二时期是 2006—2012 年，服务业产业规模快速扩大，连续跃上两千亿、三千亿、四千亿发展台阶。2006 年成都市商务局组建成立，2007 年成都市政府成立服务业发展领导小组，在全国率先赋予商务部门统筹协调服务业发展的职能职责，有效推动了成都服务业领先发展、加快发展。2008年成都首次制定了全市第一个全面、系统、广域的服务业发展五年总体规划，加快转变经济发展方式，开始扭转重工农业生产、轻服务业发展的传统思维，像重视工业发展一样重视服务业发展，实现工业和服务业的相互促进。服务业成为城市经济的半壁江山、地方税收的主要来源和创造就业的首位产业。2012 年，成都服务业增加值占全市 GDP 的比重达到 49.5%，服务业就业人口占全社会就业人口的 47.4%。

### 四、稳定增长阶段：2013 年至今

2013 年之后，我国经济运行呈现出一些与服务业发展密切相关的新特征，比如服务业已成为我国国民经济第一大产业、对经济增长贡献最大的产业以及全社会吸纳就业最多的产业等，服务业在产业升级和满足人民日益增长的物质文化生活需要中的作用更加突出，已经成为支撑发展的主要动能、价值创造的重要源泉和国际竞争的主战场。这一阶段，成都经济发展进入服务业主导的新阶段。成都服务业增加值占 GDP 比重早在 20 世纪 90 年代就超越第二产业，最高峰值出现在 2002 年，这与成都作为传统商贸集聚地的属性、区域性中心城市的地位密切相关。20 世纪 90 年代以来服务业一度成为经济增长的主导，随着工业经济呈现"补课式"增长，二、三产业对经济增长的贡献呈现交替互补态势，服务业尽管已经是城市经济中最大的产业，但是城市仍未步入服务业主导的时代。2013 年以后，成都产业结构继续以服务业为第一产业，2022 年服务业增加值占 GDP 比重达到 66.5%；从产业贡献看，2022 年服务业对经济增长的贡献率达到 67.2%，说明成都已经是一个以服务业为主导的城市。

2013—2019 年成都服务业总体呈现稳定发展特征，服务业增速保持在

8.3%~9.4%范围内，2020—2022年受新冠疫情影响，增速出现波动（见图2.6）。

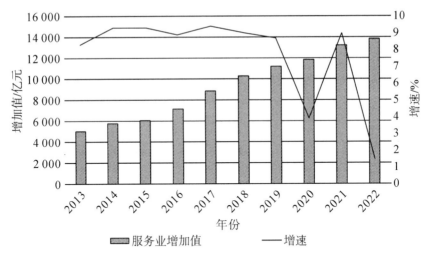

**图 2.6 2013—2022 年成都服务业增加值及增速情况**

（数据来源：《成都统计年鉴2022》）

这一阶段，成都城市经济服务化的趋势明显，表现在：一是基本形成服务业主导增长的格局，服务业增加值占GDP比重、服务业就业人员占全社会就业人口的比重、服务业对经济增长的贡献度等都显示出"首位产业"的特征。以"十三五"时期为例，2020年，成都服务业增加值占GDP的比重达65.7%，较2015年提升9.1个百分点；服务业对经济增长的贡献率达52.2%，较2015年提升0.7个百分点；服务业税收占比达68.7%，较2015年提升4.7个百分点；服务业从业人员占比达58%，较2015年提升8.7个百分点；服务业实际利用外资占比达76.6%，较2015年提升15.7个百分点[①]。二是成都服务业的极核功能进一步增强。2022年，成都服务业增加值在全省、成渝地区双城经济圈、西部地区服务业增加值的比重分别为46.7%、32.7%、11.1%。服务业成为成都城市功能的重要载体，国际消费中心城市、世界文化名城、西部金融中心等"成都服务"品牌更具影响力，助力全国重要经济中心、全国重要科技创新中心和国际门户枢纽建设。三是产业活动服务化的趋势特征。从制造服务化和一产服务化趋势

---

① 数据来源于《成都市"十四五"服务业发展规划》（成府函〔2022〕56号）。

看，服务在一、二产业生产创新、组织创新以及产品创新等过程中所起的作用越来越大，具体体现在服务业内部结构中生产性服务业的比重不断提高。按照三大类服务业①的划分方法，成都的总体演进趋势是生产性服务业比重持续提高，根据粗略计算，2019年成都生产性服务业增加值占全市GDP比重约为30%。

## 第二节　成都服务业发展的现状分析

本书主要利用最新的成都统计年鉴数据，着重分析2021年成都服务业发展情况，部分分析辅之以2019年和2022年的数据。2021年，面对新冠疫情的反复冲击，成都市服务业增速有所放缓，但依然保持着总体平稳的发展态势，对城市经济平稳增长发挥了积极作用。

### 一、总体发展概况

2021年是"十四五"开局之年。2021年，成都市全市实现服务业增加值13 219.9亿元，是"十三五"初期（2016年）的2倍；占GDP的比重为66.4%，较"十三五"初期提高了13.3个百分点；增速上，同比增长9.0%，分别高于全国、全省0.8、0.1个百分点。如表2.1所示，服务业已成为支撑成都经济发展的主力。

表2.1　2021年成都三次产业主要指标情况

|  | 占GDP比重/% | 全社会劳动生产率/元/人 | 从业人员产业结构/% |
| --- | --- | --- | --- |
| 第一产业 | 2.9 | 36 534 | 13.7 |
| 第二产业 | 30.7 | 189 624 | 28.1 |
| 第三产业 | 66.4 | 197 966 | 58.2 |

数据来源：《成都统计年鉴2022》。

---

① 生产性服务业包括交通运输、仓储和邮政业，金融保险业，信息传输、计算机服务和软件业，租赁和商务服务业，科学研究、技术服务和地质勘探业等行业；消费性服务业包括批发和零售业，住宿和餐饮业，房地产业，文化、体育和娱乐业，居民服务和其他服务业等行业；公共服务业包括水利、环境和公共设施管理业，教育，卫生、社会保障和社会福利业，公共管理和社会组织等行业。

（一）经济贡献上，成都服务业为高质量发展提供有力支撑

2021年，成都服务业从业人员占全社会从业人员比重超过五成，为58.2%；服务业增加值占GDP的比重超过六成，为66.4%；服务业对经济的贡献度接近七成，为69.4%；服务业税收占比超过七成，为70.1%；服务业固定资产投资占全部固定资产投资的比重达到76.1%；服务业实际利用外资占比高于85%。

---

**专栏　党的十八大以来成都服务业发展总体情况**

十年来，成都加快转变经济发展方式，促进产业结构深化调整，行业结构优化升级，服务业日益成为稳定经济发展的"压舱石"，也是促进传统产业转型升级的"助推器"，为经济社会健康稳定发展提供强有力支撑。

**服务业是支撑经济发展的核心动力**

十年来，服务业快速发展，总量大幅攀升，结构持续优化，对经济增长的贡献显著增强。服务业增加值由4 297.8亿元连续跨越9个千亿台阶增长至13 219.9亿元，规模居全国城市第6位、副省级城市第3位。年均保持8.4%的中高速增长，快于经济增速0.5个百分点，较全国服务业年均增速高1.0个百分点；对经济增长的贡献率从29.8%跃升至69.4%。服务业增加值占经济总量比重于2013年超过50%后，其后年均提升1.6个百分点，至2021年，服务业占比达66.4%。

**服务业是吸纳社会就业的重要渠道**

市场主体活力迸发，催生服务业发展内生动力，2021年，服务业法人单位数增至27.3万户，是2012年的4倍。就业是民生之本、稳定之基、发展之要、安邦之策，随着城镇化进程加快，市场主体吸纳就业人员规模迅速扩张，服务业成为促进就业的主导力量。十年来，服务业就业人员比重持续提升，2021年，服务业就业人员672.3万人，占全市就业人员比重攀升至58.2%，较2012年提高10.8个百分点。

**服务业是促进财税增长的主要来源**

税收是财政收入重要组成部分，是财税收入稳定增长的主要来源。2021年，实现服务业税收2 387.3亿元，同比增长14.0%；十年来，年

均增长 10.8%，高于全部税收年均增速 0.9 个百分点；占全部税收的比重达 70.1%，较 2012 年提高 4.7 个百分点。近年来，在全面推行"营改增"税制改革，大力实施减税降费等系列政策背景下，企业经营压力有所缓解，2021 年，全市新增减税降费 249.8 亿元，占全省比重 57.0%。随着营商环境持续优化和纾困政策落地见效，企业盈利能力增强，2021 年，规模以上服务业企业共实现利润总额 678.5 亿元，是 2012 年的 2.5 倍。

**服务业是释放投资需求的关键平台**

服务业聚焦投资和项目建设，成为固定资产投资增长的重要动力。十年来，服务业固定资产投资从 4 064 亿元增加至 7 527.7 亿元，年均增长 9.6%；占全部固定资产投资的比重自 2018 年以来，连续 4 年保持在 70% 以上，2021 年达 76.1%。随着自由贸易试验区建设和服务业扩大开放深入推进，以租赁和商务服务业，信息传输、软件和信息技术服务业等为主的服务行业成为吸引外资的强磁力，2021 年，服务业 FDI 占比高于 85%，同比增速超过 60%。

——摘自成都市统计局《十八大以来成都服务业发展报告》

（二）引领带动上，成都服务业在区域的极核功能不断增强

2021 年成都服务业增加值总额、增速在副省级城市中分别排第 3、第 4 位，其中增速排名比上年提高 4 个位次，超过南京、杭州等城市；总额、增速在国家中心城市分别排第 5、第 2 位（见图 2.7 和图 2.8），总额占全国、全省比重为 21.7%、46.7%。社会消费品零售总额、增速在副省级城市中均排第 3 位，在国家中心城市中分别排第 5、第 1 位，总额占全国、全省比重为 2.1%、38.3%。外贸进出口总额、增速在副省级城市中分别排第 6、第 12 位，在国家中心城市中分别排第 4、第 6 位，总额占全省比重为 86.4%。

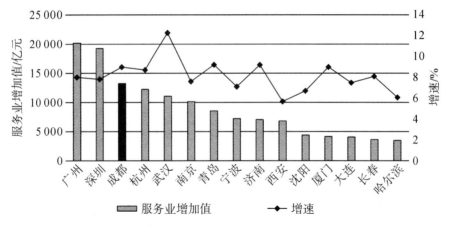

图 2.7　2021 年副省级城市服务业增加值及增速对比

（数据来源：各城市统计局官网）

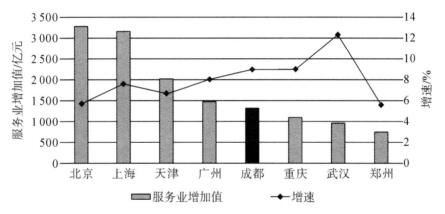

图 2.8　2021 年国家中心城市服务业增加值及增速对比

（数据来源：各城市统计局官网）

（三）资源汇聚上，服务业市场主体和品牌发展优势持续保持

从市场主体体量看，2021 年，成都市新登记服务业市场主体 598 423户，占新登记总量的 95.45%，远超过第一产业、第二产业，处于主导地位，整体发展态势良好。从品牌引培看，根据成都零售商协会发布的数据，2021 年成都首店数量创新高，共引入 801 家各类首店，仅次于上海（1 078 家）、北京（901 家）；增速超过上海、北京，较 2020 年增加 415家，同比增长 107.5%，继续领跑新一线城市，成为国际品牌进入内地市场的首选城市（见图 2.9）。

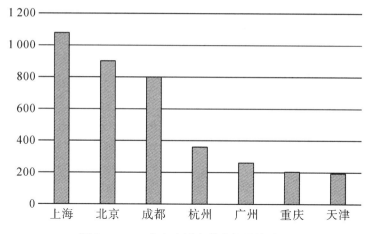

**图 2.9　2021 年七个城市首店数量的对比**

（数据来源：上海中商数据和成都零售商协会联合发布的《2021 年度成都首入品牌研究》）

## 二、内部结构分析

近年来，成都金融、科技、流通、信息等生产性服务业实现快速发展，服务业新经济新动能苗壮成长，数字技术与金融、商贸、文旅体等服务业深度融合，新产业、新业态、新模式不断涌现。2021 年，金融业，批发和零售业，房地产业，交通运输、仓储和邮政业占比较高，占服务业增加值的比重分别为 17.18%、14.6%、12.29% 和 7.69%（见图 2.10）。

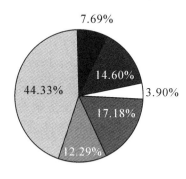

**图 2.10　2021 年成都服务业内部行业结构**

（数据来源：《成都统计年鉴 2022》）

（一）生产性服务业服务现代产业能力不断增强

根据《成都市生产性服务业发展总体规划》，2019 年成都生产性服务业增加值为 5 143.1 亿元，占服务业增加值的比重为 46%，占 GDP 的比重为 30.2%，较 2017 年上升了 0.3 个百分点。生产性服务业优势行业显示度逐渐提高，金融、流通、科技、信息等行业优势显现，与城市功能体系同频共振。一是金融业服务实体经济能力显著增强。2021 年，成都金融业增加值实现 2 271.6 亿元，同比增长 6.1%，全球金融中心指数排名上升至 35位，创历史新高。资本市场加速完善，成都境内外上市公司总量达 129 家（其中 A 股 101 家），其中新增 21 家，再创历史新高。二是流通服务具有一定优势。2021 年，交通运输、邮政和仓储业实现增加值 1 016.7 亿元，比上年增长 9.9%。全社会铁路运输总周转量比上年增长 12.5%，航空运输总周转量增长 9.8%。双机场实现旅客吞吐量 4 447.2 万人（居全国城市第三位），货邮吞吐量 64.9 万吨，其中双流机场旅客、货邮吞吐量分别位居全国第二位、第七位。

（二）生活性服务业满足居民消费需求能力不断增强

成都是千年商都，消费美誉度高。文旅资源积淀深厚，服务业供给支撑较强。一是从支撑商品消费看，商品消费市场规模居于全国前列。2021年，全市实现社会消费品零售总额 9 251.8 亿元，是"十三五"初期的 1.6 倍，比上年增长 14.0%（见图 2.11）。网络零售市场保持快速增长，限上单位通过互联网实现商品零售额增长 22.7%，占限上商品零售额的比重达 28.8%。消费结构持续改善，商品零售全面增长，16 个限上商品门类中 15 个门类零售额实现正增长，其中限上汽车类、石油制品类、家用电器和音像器材类增速分别达到 8.8%、25.2%、19.7%；智能和节能环保类商品零售额保持较高增速，智能家用电器和音像器材类、新能源汽车零售额分别增长 169.7%、122.1%。二是从支撑服务消费看，与消费相关的服务业发达。疫情前（2019 年）成都接待国内游客 2.76 亿人次，国内旅游收入 4 551.3 亿元，分别占全国的 4.59% 和 7.95%。2022 年成都餐饮收入（1 444.6 亿元）全国第二，餐饮必去店数量全国第二；体育产业总产值突破千亿；金融、批发和零售业、信息服务等支撑消费的服务业行业均迈上千亿级台阶；实体书店和博物馆分别居全国第一和第二位，文创、医美均位列全国第三。

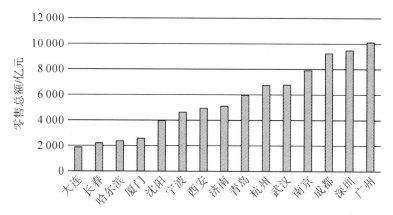

**图 2.11　2021 年副省级城市社会消费品零售总额比较**

（数据来源：《成都统计年鉴 2022》）

（三）新兴服务业的支撑作用不断增强

以科学研究和技术服务业，信息传输、软件和信息技术服务业为主的新动能不断积蓄，科技服务、信息服务实现较快增长，远高于服务业平均增长速度，对服务业增长形成较大支撑，成为服务业高质量发展新的动力源。以信息传输、软件和信息技术服务业为例，2021 年，成都信息传输、软件和信息技术服务业增加值比上年增长 22.4%，高于服务业平均增长速度 13.4 个百分点。以电子商务为代表的服务业新业态发展较快，2021 年，成都累计实现电子商务交易额 24 526.75 亿元，同比增长 8.35%；网络零售额 4 934.79亿元，同比增长 19.5%，在全国主要城市中排名第 6 位（见图 2.12）。

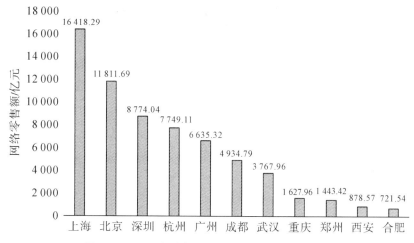

**图 2.12　2021 年成都与部分城市网络零售额对比**

（数据来源：各城市商务官网）

## 第三节　成都服务业发展的国内比较

为综合评价成都服务业发展水平，本节选取了北京、上海、广州、深圳等一线城市和南京、杭州、武汉、西安等能级对等城市进行数据分析。

### 一、国内一线城市服务业发展概况

#### （一）上海

从上海产业结构变动看，服务业增加值占 GDP 比重于 1999 年首次超过制造业比重。之后，在较长时期内，上海服务业增加值占 GDP 的比重并没有继续呈递增趋势，而只是略高于第二产业比重，总体上二、三产业比例处于胶着状态①。受全球金融危机的冲击，制造业增速大幅下降，服务业比重不断提升，直至"十三五"期间，服务业已成为上海经济增量的主导引擎、城市功能的重要载体、新经济创新迭代的支撑源泉、产业优化布局的重要方向、进一步扩大开放的重要领域②。2020 年，上海服务业增加值实现 28 307.5 亿元，占 GDP 的比重达到 73.1%，服务业固定资产投资占全市固定资产投资比重超过 80%，市级利用外资占全市实到外资金额的比重超过 90%。1978—2018 年上海第三产业增加值及其占 GDP 比重如图 2.13 和图 2.14 所示。

---

① 周振华. 全球城市：国家战略与上海行动 ［M］. 上海：格致出版社，2019：86-87.
② 《上海市服务业发展"十四五"规划》。

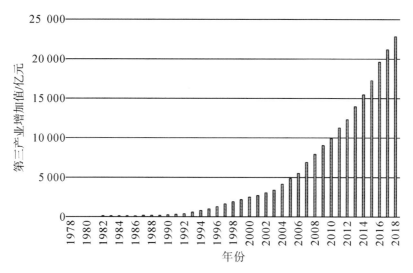

**图 2.13　1978—2018 年上海第三产业增加值**

（数据来源：《上海统计年鉴 2019》）

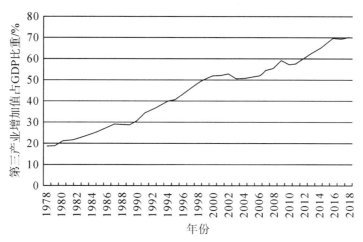

**图 2.14　1978—2018 年上海第三产业增加值占 GDP 比重**

（数据来源：《上海统计年鉴 2019》）

　　上海之所以能成为我国现代服务业发展的领军城市，离不开上海对服务经济发展趋势的准确把握。

　　一是准确把握产业融合发展趋势。上海一直是我国主要的工业中心城市之一，产业体系非常强大，工业门类齐全，制造业的基础优势不可动摇，而值得注意的是，上海工业产值中制造业产品的利润率和附加值却逐年下降；从区域和全国发展需求来看，长三角正在向世界性的制造业基地和世界第六大城市群发展，对上海作为经济中心城市的高端服务功能需求逐渐增强。在此背景下，上海通过在制造业中融入服务经济的元素，增加产品的服务功能、技术含量和文化性，实现制造业与服务业的有机融合，从而提高工业制成品的附加值。这不仅促使上海市服务业进入快速发展期，而且也走出一条适应上海制造业成功转型的有效途径。

二是准确把握服务业集群发展趋势。在上海市推进服务经济发展的过程中，最大的亮点是建设现代服务业集聚区。这是上海把握城市经济发展阶段特征，在借鉴国际大都市成功经验的基础上，率先在全国推出的创新举措，也是上海转变经济发展方式、大力发展现代服务业的重要载体和突破口。早在"十一五"时期，上海市按照"整体规划、功能集聚、新型业态、生态优化"等理念，规划建设了 20 个集聚区作为重点建设推进项目。实践证明，集聚区建设有力推动了上海市服务经济良性、快速增长。在提升上海城市服务功能的同时，集聚区对全市经济特别是服务经济发展的作用和贡献越来越大。"十二五"时期上海在原有基础上，又规划建设 5 个集聚区，总数为 25 个，覆盖全市 17 个区县。

1. 金融业

2020 年，上海金融业增加值实现 7 166.26 亿元，占服务业增加值的比重为 25.3%。围绕国际金融中心建设，上海致力于推动金融业更深层次改革和更高水平开放。2021 年，由英国智库 Z/Yen 集团发布的全球金融中心指数（GFCI29）中，上海蝉联全球第三，国际金融中心日益巩固。上海金融市场体系不断成熟，包括原油期货、国债期货、股指期货、股指期权、黄金 ETF、同业存单等各类金融产品不断丰富，金融市场交易平台、金融市场基础设施日益完善，2020 年，上海金融市场成交总额达到 2 275 万亿元。在金融科技领域，上海仅次于纽约，推动金融领域科技赋能、数字化转型，不断提升金融科技全球竞争力。

2. 商贸业①

上海商贸业产业竞争力强劲，国际贸易中心和国际消费中心城市建设加快，对国内国际两个市场、两种资源的配置能力显著增强。流通和消费规模居全国城市首位，2020 年，上海商品销售额、社会消费品零售总额分别达到 13.98 万亿和 1.59 万亿元；商业模式创新持续加快，电子商务交易额实现 2.94 万亿元，居全国城市首位。从贸易集聚功能看，2020 年，上

---

① 上海商贸业数据来自《"十四五"时期提升上海国际贸易中心能级规划》。

海口岸贸易额占全球贸易总量 3.2% 以上，继续位列世界城市首位，世界级口岸城市地位继续夯实。从资源配置功能看，2020 年，上海千亿级市场平台达到 10 家，大宗商品贸易平台达到 40 家，钢铁、有色金属、铁矿石等大宗商品价格成为国际市场重要风向标。

3. 科技服务业①

围绕建设具有全球影响力的科技创新中心，上海科技服务业能级不断提升，新建和集聚了李政道研究所、上海脑科学与类脑研究中心、上海清华国际创新中心等一批代表世界科技前沿发展方向的高水平研究机构，累计引进外资研发中心 481 家，数量居全国第一，成为全球科学家在中国事业发展的首选城市。科技服务业服务实体经济能力稳步增强。2019 年上海集成电路产业规模占全国比重超过 20%，生物医药创新药获批上市量约占全国总量的 1/3，人工智能产业集聚全国约 1/3 的相关人才。

4. 总部经济

上海总部经济起步早、发展快，总体呈现能级高、贡献大、带动强、集聚度高的发展特征，进入功能升级的发展阶段。一是上海跨国企业总部多，截至 2019 年 8 月底，上海共认定总部企业 1 333 家，其中，跨国企业总部 701 家，占比达到 52.6%。2019 年 11 月，上海认定跨国公司地区总部和研发中心 35 家，其中亚太区总部 4 家、亚洲区总部 4 家、大中华区总部 5 家。二是对经济发展的贡献突出。2018 年跨国公司地区总部数量占上海全市外资企业数量的 1.34%，却贡献了 10% 的营业收入、17% 的利润总额、12% 的纳税总额和超过 6% 的从业人数。三是产业链整合能力强。上海总部企业带动了产业链上下游企业的发展，实现研发、制造、服务、资金等全产业链资源整合，优化配置形成产业配套的规模效应。四是上海总部企业呈集聚发展态势，陆家嘴—淮海路/南京路/静安寺—徐家汇—虹桥是上海总部经济的"黄金走廊"，集聚了全市 70% 的总部企业。浦东是上海跨国公司和国内大企业设立总部和全球性研发中心最为集中的区域。截至 2018 年年底，浦东新区集聚跨国公司地区总部数量占全市总量的 50% 以上。

（二）北京

经过 70 余年发展，北京服务业产业规模不断扩大、产业结构逐步优化、产业业态日益丰富、经济贡献稳步增长，服务业已成为北京经济的支柱和引擎。2018 年，北京服务业实现增加值 2.5 万亿元，同比增长 7.3%，

---

① 上海科技服务业相关数据来自《上海市建设具有全球影响力的科技创新中心"十四五"规划》。

对全市经济增长的贡献率达到 87.9%。

产业实力不断增强。北京服务业规模和占比持续位居全国城市第一。中华人民共和国成立初期至今，北京服务业由产业基础薄弱到发展相对缓慢再到增加值量级不断取得新突破，产业规模持续扩大：1955 年服务业增加值首次超过 10 亿元，1986 年突破百亿元，1996 年突破千亿元，2010 年突破万亿元（见图 2.15）。改革开放以来，北京服务业占生产总值的比重稳步提高：1994 年服务业增加值占比首次超过第二产业，1995 年服务业增加值占比超过 50%，2016 年服务业增加值占比超过八成（见图 2.16）。

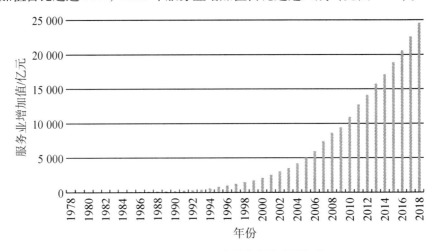

图 2.15　1978—2018 年北京服务业增加值

（资料来源：《北京统计年鉴 2019》）

图 2.16　1978—2018 年北京服务业增加值占比

（资料来源：《北京统计年鉴 2019》）

行业结构逐步优化。北京现代服务业发展迅速，已成为引领经济发展的支撑力量。2007 年，北京现代服务业增加值占地区生产总值的比重超过50%；2013 年，现代服务业增加值突破万亿元；2018 年，现代服务业实现增加值 1.9 万亿元，占地区生产总值的比重达到 61.3%。新旧动能转换加快，传统服务业转型升级稳步推进。1949 年，批发与零售业、交通运输仓储和邮政业等传统服务业增加值合计占第三产业的 52.3%，1978 年为58.8%，之后占比逐步下降，2018 年为 15.8%。

经济贡献稳步增长。2008—2017 年，第三产业税收收入年均增长12.6%，快于同期全市税收收入增速 0.9 个百分点，2017 年第三产业税收收入占全市的比重达到 86.9%。1992 年第三产业从业人员占比超过第二产业，1997 年第三产业从业人员占比达到 50%，2016 年第三产业从业人员占比超过八成（见图 2.17）。

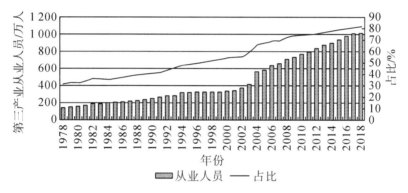

**图 2.17　1978—2018 年北京市第三产业从业人员数量**

（资料来源：《北京统计年鉴 2019》）

改革开放以来，北京积极优化调整产业结构布局，产业结构由"二、三、一"演变为"三、二、一"，服务业逐渐成为全市经济的主导产业。如今北京服务业的发达离不开以下几点：一是北京得天独厚的资源优势，拥有丰富的旅游文化资源、人才资源及科学技术资源（高校院所云集）、交通资源等，首都功能更是强化了北京对人才、资本等要素的吸引力。二是持续扩大服务业对外开放。北京是全国首个服务业扩大开放试点城市，国家服务业扩大开放综合示范区和中国（北京）自由贸易试验区建设等先行先试政策支持激发了服务业的发展活力，也促进了服务业国际化发展。三是优化服务业发展营商环境。比如，北京试行了跨境服务贸易负面清单制度，提升了监管服务水平。

1. 文化和旅游业

北京旅游资源丰富，旅游收入大幅增长。2018 年，北京实现国际旅游外汇收入 55.2 亿美元，是 1978 年的 55.2 倍；实现国内旅游收入 5 556.2 亿元，是 1994 年的 18.6 倍。北京文化资源丰富多元，文化产业发展迅猛。2017 年，北京市文化产业增加值达到 2 700.4 亿元，占地区生产总值的 9.6%，比 2004 年提高 3.2 个百分点。

2. 科技服务业

创新注入发展新动能。2017 年，北京服务业研究与试验发展（R&D）经费内部支出 1 280.6 亿元，占全市研究与试验发展（R&D）经费支出的比重达到 81.1%，2013 年以来年均增长 8.7%。其中，信息传输软件和信息技术服务业、科学研究和技术服务业研究与试验发展（R&D）经费内部支出占全市研究与试验发展（R&D）经费支出的比重达到 68.2%，2013 年以来年均分别增长 12.7% 和 8.7%。

3. 信息服务业

按可比价格计算，2013—2018 年，信息传输软件和信息技术服务业年均增长 12.4%。数字技术下服务业新业态、新商业模式层出不穷，平台经济、共享经济等蓬勃发展。2018 年，重点互联网出行平台、重点互联网医疗平台和重点互联网教育平台交易额分别增长 13.5%、16.1% 和 1.5 倍。电子商务快速发展。2018 年，北京电子商务交易额实现 21 843.0 亿元，占全国电子商务交易总额的 7.1%。

4. 服务贸易

服务贸易成为北京对外贸易新的增长点。2018 年全市服务贸易进出口总额达到 1 606.2 亿美元，是 2003 年的 9.9 倍；2013—2018 年，服务贸易总额年均增长 8.2%，占全国服务贸易总额的比重一直保持在 1/5 强。综合试点进一步扩大服务业对外开放。2013—2018 年，北京服务业实际利用外资年均增长 13.6%。2018 年，北京服务业实际利用外资 148.6 亿美元，是服务业扩大开放综合试点前 2014 年的 1.9 倍；2015—2018 年服务业实际利用外资年均增长 17.0%。

（三）深圳

经过多年发展，服务业已成为深圳经济的重要组成部分，并已形成以金融业、物流业、文化及相关产业、高新技术产业为支柱产业，服务业与制造业、高新技术产业深度融合、创新驱动的服务业发展格局。2018 年，深圳第三产业实现增加值14 237.94亿元，同比增长6.4%，占地区生产总值的比重为58.8%。

产业实力不断增强。深圳服务业增加值从1979年的0.83亿元增加到2018年的14 237.94亿元，2018年现代服务业实现增加值10 090.59亿元（见图2.18）。服务业增加值占比波动上升：1979—2018年中共有19年服务业增加值占比超过50%。2018年，第三产业增加值占比达到58.8%，比1979年提高了16.3个百分点（见图2.19）。

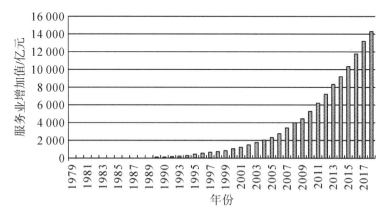

**图2.18　1979—2018年深圳服务业增加值**

（数据来源：《深圳统计年鉴2019》）

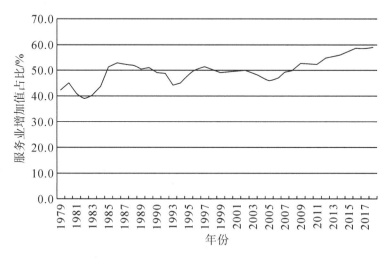

**图2.19　1979—2018年深圳服务业增加值占比**

（数据来源：《深圳统计年鉴2019》）

产业集群带动服务业发展。深圳积极布局建设产业基地和聚集区，发展重点产业和园区建设，加大力度引进一批优质项目，因地制宜、错位协同发展，形成服务业集群发展的良好态势。盐田区以文化创意和电子商务为主导，构建"线上+线下"协同服务新模式。福田区依托国家电子商务示范基地建设，打造互联网产业和电子商务领先城区；汇集设计创意业高端资源，建设"设计之都"核心区。南山区依托大沙河创新走廊、深圳湾超级总部基地、留仙洞战略性新兴产业集聚基地、高新区科技产业发展高地等区域科技产业创新资源高端与高效集聚优势，着力打造全市战略性新兴产业创新发展核心引领区。宝安区加快建设宝安中心区、大空港产业基地、宝安中国天谷等，引领现代服务业聚集发展。

民营经济为服务业发展注入活力。深圳企业以中小企业为主，尤其是民营中小企业，民营中小企业作为创新主体的作用十分突出。目前，深圳民营经济商事主体已达 314 万家，民营企业数量占全市企业数量超过了97%。全市 73% 的授权发明专利、80% 以上的创新载体和国家高新技术企业、91% 的中国驰名商标、93% 的国家知识产权优势企业以及 96% 的广东省名牌产品来自民营企业。

20 世纪 90 年代初，深圳确立并重点发展高新技术、金融、物流、文化四大支柱产业。2018 年，深圳四大支柱产业增加值达到 15 465.94 亿元，占 GDP 比重达到 63.9%。党的十八大以来，深圳制定战略性新兴产业发展规划，逐渐确立了生物产业、互联网产业、文化创意产业等六大战略性新兴产业。2018 年，深圳六大战略性新兴产业增加值合计 9 155.18 亿元，占GDP 比重由 2013 年的近 30.0% 提升到 37.8%。支柱产业和战略性新兴产业成为经济发展的主要动力，有力促进了经济稳定增长。

1. 金融业

深圳金融业从零起步到稳居全国第三。1979—2018 年，深圳金融业增加值从 0.16 亿元提升到 3 067.21 亿元。1983 年深圳金融业增加值突破1 亿元，1988 年突破 10 亿元，1996 年突破 100 亿元，2009 年突破 1 000 亿元，2014 年突破 2 000 亿元，2017 年突破 3 000 亿元，2018 年达到3 067.21 亿元（见图 2.20）。深圳金融业以市场为导向，引入竞争机制，培育诞生平安保险、招商银行、国信证券、创新投集团等一批本地法人金融机构，逐步发展形成金融机构种类日益健全、业务多功能多层次的金融市场体系。深圳金融业还与制造业融合发展，互联网金融、科技金融蓬勃兴起，助推着金融业高质量发展。

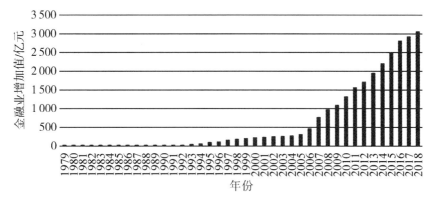

**图 2.20　1979—2018 年深圳市金融业增加值**

（资料来源：《深圳统计年鉴 2019》）

### 2. 物流业

深圳物流业增加值规模不断扩大，物流新兴业态不断涌现。深圳物流业增加值由 2010 年的 926.30 亿元提升到 2018 年的 2 541.58 亿元，深圳成为全国物流业增加值超过千亿元的城市（见图 2.21）。改革开放以来，得益于雄厚的产业基础、发达的对外贸易以及毗邻香港这一全球物流枢纽的优势，深圳物流与供应链服务业取得了跨越式发展。随着电子商务的兴起、"互联网+"的普及，供应链物流、电子商务物流、物流金融服务等物流新技术和新兴业态不断涌现，推动了现代物流业的转型升级和融合发展。目前，全国 80% 以上的供应链管理公司总部聚集在深圳，其中包括怡亚通、飞马国际、普路通、华富洋等行业龙头企业。

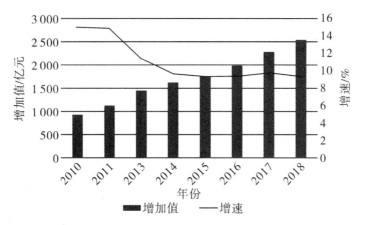

**图 2.21 2010—2018 年深圳市物流业增加值及其增速**

（资料来源：2010—2018 年各年度深圳市国民经济和社会发展统计公报）

### 3. 文化产业

深圳文化市场欣欣向荣。自深圳 2003 年确立"文化立市"战略以来，深圳把文化产业确定为四大支柱产业之一，深圳文化产业一直保持着快速增长的态势。文化产业增加值由 2010 年的 637.23 亿元提升到 2018 年的 1 560.52 亿元（见图 2.22）。在独特的"文化+科技""文化+旅游""文化+金融"模式下，深圳市文化产业升级加快，文化产业增加值 2012 年破 1 000 亿元后，2016 年突破 2 000 亿元，2018 年深圳市文化产业实现增加值 2621.77 亿元，占 GDP 的比重超过 10%。文化产业已经成为国民经济支柱产业，在深圳发展中占据了重要位置。

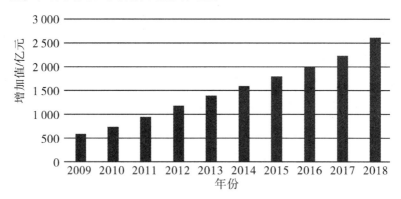

**图 2.22 2009—2018 年深圳市文化产业增加值**

（资料来源：2009—2017 年数据来源《深圳统计年鉴 2018》，2019 年

数据来自 https://www.gov.cn/xinwen/2019-02/24/content_5368146.htm）

深圳服务业的发展可谓"天时、地利、人和"。一是"天时",深圳作为最早实行改革开放的地方,国家给予了充分的政策支持,扩大深圳的外贸权限、地方立法权、制度自由度,深圳也很好地把握了这一发展的历史机遇;二是"地利",深圳毗邻港澳,尤其是毗邻香港这一地理优势使深圳更容易完成人才、信息与资本的原始积累,为深圳后续产业的发展奠定了要素基础;三是"人和",华侨、港澳同胞、全国各地精英荟萃于此,形成了独特的移民文化,"来了,就是深圳人"等观念深入人心。

回顾和总结深圳政府发展服务业的历史经验,一是坚定不移地推进中国特色社会主义市场经济体制改革,充分发挥市场在资源配置中的决定性作用,辅以政府服务,营造一流的市场化环境和完善的市场体系;二是始终把创新作为城市发展主导战略,实施严格的知识产权保护,完善产业服务体系,构建了"基础研究+技术攻关+成果产业化+科技金融"全过程创新生态链;三是持续推进对外开放,依托毗邻港澳的地理优势和"一带一路"建设,货物贸易和服务贸易并举扩大对外贸易,帮助更多企业"走出去"。

## 二、与国内城市相比的成都服务业

### (一)与一线城市的比较

北京、上海、广州、深圳不仅在经济规模上领先全国,还在服务业发展规模、辐射力和影响力方面领先全国。成都服务业已经取得长足的进步,但与一线城市相比,在规模、结构、企业、贡献等方面仍有差距。

1. 服务业对城市功能支撑作用存在差距

一线城市服务业不仅促进自身经济快速增长,而且引领全国。2021年,四个城市实现服务业增加值合计达 10.4 万亿元,占全国服务业增加值的比重达到 17.1%,高于除广州、深圳外的其余 13 个副省级城市服务业增加值占全国的比重(15.7%)。与一线城市相比,成都在服务业总量和社会消费品零售总额上均有差距。北京、上海、广州、深圳服务业规模分别是成都的 2.5 倍、2.4 倍、1.5 倍、1.5 倍,北京、上海、广州服务业占GDP 比重分别比成都高 15.3、6.9、5.2 个百分点。北京、上海、广州、深圳社会消费品零售总额分别是成都的 1.6 倍、2.1 倍、1.1 倍、1.03 倍(见表 2.2)。

表 2.2　成都与北上广深城市服务业指标比较（2021 年）

| 城市 | 服务业增加值/万亿元 | 增速/% | 服务业增加值占GDP比重/% | 社会消费品零售总额/亿元 |
|------|------|------|------|------|
| 北京 | 3.3 | 5.7 | 81.7 | 14 867.7 |
| 上海 | 3.2 | 7.6 | 73.3 | 18 079.3 |
| 广州 | 2.0 | 8.0 | 71.6 | 10 122.6 |
| 深圳 | 1.9 | 7.8 | 62.9 | 9 498.1 |
| 成都 | 1.3 | 9.0 | 66.4 | 9 251.8 |

数据来源：《成都统计年鉴 2022》。

2. 服务业辐射范围存在差距

从服务业增加值区域占比来看，2018 年，北京服务业增加值占京津冀地区的比重为 34.3%，广州、深圳服务业增加值占珠三角城市群①的比重分别为 36.4%、38.5%，上海服务业增加值占长三角城市群②的比重为 23.6%。成都服务业增加值占成渝城市群③的比重为 29.7%，高于上海，但低于北京、广州和深圳。同时，北上广深服务业均是立足区域发展，服务于全国经济，辐射全球范围。2018 年，北京服务贸易进出口额突破 1 万亿元（10 628.9 亿元），占全国的五分之一左右。在上海落户的跨国公司地区总部累计达到 670 家，上海关区货物进出口总额占全国的比重超过五分之一，集装箱吞吐量连续 9 年保持全球第一。广州港集装箱吞吐量居世界第五，快递业务量连续保持全国第一。深圳数字经济发展走在全国前列，为中国最具创新力的城市之一，在全球创新体系中的地位不断提升。

3. 服务业龙头企业存在差距

从服务业市场主体来看，2018 年成都市拥有"中国服务业 500 强"企业 8 家，远低于北京（61 家）、上海（47 家）、广州（41 家）、深圳（37 家），也低于杭州（26 家）、武汉（19 家）等城市，在副省级城市中居第 9 位，这与成都的经济地位严重不符。8 家企业均排在 100 位之后，且房地产 3 家、交通运输 4 家、传媒出版 1 家，与北上广深相比，缺乏贸易、金

---

① 珠三角城市群：广州、深圳、珠海、佛山、江门、东莞、中山、惠州、肇庆。
② 长三角城市群：上海、杭州、南京、苏州、宁波、嘉兴、湖州、绍兴、金华、舟山、台州、无锡、常州、南通、盐城、扬州、镇江、泰州、合肥、芜湖、马鞍山、铜陵、安庆、滁州、池州、宣城。
③ 成渝城市群：成都、自贡、泸州、德阳、绵阳、遂宁、内江、乐山、南充、眉山、宜宾、广安、达州、雅安、资阳、重庆。

融、供应链、电信、科技研发、文化等领域有竞争力的市场主体。从规模以上服务业企业来看，2018 年，成都 2 657 家规模以上服务业企业实现营业收入 3 745.6 亿元，仅为上海的 13.6%、北京的 8.6%。而成都服务业增加值为上海的 36.4%、北京的 33.8%，表明规上企业对服务业的带动作用相对较小。

4. 服务业核心产业存在差距

北上广深服务业核心优势领域各有不同。2018 年，北京金融、科技、信息等优势服务业行业占 GDP 的比重超四成，对经济增长的贡献率合计近七成。广州现代服务业增加值占 GDP 的比重超过 45%，信息服务业增速超过 25%。深圳以金融业，信息传输、软件和信息技术服务业为主的现代服务业占 GDP 比重超过 41%。与一线城市相比，成都金融业、信息服务、科学研究、租赁服务等现代服务业增加值占 GDP 的比重不到 40%，且占比最大的金融业增加值为 1 750.2 亿元，仅为北京、上海、深圳的 34%、30% 和 57%，成都服务业行业结构仍需进一步优化。

（二）与相近城市的比较

综合考虑城市能级对等、基础条件和综合性发展方向相近原则，选取南京、杭州、武汉、西安 4 个城市，与成都的服务业发展进行比较。总的来看，成都在产业规模、消费市场规模方面具有一定优势，但在劳动生产率、市场主体能级上不具优势。

1. 服务业产业规模仍然具有优势

与同属副省级城市的南京、武汉、西安、杭州相比，成都市服务业体量具有一定优势。从服务业增加值看，2022 年，成都服务业增加值分别是南京、武侯、西安、杭州的 1.3 倍、1.2 倍、1.9 倍和 1.1 倍。从服务业增加值占 GDP 比重来看，成都高于南京、武汉和西安，但低于杭州（见图 2.23）。

2. 消费市场规模仍然具有优势

成都作为我国西部地区的中心城市，经济腹地广阔，具有较强的消费集聚能力。2022 年，成都实现社会消费品零售总额 9 096.5 亿元，分别是南京、杭州、武汉、西安的 1.16 倍、1.25 倍、1.31 倍和 1.96 倍。从社会消费品零售总额增速看，成都仅高于西安，低于其他三个城市（见图 2.24）。

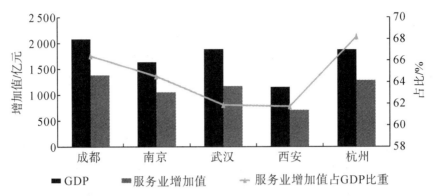

**图 2.23　成都与南京、武汉、西安、杭州服务业规模比较（2022 年）**

（数据来源：各城市统计局官网）

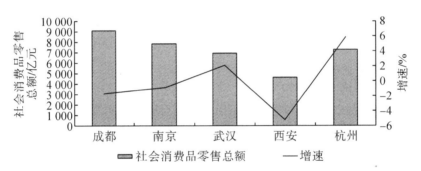

**图 2.24　成都与南京、武汉、西安、杭州社会消费品零售总额比较（2022 年）**

（数据来源：各城市统计局官网）

**3. 发展效益不具优势**

全员劳动生产率①是衡量劳动力要素的投入产出效率的指标。2021 年，成都第三产业全员劳动生产率为 19.8 万元/人，比 2020 年提高了 10.5%。与武汉、杭州、西安相比，2020 年，成都第三产业全员劳动生产率为 18 万元/人，高于西安，但低于武汉和杭州（见图 2.25）。这在一定程度上表明成都服务业的发展效益在三个城市中不具优势。

---

① 服务业全员劳动生产率=服务业增加值/服务业从业人员

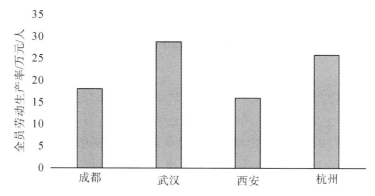

**图 2.25　2020 年成都与武汉、西安、杭州第三产业全员劳动生产率比较**

（数据来源：成都的数据来自《成都统计年鉴2021》；西安的数据来自《西安统计年鉴2021》；武汉的数据通过统计年鉴以及《武汉市现代服务业发展"十四五"规划》的数据整理计算获得；杭州的数据通过统计年鉴以及《杭州市现代服务业发展"十四五"规划》的数据整理计算获得）

### 4. 高能级市场主体不具优势

从上市公司数量对比来看，2022 年成都拥有服务业 A 股上市企业 32 家，低于杭州（75 家）和南京（50 家），高于武汉（26 家）和西安（16 家）。从上市公司综合实力看，2022 年成都服务业百亿级上市公司仅为 7 家，仅高于西安（6 家）；低于杭州（23 家）、南京（20 家）、武汉（9 家），说明成都服务业上市公司规模偏小，总体实力水平相较杭州、南京、武汉偏弱（见表 2.3）。

**表 2.3　五城市服务业上市企业数量比较（2022 年）**

| 城市 | A 股资产十亿以上企业数 | A 股资产百亿以上企业数 | A 股总利润亿元以上企业数 | A 股总利润十亿元以上企业数 | A 股上市企业数 |
|------|------|------|------|------|------|
| 成都 | 26 | 7 | 12 | 4 | 32 |
| 南京 | 48 | 20 | 31 | 11 | 50 |
| 武汉 | 24 | 9 | 13 | 4 | 26 |
| 西安 | 14 | 6 | 5 | 2 | 16 |
| 杭州 | 64 | 23 | 40 | 16 | 75 |

数据来源：wind 数据库。

## 第四节　成都服务业发展的国际比较

虽然专家学者对国际大都市的定义有表述上的差异，但对其实质上的认识相差不大。国际大都市是指在全球经济活动中占有举足轻重的战略地位的城市，其中伦敦、纽约与东京是公认的国际大都市。本节选取伦敦、纽约与东京三个国际大都市，将成都与上述城市服务业发展进行比较研究。

### 一、国际大都市服务业发展概况[①]

（一）伦敦

伦敦是蓬勃发展的世界城市之一。2020 年，伦敦连续第 9 年被世界经济论坛评为最具"磁性"的城市，其在吸引全球人才和企业方面独领风骚。伦敦有超过三分之一的居民出生在英国以外的地方，22% 的居民是非英国国籍。2019 伦敦实现服务业 GVA[②] 为 4 214 亿英镑，服务业 GVA 占 GVA 的比重达到 92.05%，可见服务业是伦敦的绝对支柱产业（见图 2.26）。

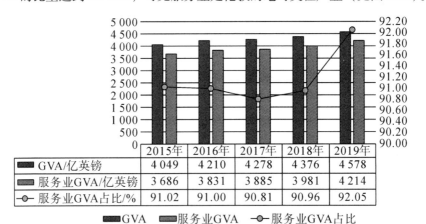

| | 2015年 | 2016年 | 2017年 | 2018年 | 2019年 |
|---|---|---|---|---|---|
| ■ GVA/亿英镑 | 4 049 | 4 210 | 4 278 | 4 376 | 4 578 |
| ▨ 服务业GVA/亿英镑 | 3 686 | 3 831 | 3 885 | 3 981 | 4 214 |
| ●— 服务业GVA占比/% | 91.02 | 91.00 | 90.81 | 90.96 | 92.05 |

■GVA　▨服务业GVA　●—服务业GVA占比

**图 2.26　2015—2019 年伦敦 GVA、服务业 GVA 及占比**

（数据来源：英国统计局、伦敦市政府、伦敦市政府智库研究报告）

---

① 感谢王俊杰、沈嘉仪、赵胡兰对伦敦、纽约、东京资料的收集整理。

② GVA（gross value added）即毛附加值，GDP 侧重衡量所有最终产品和服务的价值，而 GVA 则侧重衡量去除了中间消耗的所有产品和服务的价值及税收。

伦敦是欧洲最早经济结构转型为以服务业为主导的城市之一。二战后伦敦经历了产业基础转换的重要过程，最终奠定以服务经济为主导的产业基础。伦敦曾经拥有大量的制造业，"雾都"一度成为伦敦的代名词，这促使城市有意将原有拥挤的制造企业向外转移，而在城市中心地区集中越来越多的商业机构、服务机构和总部企业，进而成为现代服务部门高度密集化的地理空间。考察服务业就业结构，信息、金融保险、房地产、专业服务和管理，零售和批发业的就业增长强劲，带动就业人员比重大幅提高（见图2.27）。据英国统计局数据，专业服务、房地产和科技活动行业岗位数从1971年的27.9万个，增加到2016年的80.7万个。相比之下，伦敦制造业的工作岗位迅速从1971年的87.2万个下降到2016年的10.5万个。在1971年至2016年期间，住宿和食品服务（增加了19.2万个工作岗位）、专业服务、房地产和科技活动（增加了52.8万个工作岗位）、管理和支持服务（增加了31.8万个工作岗位）和其他服务（增加了5.4万个工作岗位）工作岗位的数量增加了一倍以上。自1996年以来，信息和通信（增加了16.1万个工作岗位）、教育（增加了13.5万个工作岗位）以及医疗和社会工作（增加了16.3万个工作岗位）的工作岗位数量也有高水平的增长（见表2.4）。总体而言，按照英国统计局的分类，2016年伦敦94%以上的工作岗位是服务行业提供的，高于1996年87%和1971年69%的水平。近年来伦敦尽管面临英国脱欧、新冠疫情等多重危机，但其凭借全球领先的金融和专业服务能力维持了城市韧性。

**图2.27　1998—2016年伦敦各行业职位数量**

（数据来源：GLA London Jobs Series）

表 2.4　1971 年、1996 年和 2016 年伦敦就业岗位数据①

| 产业 | 1971 年 | | 1996 年 | | 2016 年 | |
|---|---|---|---|---|---|---|
| | 岗位数/万个 | 占比/% | 岗位数/万个 | 占比/% | 岗位数/万个 | 占比/% |
| 初级和公共事业 | 7.7 | 1.7 | 3.1 | 0.8 | 2.6 | 0.6 |
| 制造业 | 87.2 | 19.1 | 26.2 | 6.6 | 10.5 | 2.1 |
| 建筑业 | 27.4 | 6.0 | 20.6 | 5.2 | 15.6 | 3.1 |
| 批发和汽车贸易业 | 29.3 | 6.4 | 21.9 | 5.5 | 19.2 | 3.9 |
| 零售业 | 41.0 | 9.0 | 34.5 | 8.7 | 43.3 | 8.7 |
| 运输和仓储业 | 39.5 | 8.7 | 24.7 | 6.2 | 22.0 | 4.4 |
| 住宿和食品服务 | 18.1 | 4.0 | 20.4 | 5.2 | 37.3 | 7.5 |
| 信息和通信业 | 22.9 | 5.0 | 24.6 | 6.2 | 40.7 | 8.2 |
| 金融和保险业 | 26.8 | 5.9 | 33.6 | 8.5 | 34.7 | 7.0 |
| 专业服务、房地产和科技活动 | 27.9 | 6.1 | 46.4 | 11.7 | 80.7 | 16.2 |
| 管理和支持服务业 | 22.3 | 4.9 | 36.1 | 9.1 | 54.1 | 10.9 |
| 公共行政和国防 | 33.9 | 7.4 | 22.4 | 5.7 | 21.2 | 4.3 |
| 教育 | 26.8 | 5.9 | 22.8 | 5.8 | 36.3 | 7.3 |
| 医疗和社会工作 | 31.0 | 6.8 | 35.4 | 8.9 | 51.7 | 10.4 |
| 艺术和娱乐业 | 8 | 1.8 | 13.2 | 3.3 | 14.4 | 2.9 |
| 其他服务 | 5.5 | 1.2 | 9.4 | 2.4 | 10.9 | 2.2 |
| 总计 | 455.3 | 100 | 395.3 | 100 | 496.7 | 100 |

数据来源：GLA London Jobs Series，部分数据经过四舍五入，存在总计与分项合计不等的情况。

1. 总部经济

全球最大的金融机构巨头，包括商业与投资银行、财富管理与对冲基金等，均在伦敦设立欧洲总部。伦敦证券交易所是欧洲最大、最国际化的证券交易所。伦敦证券交易所排名前 100 的上市公司（富时 100 指数）和欧洲 500 强企业中超过 100 家的总部都在伦敦市中心。超过 70% 的富时 100 指数公司位于伦敦，75% 的财富 500 强公司在伦敦设有办事处，13 家

① 2001 年英国统计局增加了家庭雇佣和自用岗位分类，因 1971 年和 1996 年无此数据，不具备纵向比较意义，故并未列入。

财富 500 强公司总部位于伦敦。德勤（Deloitt）的研究显示，"伦敦拥有全球最国际化的高管群体，吸引了来自 95 个国家的商业领袖，其校友在 134 个国家工作"①。国内和国际化企业的聚集，为伦敦带来了强劲经济发展动力（见表 2.5）。

表 2.5　2020 年伦敦财富 500 强企业总部情况

| 2020 年排名 | 企业 | 行业 |
| --- | --- | --- |
| 8 | 英国石油公司 | 炼油 |
| 73 | 汇丰银行控股公司 | 商业储蓄 |
| 80 | 英国保诚集团 | 人寿与健康保险 |
| 85 | 英国法通保险公司 | 人寿与健康保险 |
| 88 | 英杰华集团 | 人寿与健康保险 |
| 170 | 英国劳埃德银行集团 | 商业储蓄 |
| 185 | 联合利华 | 家居、个人用品 |
| 280 | 力拓集团 | 采矿、原油生产 |
| 327 | 巴克莱 | 商业储蓄 |
| 344 | 森宝利公司 | 食品店和杂货店 |
| 379 | 英美烟草集团 | 烟草 |
| 419 | 英美资源集团 | 采矿、原油生产 |
| 432 | 英国电信集团 | 电信 |

数据来源：根据财富世界 500 强数据整理。

2. 金融服务

伦敦作为国际金融中心而闻名于世，金融业作为伦敦最主要的产业，帮助英国成为世界上最大的金融出口国，对英国的国际收支平衡做出了重大贡献。伦敦金融城聚集了交易所、银行、经纪商、投资管理公司、养老基金、对冲基金、私人股本公司、保险公司和再保险公司，也是英国央行（Bank of England）总部所在地。其他在国际上具有影响力的重要机构还包括保险交易所劳合社（Lloyd's of London）和海运市场信息提供商波罗的海交易所（Baltic Exchange）。位于伦敦东部的金丝雀码头已经建成了第二个

---

① https://www2.deloitte.com/uk/en/pages/press-releases/articles/london-soft-power-and-high-skills-capital.html.

金融区，其中包括全球两大银行汇丰银行（HSBC）和巴克莱银行（Barclays）的全球总部、花旗集团（Citigroup）的全球总部以及全球新闻服务机构路透社（Reuters）的总部。目前，伦敦已成为国际银行贷款、衍生品市场、货币市场、国际保险、黄金、白银和基本金属以及发行国际债务证券的主要中心。伦敦能成为国际金融中心，究其原因，有以下因素：一是英语成为国际商业往来活动中的主要交流语言；二是由于历史原因，伦敦在英联邦国家中仍旧发挥着重要影响力；三是伦敦的地理位置使其成为欧洲地区与美洲、亚洲交往的桥梁纽带；四是英国合同法是国际贸易中最重要和使用最为频繁的法律；五是伦敦对公司和非定居的外国个人的税收相对较低，其友好的商业环境吸引了全球优质创新创造人群的集聚；六是伦敦完善的交通基础设施，尤其是在航空运输方面，为伦敦商业贸易的开展提供便利；七是伦敦的职业发展前景、高薪资、宜居环境为吸引国际流动就业人群和各种经济活动的培育和发展提供了市场。

3. 专业服务

伦敦是全球领先的专业服务中心，拥有包括四大会计师事务所（德勤、普华永道、安永、毕马威）和主要的管理咨询公司在内的多种类型的专业服务提供商，同时也是领先的国际法律服务中心。

4. 旅游和零售业

伦敦每年投入大量的资金维护历史建筑、博物馆、剧院等文化公共设施，以此吸引大批国外游客，带动了伦敦的旅游和娱乐消费。伦敦发展促进署和 Google 的调查数据显示，伦敦是全球搜索次数最多的城市和短途旅游目的地。根据伦敦市政府发布的数据，2019 年伦敦全年国际过夜游客达到 2 171.3 万人次，为伦敦带来了 157.25 亿英镑的收入。在零售业方面，伦敦在时尚、奢侈品相关的零售中引领世界潮流，共有商业街 600 多条，其中，牛津街是国内外游客消费目的地，摄政街是国际品牌旗舰店聚集地，邦德街成为世界奢侈品集聚地。根据第一太平戴维斯（Savills）的研究，伦敦是最具零售商吸引力的城市。

5. 科技服务业

越来越多的科技公司将总部设在伦敦，尤其是东伦敦科技城（East London Tech City）。2019 年，伦敦科技行业公司吸引了 97 亿美元的投资，超过了任何一座欧洲城市。在创建高增长科技企业方面，伦敦仍然是欧洲第一。研究显示，伦敦已经创建了 46 家独角兽公司。安永的一份研究报告强调了伦敦对英国金融科技行业在专业知识可用性和服务需求方面的重要性。目前伦敦的科技服务业正蓬勃发展，在金融科技、AI 和清洁能源方面发挥着引领作用。

（二）纽约

作为全球服务业发达的大都市之一，纽约拥有繁荣的商业和生产性服务业，是世界三大金融中心之一。20 世纪 70 年代之后，纽约受到制造业成本升高的制约，开始寻找新的经济增长点，金融服务等生产性服务业成为纽约经济增长的重要驱动力，进而促使纽约从制造中心向金融中心的历史性转变。2019 年，纽约实现服务业增加值 12 257.12 亿美元，占 GDP 的比重达到 82.23%[①]（见图 2.28）。

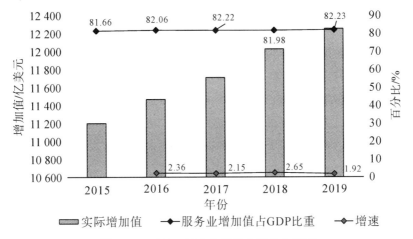

图 2.28　2015—2019 年纽约市服务业规模

（数据来源：美国经济分析局）

纽约服务业内部结构不断优化，生产性服务业获得较快发展，逐渐形成了以金融、交通和贸易、专业服务、信息、教育健康、艺术娱乐为支撑产业的服务业体系。2019 年，金融业占纽约服务业增加值的比重达到 29.1%，专业服务、交通和贸易、信息、教育健康等行业增加值占比位列第二至第五位（见图 2.29）。

---

① 美国经济分析局。

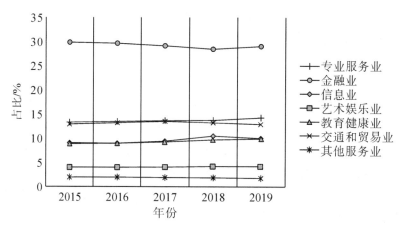

**图 2.29　2015—2019 年纽约市服务业增加值内部结构变动情况**

（数据来源：Financial Condition Report of New York）

纽约推动服务业重点行业形成集聚发展空间。自纽约市 2015 年发布的 5 年行动计划公布以来，纽约服务业发展呈现集聚趋势，其中曼哈顿区、布朗克斯区、布鲁克林区、皇后区和史泰顿岛区的服务业集聚水平较高。比较典型的是，曼哈顿区以发展金融业为主，史泰顿岛区依托沿海优势发展艺术娱乐业，布朗克斯区的服务业主导产业为艺术娱乐业与医疗健康产业。

1. 金融业

产业价值链顶端的金融作为纽约的核心产业之一，推动全球资本和经济发展。2019 年纽约外汇交易量约占全球的 16.5%[①]，对比上海作为中国的金融中心，外汇交易量仅占 1.6%。快速发展的金融服务业有效提高了金融服务产品的供给能力，刺激面向全球的市场需求。在 2018—2019 年全球城市金融服务指数排名中，纽约市排名第一，拥有摩根大通、摩根士丹利、花旗集团、高盛集团等金融业跨国公司的总部和分部。在纽约市核心区曼哈顿下城不足 500 米的街道上汇聚了纽约证券交易所、纳斯达克股票市场、美国证券交易所、纽约期货交易所和纽约商业交易所等众多的金融机构。2019 年纽约市金融业的产值达 3 427.3 亿美元，占私有部门服务业总产值的 36.8%[②]。作为纽约就业规模最大的行业之一，2019 年纽约金融

---

① 数据来源：国际清算银行全球央行调查。

② 数据来源：美国经济分析局。

业从业人员达 48 万人，占全市就业的 10.4%①，金融业从业人员收入占全市收入的 30%②。纽约市就业率的下降反映金融业虽为高附加值产业，但对就业的带动作用明显下降，导致纽约市金融保险行业两极分化严重（见图 2.30）。

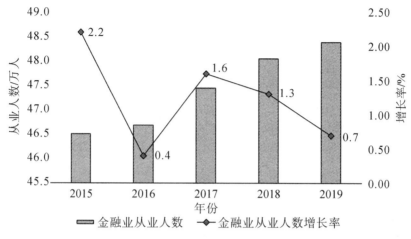

图 2.30  2015—2019 年纽约市金融业从业人数变化

（数据来源：美国劳工统计局）

2. 专业服务业

纽约依托总部经济效应，吸引大量的贸易公司、交易所、律师事务所、会计公司、广告公司、设计公司、交通通信服务公司等在纽约集聚，为全球实体产业提供服务。其中，全美最大的 10 家咨询公司落户于纽约，全美前 100 的律师事务所有 35% 在纽约设立办公室。2019 年，纽约市约有 20 万家从事专业服务业的企业，其经济总产出约 232 亿美元，约占全市经济产值的 14.6%。大量的总部集聚带动大批量的岗位需求，吸引全球法律、会计工程、咨询、公共关系等服务领域的高精尖人才到纽约发展。1990 年，商业服务只有 25.1 万个工作岗位，占比为 7%；2000 年达到 32.1 万，占比为 8.6%；到 2019 年上升到 80 万，占比高达 17.1%，约为 2000 年的 2 倍（见图 2.31）。

---

① 数据来源：美国劳工统计局。
② 数据来源：纽约市经济发展局。

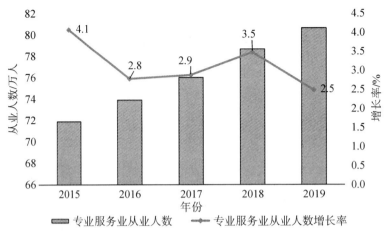

**图 2.31　2015—2019 年纽约市专业及商业服务从业人数变化**

（数据来源：美国劳工统计局）

### 3. 艺术娱乐业

纽约作为文化之都，拥有艺术人才资源、资金资源、剧院渠道资源等资源优势。以艺术、休闲娱乐为核心的文化创意产业正逐步成为纽约市发展新动力。文化创意产业持续快速发展，受全球经济影响，虽然 2019 年产值增长率有所下跌，但总体产业仍保持增长态势，产值达 531.09 亿美元（见图 2.32）。行业相关从业人员呈持续上升的态势，2019 年纽约艺术娱乐业从业人员达 21 万，占全市从业人员的 4.5%，较上年上升一倍。据统计，纽约市现拥有全国 28% 的时装设计师、14% 的制片人和导演、12% 的印刷和媒体编辑以及 12% 的艺术总监①。

### 4. 医疗健康

依托庞大的人口基数以及美国最大的公共医疗保健系统等资源优势，医疗健康作为近年来纽约服务业的新兴产业发展迅猛，成为纽约经济增长的新引擎。2015—2019 年，医疗健康产业经济规模逐年递增，2019 年纽约市医疗业的产值达 232 亿美元，占私有部门服务业总产值的 14.6%②。产业规模迅速扩张，从事医疗健康的机构占纽约州的三分之一，拥有超过60 000 名医生和约 130 名诺贝尔奖获得者，纽约已经逐渐成为全球医疗保健中心之一。2015—2019 年，纽约医疗健康产业就业人口增速为 25.64%，从业人数 2019 年达 174 万人。

---

① 数据来源：华夏幸福产业研究院。

② 数据来源：美国经济分析局。

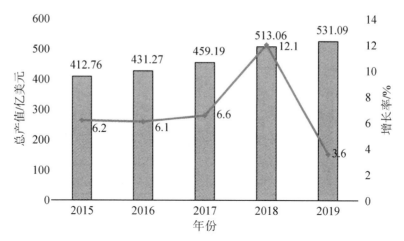

图 2.32　2015—2019 年纽约艺术娱乐产业经济总产值

（数据来源：美国劳工统计局）

5. 信息服务业

纽约的信息服务业包括信息通信、出版业、传媒三大细分领域。其中传媒领域优势尤其突出，纽约是全美第二大媒体制作中心，拥有包括电影、音乐、新媒体在内的产业。2017 年，音乐流媒体领军企业 Spotify，将美国市场总部搬迁到纽约市核心区曼哈顿，并在纽约地区增加 1 000 个岗位。除了洛杉矶，纽约作为仅次于洛杉矶的全美第二大媒体矩阵，为 TMT 行业焕发生机提供重要的基础性支持。出版业方面，纽约市现有多达 80 多种的有线新闻服务，有 4 个国家级电视网总部，《时代》周刊、《华尔街日报》、《财富》等知名刊物相继在纽约设立总部机构。据统计，2019 年，媒体业等新兴创意产业营业收入超过 540 亿美元，从业人员约为 21.5 万人，占全美比重的 8.6%，纽约超过洛杉矶成为美国信息业发展最好的城市①。

（三）东京

东京作为日本的政治、经济、文化、教育和科技创新中心，服务业发展一直处于世界领先地位。2017 年，东京实现服务业增加值 90.59 万亿日元，占 GDP 比重达到 85.3%（见图 2.33）；从吸纳就业能力看，2017 年东京服务业就业人数为 42.6 万，其全部就业人数占比（72.1%）与 2010 年（70.8%）相比，增长了 1.3 个百分点。

---

① 数据来源：美国经济分析局。

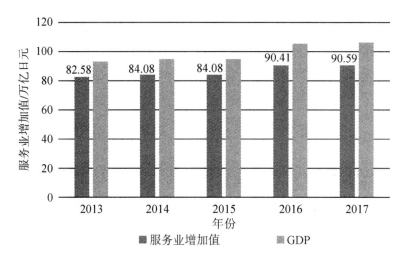

**图 2.33　2013—2017 年东京服务业增加值**

（数据来源：东京都历年统计年鉴）

东京服务业具有较为完善的行业细分结构，在不同的阶段对服务业的定义都在调整（添加/削减细分业态）①，但是批发零售业、情报通信业、房地产业、金融业、科技服务业等高端服务业作为主要行业，通过行业之间的多样化和融合性发展，促进技术进步和组织创新，共同推动城市服务业的增长，一直对东京服务业起到重要支撑作用。2017 年，这五个行业增加值占东京服务业增加值比重超过一半。其中，批发零售业、情报通信业、房地产业、科技服务业四个行业在东京服务业中的占比均超过其在日本服务业中的占比（见图 2.34）。

---

① 第三产业分类：電気・ガス・水道・廃棄物処理業，卸売・小売業，運輸・郵便業，宿泊・飲食サービス業，情報通信業，金融・保険業，不動産業，専門・科学技術・業務支援サービス業，公務，教育，保健衛生・社会事業，その他のサービス。

第三产业分类（译文）：电气、煤气、自来水、废弃物处理业，批发零售业，运输、邮政业，住宿、饮食服务业，情报通信业，金融保险业，房地产业，专业、科学技术、业务支援服务业，公共管理事业，教育业，保健卫生社会事业，其他服务业。

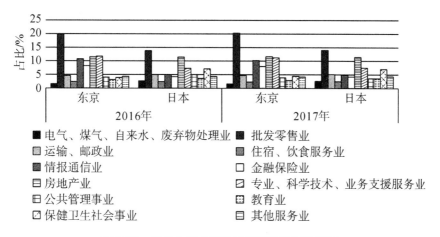

**图 2.34 服务业增加值内部结构变动对比情况**

（数据来源：东京都统计局）

空间上，东京服务业呈现出以城市中心 23 个区为主要集聚地的"局部集聚"区域发展格局。23 个区总面积 618 平方千米，占东京都总面积的28.7%①，城市人口却达到东京都的 67.5%（850 万人），集聚了大量金融、商务、科技等生产性服务业和商贸、文化等生活性服务业的主要企业，综合服务功能日益完善。从东京的产业活动单位和从业人员的统计数据可以看到，2012—2016 年服务业活动单位向中心城区集聚的趋势虽然有所减缓，但 23 个中心区的服务业的从业人员占比依然在增加，其比重仍高达80%。在产业活动单位中，从业人员规模在 500 人以上的大企业向中心城区集聚的现象更加突出，87% 以上的这类企业集中在 23 个中心区范围内（见表 2.6 和表 2.7）。

---

① 市中心 3 区：千代田区、中央区、港区。次中心 8 区：品川区、目黑区、涩谷区、新宿区、文京区、台东区、墨田区、江东区。其他 12 区：大田区、世田谷区、中野区、杉并区、丰岛区、北区、荒川区、板桥区、练马区、足立区、葛饰区、江户川区。北多摩：立川市、武藏野市、三鹰市、府中市、昭岛市、调布市、小金井市、小平市、东村山市、国分寺市、国立市、西东京市、拍江市、东大和市、清濑市、东久留米市、武藏村山市。西多摩：青梅市、福生市、秋留野市、羽村市、瑞穗町、日之田町、奥多摩町、桧原村。南多摩：八王子市、町田市、日野市、多摩市、稻城市。

表 2.6　2012 年、2016 年东京 23 区主要产业活动单位数量及增长情况

| 产业大分类 | 活动单位数量 | | | | 增加数/个 | 增加率/% |
| | 总数/个 | | 占比/% | | | |
| | 2016 年 | 2012 年 | 2016 年 | 2012 年 | | |
| 全产业 | 621 671 | 627 357 | 100 | 100 | (5 686) | (0.9) |
| 情报通信业 | 21 935 | 21 792 | 3.5 | 3.5 | 143 | 0.7 |
| 运输业 | 15 099 | 16 718 | 2.4 | 2.7 | (1 619) | (9.7) |
| 批发零售业 | 150 728 | 154 578 | 24.2 | 24.6 | (3 850) | (2.5) |
| 金融业 | 10 601 | 10 758 | 1.7 | 1.7 | (157) | (1.5) |
| 房地产业 | 55 758 | 58 658 | 9 | 9.4 | (2 900) | (4.9) |
| 学术业 | 41 129 | 41 024 | 6.6 | 6.5 | 105 | 0.3 |
| 住宿餐饮业 | 89 160 | 88 820 | 14.3 | 14.2 | 340 | 0.4 |
| 教育业 | 18 381 | 16 330 | 3 | 2.6 | 2 051 | 12.6 |
| 医疗、福祉 | 48 461 | 39 701 | 7.8 | 6.3 | 8 760 | 22.1 |
| 其他服务业 | 37 724 | 37 527 | 6.1 | 6 | 197 | 0.5 |

数据来源：总务省事业所·企业统计调查。

表 2.7　2012 年、2016 年东京 23 区主要产业就业人员数量及增长情况

| 产业大分类 | 就业人员数量 | | | | 增加数/人 | 增加率/% |
| | 总数/人 | | 占比/% | | | |
| | 2016 年 | 2012 年 | 2016 年 | 2012 年 | | |
| 全产业 | 9 005 511 | 8 655 267 | 100 | 100 | 350 244 | 4.0 |
| 情报通信业 | 849 374 | 786 859 | 9.4 | 9.1 | 62 515 | 7.9 |
| 运输业 | 442 601 | 467 518 | 4.9 | 5.4 | (24 917) | (5.3) |
| 批发零售业 | 1 983 374 | 1 920 451 | 22 | 22.2 | 62 923 | 3.3 |
| 金融业 | 410 915 | 414 185 | 4.6 | 4.8 | (3 270) | (0.8) |
| 房地产业 | 350 194 | 343 789 | 3.9 | 4.0 | 6 405 | 1.9 |
| 学术业 | 488 426 | 422 454 | 5.4 | 4.9 | 65 972 | 15.6 |
| 住宿餐饮业 | 865 996 | 852 433 | 9.6 | 9.8 | 13 563 | 1.6 |
| 教育业 | 348 350 | 322 331 | 3.9 | 3.7 | 26 019 | 8.1 |
| 医疗、福祉 | 802 679 | 644 732 | 8.9 | 7.4 | 157 947 | 24.5 |
| 其他服务业 | 1 024 147 | 900 885 | 11.4 | 10.4 | 123 262 | 13.7 |

数据来源：总务省事业所·企业统计调查。

1. 金融业

东京作为日本的金融中心，集中了日本核心的金融资源，不仅拥有2011年世界500强企业中的33家日企总部，还拥有2009年全国2 800家资本规模大于10亿美元的公司，占全日本的比重达到48%。因此，东京是日本主要的资本管理和商务运营枢纽。从从业人数看，1975—1990年金融业从业人数从32.8%增加到了34.3%，金融业中的投资业等非银行金融机构、证券和期货交易业、保险代理服务业的发展快，而银行信托业、保险业因其基数大，增长相对缓慢。

2. 动漫游戏

东京动漫游戏产业已成为日本激发经济活力和推动服务业发展的强力撒手锏，发展速度明显超过服务业整体增速。目前日本已经成为世界上第一大动漫作品出口国，占据国际市场的六成，在欧美市场的占有率更是达到了80%。根据日本动画协会的数据，2016年日本广义动画市场已突破2万亿日元，狭义动画市场规模也已达2 301亿日元；2017年则达到约2.03万亿，同比增长约2%（图2.35）。随着电脑技术的发展，东京动画掀起了一场技术革命，完美地将原始的动画创作与终端零售、文化旅游结合在一起，已经形成了覆盖整座城市的巨大产业链，也在很大程度上提升了东京的文化影响力。

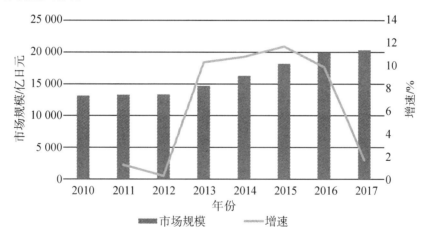

**图2.35　2010—2017年日本动画市场规模**

3. 商业服务

东京以轨道交通引领零售商业和公共服务集聚在轨道交通沿线，以轨道交通区域站点为中心开发购物目的地。通过强化城市内部交通设施与商业消费空间的结合，东京的地上地下形成了四通八达的立体交通网络。在主要商业街区，通过相互连通的地下廊道，人们可以便捷地穿梭于不同消费场所。

## 二、与世界城市相比的成都服务业

### （一）总体发展水平比较

伦敦、纽约、东京等世界城市服务业发展历程具有相似性，均经历了从工业经济向服务型经济转变的过程，形成一个或多个超越地区、超越国界的全球性服务功能，成为全球经济活动的控制、协调和指挥中心。由于发展阶段不同，成都与国际大都市相比，在总量水平、生产性服务业等方面仍有差距。

从总体上看，成都服务业与世界城市的发展水平仍有较大差距。由表2.8可以看出，服务业在国际大都市经济中的主导地位已经相当稳固，伦敦、纽约、东京服务业增加值占GDP的比重均超过80%，远远高于成都当前的水平。从服务业总量比较，2019年，纽约实现服务业增加值12 257.12亿美元，约为成都的7倍；东京第三产业产值超过91.8万亿日元，约为成都的5倍，可见成都服务业发展水平与世界城市还存在相当大的差距。

表 2.8　成都与伦敦、纽约、东京部分服务业发展指标比较

| 指标 | 成都 | 伦敦 | 纽约 | 东京 |
|---|---|---|---|---|
| 服务业占GDP比重/% | 66.4 （2021年） | 92.05 （2019年） | 82.23 （2019年） | 85.2 （2019年） |
| 服务业增加值 | 11 155.9亿元 （2019年） | 4 214.21亿英镑[①] （2019年） | 12 257.12亿美元 （2019年） | 91.8万亿日元 （2019年） |
| 服务业从业人员比重/% | 58.2 （2021年） | 94.2 （2016年） | — | 72.1 （2017年） |
| 接待国际游客/万人次 | 381.4 （2019年） | 2 171 （2019年） | 1 360 （2018年） | 1 518 （2019年） |

数据来源：成都数据来自历年成都统计年鉴；伦敦、纽约、东京数据来自《国际消费中心城市全球化视野的比较与评估》。

---

① 服务业毛附加值。

从服务业的内部结构看，成都与伦敦、纽约、东京等世界城市的差异主要体现在知识型、生产型服务。这些行业是现代服务业的核心，具有高科技含量、高附加值、高开放度、高产业带动力等特征。伦敦、纽约、东京三个国际大都市在19世纪末都曾是国家重要的制造业中心，在工业经济向服务型经济转型时充分利用了原有的工业基础大力发展生产性服务业，金融、专业服务等生产性服务业成为城市的支柱产业。纵观国际大都市服务业发展历程，生产性服务业在国际大都市经济发展中的地位越来越重要，是拉动经济增长和提高劳动生产率的关键，成为城市产业结构向更高层次演进的一个共同特点。全球化和世界城市研究网络（GaWC）以175个世界领先的高端生产性服务业公司在全球各大城市的总部分支机构服务网络为基础，通过分析城市经济发展链条上的尖端部分数量及外部连接性来评判世界城市等级。GaWC榜单背后隐含着城市生产性服务业尤其是高端生产性服务业的发展差距。《世界城市名册2022》（The World According to GaWC 2022）中，将伦敦和纽约两座城市等级定为最高等级 Alpha++，将东京城市等级定为 Alpha+，将成都城市等级定为 Beta +，由此可见成都的生产性服务业发展水平存在进步空间，也反映了成都服务业对经济增长的贡献以及服务业劳动生产率与这些城市的差距。

（二）服务功能水平比较

伦敦、纽约、东京等世界城市往往在某个领域或服务功能方面占据了世界性或区域性范围内的制高点和控制权。金融、总部、消费等具有"全球性"指向的服务功能增强了世界城市的竞争优势和比较优势，形成了独具魅力的世界城市形象。

1. 国际金融中心

伦敦、纽约、东京均是国际金融中心，在2020年全球金融中心指数（global financial centers index，GFCI）中，纽约、伦敦、东京分别被评为全球第一、第二、第三大最具竞争力的金融中心。与国际大都市相比，成都金融中心的差距体现在：一是金融国际影响力不足。根据2020年全球金融中心指数报告（GFCI27），成都排名全球第74位，与伦敦、纽约、东京差距较大。二是金融创新能力不足。纽约、伦敦、东京的国际金融中心地位并非一蹴而就，"全球性指向"发展战略以及不断创新的金融业务都是他们的优势所在。比如，伦敦专注于绿色产业链中的商业价值实现，2021年成为世界第一的绿色金融中心，持续成为全球最大的人民币外汇和离岸支付（除香港外）双中心。从金融业产值和辐射能级看，成都与国际大都市存在相当大的差距，如纽约汇聚了全球顶尖的金融机构，拥有世界最发达的金融市场之一，金融业产值庞大，大幅领先成都。

2. 决策运筹中心

伦敦、纽约、东京等世界城市以其开放的环境、丰富的高素质人力资源、便利的交通网络设施、宜人的生活环境等，不断集聚工业公司总部、跨国公司企业总部及分支机构、金融机构、非营利性组织等，形成对全球或区域性经济资源的配置力、掌控力、影响力。毋庸置疑，处于世界城市网络体系顶端的伦敦、纽约、东京，总部经济繁荣发达，如全球金融机构总部大量集聚在伦敦、纽约、东京，纽约还拥有全球百强消费品企业全球总部9家，增强了世界城市对全球经济的决策运筹能力。相较于伦敦、纽约、东京，成都总部层级不高，尤其是跨国公司区域总部以及投资、研发、营销、采购、战略管理和运营管理等职能型总部数量少，本土具有全国性和国际性影响力的服务型大企业大集团以及对提高城市辐射力有显著作用的企业更少，资金、人才、技术、信息、数据等资源配置能力发育不足，既制约了产业规模的进一步扩张，也影响了城市影响力、辐射力的提升。

3. 国际消费中心

国际消费中心是全球化时代国际大都市重要的核心功能，是具有丰富消费内容、高端消费品牌、多样消费方式、优越消费环境，能够吸引全球消费者的高度繁荣的消费市场、配置全球消费资源的枢纽中心以及引领全球消费发展的创新高地。相较于伦敦、纽约、东京，成都消费的国际化存在明显的短板，主要体现为境外游客吸引力、消费品牌竞争力、消费环境国际化水平等的差距。从境外游客吸引力看，2019年，成都接待国际游客381.4万人次，约为伦敦的18%、纽约（2018年数据）的28%、东京的25%。从消费品牌竞争力看，成都国际品牌的入驻率已居全国前列，但本土品牌发展仍有短板，全球百强消费品企业中成都本土企业缺失，落后于伦敦、纽约、东京；米其林星级餐厅数不及东京的1/4。从消费环境国际化水平看，成都在国际城市联通数量、国际化服务的标准体系构建等方面仍有提升空间。

# 第五节  本章小结

本章通过分析中华人民共和国成立以来成都服务业发展的历程、现状，从时间维度来观察成都服务业的增长，可以清楚地看到成都服务业取得了长足的发展。通过成都服务业发展的国内与国际比较分析，从横向角度观察成都服务业发展的差距所在，为推进成都服务业高质量发展提供了依据。

第一，中华人民共和国成立以来成都服务业增加值比重和就业比重总体保持着平稳上升的态势。1949—2021 年，成都服务业增加值由 1949 年的 6 771 万元发展到 2021 年的 13 219.9 亿元，增长了约 19 523 倍；增加值的比重提升了 49.5 个百分点，年均增长约 0.69 个百分点。1978—2021 年，成都服务业从业人员由 1978 年的 76.19 万人发展到 2021 年的 672.3 万人，增长了约 8 倍；服务业从业人员占全社会就业人数的比重提高了 27.8 个百分点，年均增长约 0.65 个百分点。

第二，成都服务业发展历程显示出城市经济的服务化趋势。中华人民共和国成立以来成都服务业发展经历了缓慢发展—波动成长—高速壮大—稳定增长四个阶段，服务业在城市经济和就业中的比重不断上升。2021 年，服务业贡献了超过六成的经济总量规模，贡献了接近六成的就业规模。可以说，服务业在成都经济结构中占据着主体地位，成都奠定了以服务型经济为主导的产业基础，基本形成了服务业主导增长的经济格局。

第三，成都服务和制造越来越密不可分。伴随着城市传统制造业产业转移、升级，生产制造环节不断外迁、衰退的进程，为制造提供金融、流通、信息、科技、内容等支持的"软性制造业"（生产服务业）是率先获得快速发展的产业，并借助城市经济实力壮大得以进一步集聚，逐渐成为服务业的主导行业，推进服务业和制造业深度融合。

第四，创新是促进成都服务业发展的重要驱动因素。通过与国内城市比较分析，成都服务业与国内一线城市的差距主要体现在创新要素密集、知识和技术含量高、产业带动力强的服务业领域。通过与国际大都市进行比较分析，成都服务业与国际大都市的差距主要体现在具有鲜明的"全球性"指向的高能级服务行业。可见，在建设中国西部具有全球影响力和美誉度的社会主义现代化国际大都市的定位下，成都亟须增强服务业创新能力，加快全球人才、资本、信息、技术要素向成都高速集聚与流动，提升服务业产业能级。

# 第三章 成都服务业发展的空间演变

服务业的空间格局演变是一个复杂过程，本质上是城市服务业产业活动在空间上的"投影"。服务业区位分布更多地受到规划、交通、技术、市场等产业集群内外驱动力的综合影响，从而形成具有规律性的演化趋向。本章从空间维度讨论成都服务业发展的特点，通过观察梳理出成都服务业空间格局演化趋向。

## 第一节 成都服务业的空间演变历程

中华人民共和国成立之初，成都城市发展格局是一个由东城区和西城区构成的单中心城市。1983年温江地区与成都合并，开启了成都大城市带大郊区的发展格局。1996年成都城市总体规划提出中心城区、近郊区、远郊区三大圈层的发展格局，开启同心圆"摊大饼"式的空间发展形态。2010年天府新区规划的提出和城市轨道的投入运营，进一步完善市域城镇体系。2017年成都重塑经济地理，推动城市发展格局由"两山夹一城"转变为"一山连两翼"，大都市区的空间格局逐渐形成。服务业空间格局的演变深受城市空间发展格局影响。由于2000年以前成都没有对县（市、区）服务业进行单独统计，因此，本书对成都服务业空间格局演变的分析从2000年开始。总体来看，2000年至今，成都服务业空间格局经历了向心集聚、重点拓展、功能协同三个阶段。

### 一、向心集聚阶段：2000—2010年

2000年锦江、青羊、金牛、武侯和成华五城区的服务业增加值占全市

服务业比重为52.2%。从2001年实施东调战略开始，成都制造业大规模外迁，90%涉及搬迁的企业迁往龙泉驿区经开区、新都区、青白江区等地，老中心城区全面"退二进三"。2001年之后五城区服务业增加值占全市服务业增加值比重不断攀升，至2010年达到顶峰，为61%。"退二进三"成效显著，老中心城区成为全市服务业发展的核心区域，绝对值和增速明显高于其他县（市、区），已成为全市服务业发展的重要集聚区，以服务经济为主的产业结构基本形成（见图3.1）。

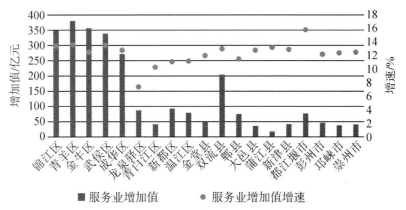

**图3.1　2010年成都县（市、区）服务业增加值及增速**

（数据来源：《成都统计年鉴2011》）

服务业向心发展的特征明显：一是中心城区是推动全市服务业发展的核心力量。2010年，老中心城区服务业增加值占成都市服务业增加值的比重达到65%，排在最后的6个县（市、区）的服务业增加值占成都市服务业增加值的比重不到8.5%。二是中心城区是全市服务功能的主要承担者。全市金融业、信息服务业、商务服务业和文化创意产业等生产性服务业，商贸业和旅游业等生活性服务业，教育培训、医疗服务等社会服务业向中心城区集中，成为承担提升成都国际化服务功能的核心区。三是中心城区是全市服务业的主要集聚区。2008年成都市出台了首个服务业发展规划，按照"生产性服务业集聚发展，民生性服务业城乡均衡发展"的思路，构建"一核集聚、四城辐射、两带带动"的战略性空间格局，优先规划建设26个现代服务业重点集聚区，其中17个现代服务业集聚区布局在中心城区（见图3.2）。

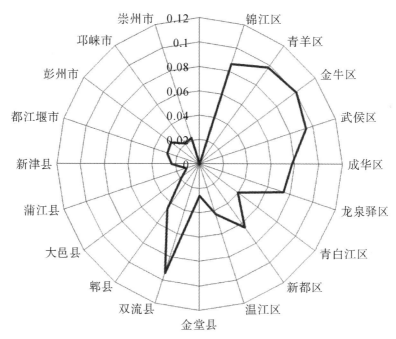

**图 3.2　2010 年成都县（市、区）服务业增加值占比**

（数据来源：《成都统计年鉴 2011》）

虽然这一阶段成都中心城区已初步形成以服务经济为主的经济结构，但在服务业的规模上与国内一些城市的中心城区仍有一定差距。以锦江区为例，2010 年服务业增加值占 GDP 比重达到 81%，在全市最高，与北京东城区、深圳福田区、上海静安区、广州天河区的服务业增加值所占比重相比，现代服务业比重、金融增加值比重仍有不小差距。这主要是由于现阶段成都中心城区的服务业仍以传统生活性服务业为主，现代金融、信息、流通、科技等生产性服务业发展相对滞后，在很大程度上制约了中心城区的辐射带动作用。

## 二、重点拓展阶段：2011—2016 年

2009 年成都实施"中调"战略，对中心城区服务业结构进行战略调整，引导绕城高速以内批发市场向郊县（市、区）商品市场园区和大型农产品批发市场集聚发展，推动批发业格局扩散化发展（见图 3.3）。2010年，成都地铁实现从无到有，开启地铁经济时代。地铁运营至今，经历了"线跟人走"和"人跟线走"阶段，对服务业空间格局的影响主要通过两

条路径体现：一是地铁的建设在其沿线及站点产生客流信息流等廊道经济效应，扩大了办公半径和生活半径，助推零售商业、商务办公、商业地产等服务业的发展空间向郊区延伸，加速服务业从中心城区到周边区域均衡发展格局的形成。同时地铁的修建使得地铁沿线土地和房产升值，带动沿线汇聚优质的商业资源，助推商业、旅游、文化等服务业行业的较快发展。二是地铁站点特别是地铁交会站点具有强大的磁力效应，催生了大量城市综合体的开发，促进了地铁上盖物业的发展；地铁站点形成各种大型百货中心、地下超市、餐饮娱乐场所等地下商业，推动了地铁地下空间的开发。地铁地上地下空间的共同发展，拓展了服务业发展的立体空间范围。

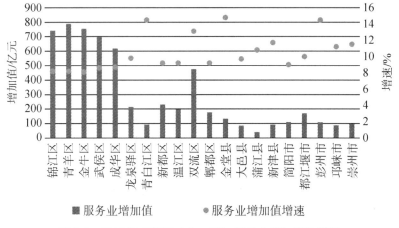

**图 3.3　2016 年成都县（市、区）服务业增加值及增速**

（数据来源：《成都市统计年鉴 2017》）

这一阶段成都服务业空间格局扩散化发展的特征明显：一是金牛区、青羊区、武侯区、锦江区、成华区中心城区的服务业增加值平均增速低于郊县（市、区）（见图 3.4），近郊区的服务业增加值占全市服务业增加值的比重提升，中心城区服务业增加值占比下降。二是地铁成为服务业发展轴线。地铁将分散在地铁沿线的服务业集聚区串联起来，形成了一条以地铁为轴线的服务业聚集走廊，促进了服务业的集聚发展。比如成都地铁 1 号线串联了新南天地商圈、交子商圈、大源商圈等商业资源，地铁 2 号线将青羊区内的天府金沙文博商务区内的金沙片区、光华片区、浣花片区等文化商务资源串联起来，使金沙区域的服务业业态更加丰富，服务业发展更加集聚。三是部分区域集聚加快。随着机场、港口等服务业重大基础设施和开放平台的建设，服务业特别是生产性服务业企业在向金牛区、青羊区、武侯区、锦江区、成华区中心城区集聚的同时，也呈现向双流国际机场、成都国际铁路港、经开区等重要枢纽集散地和产业平台集聚的特征。2012 年，成都出台了《成都市服务业集聚区规划（2012—2020）》和《成都市服务业集聚区建设管理暂行导则》，布局 32 个服务业集聚区，覆盖了除金堂、蒲江、大邑和崇州 4 个远郊县市外的其余县（市、区），推动服务业格局向郊县（市、区）有序扩散。

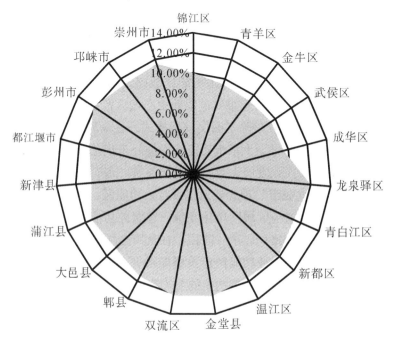

**图 3.4 2011—2016 年成都县（市、区）服务业增加值平均增速**

（数据来源：结合 2012—2017 年成都统计年鉴年度服务业增速按平均值测算所得）

总体而言，到 2016 年，围绕全市"双核一区、三带多网"新一轮城市总体规划体系和轨道交通体系，成都市服务业初步形成"双核多点"的空间格局。其中，"双核"指中心城区和天府新区核心区，是全市金融商务、总部办公、科技创新、文化交往、创新创意、门户枢纽等服务业核心功能的主要承担者和高端服务业和高附加值服务环节聚集区。"多点"，即除中心城区、天府新区核心区外的其他区域，是城市功能外溢和新兴功能发展的重要承载地。其中，龙泉山东侧产业带上的龙泉驿区、金堂县、简阳市等区域，围绕大车都、大智造、大临空三大工业板块，聚集科学研发、工业设计、临空现代服务业；新都、青白江、温江、双流、郫县、新津、都江堰按照"独立成市"理念，聚集新型商贸中心、现代物流园区、健康产业基地、文化旅游胜地等服务功能，增强公共服务设施供给能力和质量，建成功能突出、宜居宜商的特色服务功能区。彭州、崇州、大邑、邛崃、蒲江依托特色资源，聚集旅游服务、商贸等服务功能，推动商、旅、文融合发展，成为三次产业互动发展的新兴功能成长区。

### 三、功能协同阶段：2017 年至今

2017 年，成都市第十三次党代会提出重塑经济地理，以代管简阳为契机，推动城市跨越龙泉山向东发展，城市形态由"两山夹一城"向"一山连两翼"转变；同时深入实施主体功能区战略，形成"东进、南拓、西控、北改、中优"差异化功能布局；推动中心城区范围由"5+2"区域优化调整为"11+2"区域，破除了圈层发展模式，逐渐转变为"中心城区+郊区新城"空间层次，推动大都市功能格局进一步优化，城市发展愈加均衡。同一年，成都市产业发展大会明确提出各县（市、区）要坚持有所为有所不为，以"独立成市"理念规划建设产业功能区，以产业生态圈建设构筑城市比较优势，避免区域同质化竞争，在服务功能格局上基本形成服务业发展平衡化的空间格局。这一阶段，在全市全域均衡协同的国土空间开发格局和产业生态圈产业功能区建设格局指引下，成都市服务业空间格局开始进入从郊区扩散走向功能均衡的演进路径。

这一阶段，服务业空间格局体现出从集聚开始走向平衡的特征。需要说明的是，平衡发展并不是片面地理解成各个地方发展的服务业规模产值相近、行业结构相似，而是指各个地方发挥自身区位和禀赋优势，发展特色化服务业，通过依托服务业产业功能区载体，以要素集聚和链环建设为重点在若干细分市场、细分领域培养比较优势，从而形成服务业发展功能上的平衡格局。数据上体现在两个方面：一是郊区服务业总体保持较快增长。2021 年全市服务业增加值平均增速达到 9%，其中增长最快的是蒲江县、彭州市，年增速分别达到 12.2%、11.8%，五个老中心城区中除武侯外，锦江、成华、青羊和金牛的服务业增速低于两位数，且低于全市平均水平。二是地均服务业产值的区域差距有所缩小。金牛区、青羊区、武侯区、锦江区、成华区五个老中心城区与其余县（市、区）之间的服务业增加值之间的差距由 2016 年的 1.56 倍缩小到 2021 年的 1.25 倍（见图 3.5）。

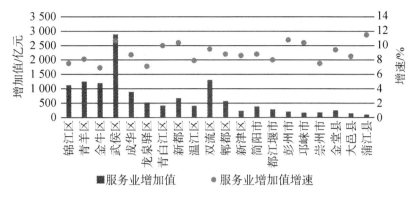

**图 3.5　2021 年成都县（市、区）服务业增加值及增速**

（数据来源：《成都统计年鉴 2022》）

此外，服务业功能协同发展特征还体现在商业活力中心的均衡上。我们使用大数据分析方法，采集自 2017—2019 年的互联网地图兴趣点（point of interest，POI）数据，空间数据借助地理信息系统软件工具集成多源异构的海量空间数据，识别成都市商业活力中心的空间动态分布。从 2017—2019 年商业服务设施密度变化看，商业活力中心平衡发展格局显现：一是除锦江、成华、青羊、武侯和金牛五个老中心城区外，周边县（市、区）均在行政中心附近有较为集中的区级商业活力中心。都江堰市热力密度最高，间接反映了其在旅游业带动下的商业活力，这也在酒店住宿等旅游业相关产业种类的热力分布上表现极为显著。二是结合成都市路网延伸趋势可发现，成都市辖区热力密度北延深度较远，南部以天府新区为代表也有发展趋势。三是热力密度以市中心（天府广场一带）向周边辐射降低，其中武侯区、金牛区热力密度较高，温江区、郫都区、新都区、龙泉驿区有形成新的卫星热力中心趋势。

## 第二节　宏观视域：服务业空间布局①

以县（市、区）为研究单位来观察成都全域服务业发展总体空间布局特征，能够更好地理解城市服务业空间布局整体优化的发展趋向。

---

① 感谢穆小龙、王明杰、张佳莹对本节内容提供的研究支持。

## 一、总体布局：多中心、分布式

通过对各县（市、区）的服务业主要指标分析发现，成都服务业形成了以锦江区、青羊区、金牛区、武侯区、成华区传统五城区，以及高新区、天府新区城市新区为中心，其余县（市、区）均衡化分布的服务业发展格局。从县（市、区）的维度来看，2021 年，服务业增加值超过千亿元的区县有 5 个（高新、锦江、青羊、金牛、武侯），其中高新区服务业增加值最高，超过 1 600 亿，占高新区 GDP 的比重超过 65%，占全市服务业的比重为 12% 左右。从中心城区、城市新区、郊区新城三个维度来看，中心城区是全市服务业的主要集中发展区域，服务业增加值合计超过 8 000 亿元，占全市服务业的比重达到 61% 左右。郊区新城服务业发展较为均衡，服务业增加值规模在 92 亿元到 260 亿元的区间（见图 3.6）。

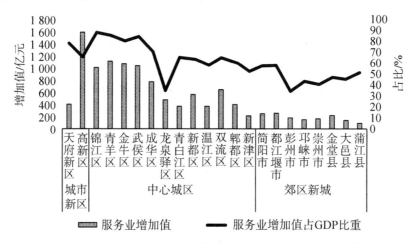

**图 3.6 2021 年各县（市、区）服务业增加值及占 GDP 比重**

注：暂无 2021 年东部新区服务业增加值数据。

为客观评估成都各县（市、区）的服务业发展水平，根据代表性、可比性、简约性原则，构建由 4 个模块、9 个指标共同组成的服务业发展指数评价体系（见表 3.1）。

表 3.1　服务业发展指数指标体系

| 指数 | 中间类别 | 具体指标 |
|---|---|---|
| 服务业<br>发展指数 | 发展规模 | 服务业增加值、社会消费品零售总额 |
| | 发展速度 | 服务业增加值增速、社会消费品零售总额增速 |
| | 产业高级度 | 服务业比重、进出口总额 |
| | 可持续发展度 | 规上企业营业收入、服务业固定资产投资、<br>服务业重大项目投资 |

采用 AHP 分析法确定各指标的权重，导入 2020 年和 2021 年各县（市、区）的相关数据并进行无量纲化处理（见图 3.7）。分析发现，成都市各县（市、区）服务业综合发展水平可分成三个层次：第一层次包括城市新区的高新区和中心城区的五城区，处于高度服务经济阶段，服务业发展基础良好，承载着全市服务业科技信息、创意设计、总部办公、金融商务、国际消费等核心服务功能，是成都服务业发展的"领头羊"。第二层次包括天府新区和其他中心城区，处于服务业占主导地位的服务化阶段，与区域产业和功能相适应的现代服务业发展较快，依托高能级开放平台、高质量创新平台，加快形成新质生产力，是成都服务业发展的"增长极"。第三层次包括郊区新城，尚处于服务业规模扩大阶段，围绕生态产品价值转换、促进乡村全面振兴、公园城市乡村表达等加快发展生态服务业，一三产业、农商文旅体医等业态加快融合发展，是成都服务业发展的"成长区"。

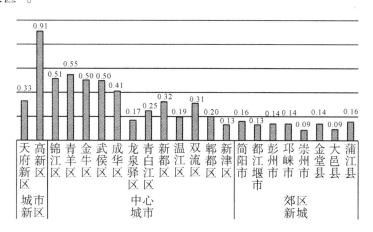

图 3.7　成都市各县（市、区）服务业发展指数

## 二、发展趋势：走向协调均衡化

国外学者利用洛伦茨曲线和基尼系数的原理和方法，构造了测定行业在空间分布均衡程度的空间基尼系数。空间基尼系数（G）的值在 0 和 1 之间，若 G 的值越接近 0，那么该地区的产业分布越均衡，若 G 的值越接近 1，则产业集聚程度越强。

以服务业增加值为依据，采用空间基尼系数方法进行测算，结果表明：2016 年以来，三次产业空间集聚程度呈现分化现象，其中第一产业集聚度逐年提升，第二产业和第三产业集聚度呈现"先平后降"的态势。相对于第一产业和第二产业，服务业的空间格局表现出了更为均衡的发展态势，空间基尼系数绝对值分别为第一产业和第二产业的 3.9%、30%（见图 3.8）。

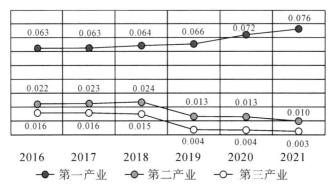

图 3.8 2016—2021 年成都三次产业空间基尼系数变化走势

## 三、行业分布：区位布局差异化

大量研究已阐释了生产性服务业与生活性服务业的空间布局存在较大差异。一般而言，生产性服务业不论是行业整体还是部分行业的空间分布表现出了不均衡和集聚特征，生活性服务业则表现出均衡分布特征。成都服务业的区位分布也呈现出类似的规律。

（一）生产性服务业：高度不均衡

从生产性服务业 2010—2021 年空间分布变化情况来看，各类生产性服务业空间布局变化方向与城市整体布局相似，与城市空间结构基本一致。产业在向中心城区集聚的同时，也在向县（市、区）建成区扩散。其主要布局特征如下：

第一，科技服务业呈现条带状、圈层式的布局特征。在"5+2"区域①呈现出沿天府大道的条带状，其中高新区、天府新区科技服务实现了从"零散"状态到"完备"状态的集聚；以"5+2"为中心，科技服务集聚度梯次递减，呈现圈层式的辐射状态，郊区新城科技服务集聚度明显降低。

第二，金融服务业呈现多中心、网络化的布局特征。从天府广场附近的极核集聚发展到天府广场、东大街、人南、金融城等的多中心集聚，其中金融城由"空白"到"崛起"的集聚趋势非常明显；金融极核之外的区域，逐渐发展到以县（市、区）城区为主的多点带动态势。

第三，信息服务业呈现极核集聚的布局特征。成都信息服务业由弱小发展到强大，2000年左右仅有市中心部分区域有企业集聚，到2021年，信息服务业企业在"5+2"区域特别是天府软件园区域集聚态势明显。

第四，流通服务业呈现"枢纽点+通道"的"点轴"渐进扩散的布局特征。由传统五城区（火车站等枢纽）向南（双流机场）、向北（青白江国际铁路港）、向东（天府国际机场）拓展趋势，机场、铁路港枢纽节点所在区域是流通服务业的主要承载地。

第五，商务服务业呈现极核的布局特征。成都商务服务业区域发展不平衡且存在空间极化现象，主要分布在五城区和高新区，中心城区集聚度明显高于郊区。2019年已评定的市级商务写字楼中，约94%超甲级写字楼、62%的甲级写字楼集聚分布在以天府广场中心的城市核心区域，以及东大街沿线、人民南路—天府大道沿线。位于城市中轴线天府大道南段的天府新区总部商务区聚集了优质商务服务，正加速形成总部经济新极核。

（二）生活性服务业：在均衡中体现特色

与生产性服务业空间分布呈现的集聚特征相比，生活性服务业更趋向于围绕满足城市居民美好生活需求进行均衡布局，不同类型的生活服务需求催生不同特征的产业布局。借助大数据分析2021年服务业行业市场主体的分布，发现餐饮住宿、文旅、医疗服务等生活性服务业业态的区位布局有如下特征：

第一，餐饮服务业呈现散状"中心+多点"的布局特征。餐饮服务业分布与人口布局高度正相关，大量餐饮市场主体集中于中心城区和郊区人

---

① "5+2"区域，指的是锦江、金牛、武侯、青羊、成华5个传统老城区和高新区、天府新区2个区域。

口密集区域，在都江堰、崇州、大邑等地也呈现出小区域集中的态势，在城市区域外的广大地区也分布着大量餐饮市场主体。

第二，文旅服务业呈现散状"多点"的布局特征。成都文化和自然资源富集，遍布各县（市、区）。依托于各地的优势文旅资源，文旅产业总体呈现出多点开花、星罗棋布的产业格局。

第三，住宿、休闲娱乐服务业呈现"一核一带"的布局特征。由于外来消费者主要集中于锦江、金牛、武侯、青羊、成华五城区和都江堰-青城山世界双遗所在的龙门山生态带，住宿和休闲娱乐服务业主要面向外来游客，其布局也呈现出向"一核"（传统五个中心城区）和"一带"（龙门山生态带）集聚的特征。

第四，医疗保健等公共服务业呈现均衡布局特征。面向居民基本需要的医疗、教育、维修等公共服务业，是建设一刻钟便民公服圈的核心内容，主要分布在居住区周边，布局较为均衡。

## 第三节　中观视域：集聚区和功能区

服务业集聚已成为国际大都市产业发展的主要趋势和重塑城市内部空间的重要力量。建设服务业集聚区和功能区是国际大都市服务业空间组织结构演变的主要趋势。近年来，成都结合城市功能和既有发展基础，加快规划和引导服务业功能区和服务业集聚区建设，以最大限度发挥产业集群效应。

### 一、服务业集聚区

关于产业集聚和产业集群，经济学家孙久文先生对此有过专门的论述。他认为，产业集聚是特定产业以及支撑和关联产业在一定地域范围内具有排他性的地理集中倾向。产业集群则指特定产业以及支撑和关联产业在一定地域范围内的地理集中。产业集聚是产业集群形成的动态过程，产业集群是产业集聚的结果。实践证明，集聚集群能够带来显著的经济效应，带动区域的经济增长。2008年成都市在全市范围内规划布局了26个现代服务业重点集聚区，并初步建立了集聚区推进机制。2012年，按照区域资源特点和产业发展需要，统筹全市集聚区产业空间、轨道交通、土地利用和建筑形态布局，遵循"重点集聚、均衡布局、一区一特色"原则在

2008 年规划的基础上新增了 6 个区域，数量上增加至 32 个，进一步强化集聚区对全市服务业发展的辐射带动和示范引领作用。经过"十二五"时期的发展，成都市逐步构建起以商务服务业、会展业、文化创意产业、信息服务业、商贸业、金融业、文化旅游业、电子商务、健康产业、口岸服务业等为主导产业，产业体系完备、产业空间合理、产业形态高端的集聚区服务业发展体系。

---

### 专栏　打造特色鲜明的服务业集聚区

　　按照"重点集聚、产城一体、特色鲜明"的原则，以生产性服务业和新兴服务业为主导产业，以服务业重大项目和行业龙头企业及相关上下游企业为抓手，坚持规划引领，创新机制体制，统筹分类推进，加快建成一批空间布局合理、业态高端复合、产业特色鲜明、配套功能完善的服务业集聚区。创新服务业集聚区要素资源配置机制，引导产业政策、资源配置、要素保障向集聚区倾斜；完善市区两级协调共建推进长效机制，建立集聚区服务业供地预申请和项目流转统筹制度、重大项目用地评审和供后监管机制，制订绩效评价考核及动态弹性管理等促进措施，引导高端产业向高端楼宇集聚，高端载体在集聚区落地，努力将集聚区打造成为服务业核心城市的主阵地、服务业尽快倍增的增长极、服务业双向开放和改革试点的先行区。

　　——摘自《成都市服务业"十三五"发展规划》

---

　　对服务业集聚区发展进行评估发现，服务业集聚区建设呈现出"三个分化显著"的特征：一是不同类型地区集聚区分化日趋显著。32 个服务业集聚区中，中心城区占全市集聚区总数的 55%，近郊区占 25%，远郊县市占 20%，金堂、蒲江、大邑和崇州 4 个远郊县市没有经省、市认定的服务业集聚区。发展成熟度较高的集聚区大多集中于中心城区，近远郊区绝大多数集聚区仍处于发展初期。这种现象的出现与下列因素有密切关系：集聚区是区域经济发展和产业结构演变达到一定阶段的产物。产业发展、人口集聚和产业结构、消费结构升级形成的需求拉动，优势区域优质要素集聚形成的供给推动，成为集聚区形成发展的基本原因。二是全市 32 个集聚区中，以商贸服务业为主导的集聚区占全市集聚区的 50%；以商务服务业为主导的集聚区占 27.5%；其余 9 个集聚区的主导产业为文创产业、现代

物流、金融服务、服务贸易和健康产业等。在主导行业不同的集聚区之间，服务业集聚发展的态势差异显著。服务业集聚发展较好或影响较大、成效较为显著的主要是中央商务区、物流园区、金融服务集聚区、文化创意服务业集聚区等生产性服务业集聚区，其中少数服务业集聚区的服务业发展已经形成规模化、品牌化、高端化、专业化、特色化态势，聚集了全市有重要影响的服务业行业企业，成为服务业发展的引领者。但大多数服务业集聚区仍处于发展初期，集聚的规模很有限，功能特色尚待强化。三是不同管理机构集聚区分化日趋显著，形成了由功能区推进机构、县（市、区）商务部门、专业园区运营公司和市级战略功能区管委会等进行管理的4种集聚区管理模式。有专班运营管理的集聚区主导产业定位清晰、发展态势好，没有专班运营、尚未形成专门管理机构的集聚区主导产业模糊、发展质量不高。

## 二、服务业产业功能区

服务业产业功能区是指以完善城市综合服务功能为目标，在市域范围内规划建设的主导产业较突出、空间上相对集中、功能配套完善、由一个或若干个发展组团有机聚合由此带来范围经济和规模经济的特定区域。同样作为以产业发展为目标的空间聚集形式，服务业产业功能区不同于服务业集聚区的地方体现在：一是服务业集聚区的概念略微等同于微型CBD，面积小、绝大多数在2平方千米左右；而服务业产业功能区面积较大，一般而言，服务业产业功能区包含服务业集聚区。二是服务业集聚区以集聚业态为导向，服务业产业功能区以功能承担为导向并具有鲜明的产业。三是服务业集聚区追求业态集聚、企业集中，服务业产业功能区追求产城融合、职住平衡，体现城市发展逻辑向人城景业转变。

（一）服务业产业功能区的特征

纵观伦敦、纽约、东京、上海等全球先发城市服务业产业功能区发展经验，发展好的服务业产业功能区均具有以下共性特征：

第一，具有共生共享关系的共同体。服务业产业功能区内部的产业结构和空间布局应该是以某个产业为核心的完整产业链条，围绕核心细分领域，聚集服务企业、服务的供应者和消费者，以及配套机构、产业基础设施、人文环境和政策环境。这些行为主体之间通过物质、知识、技术、人力资源、信息和资本等方面的交换，形成资源、信息、知识的有效传播、交流、合作和共享机制。

第二，先进服务要素的集聚区。相比于制造业集群，服务业集群更多地体现为水平关联型集群，集群内各个企业更多面向共同的市场或客户。都市较好的经济发展基础，数据、服务、人才等先进要素集聚，吸引了更多的客户，集群企业通过提供差异化的服务避免同质竞争。因此，服务业产业功能区更突出地表现为特色产业先进要素的聚集。

第三，服务业制度创新的先行区。服务业是对制度创新和营商环境最为敏感的行业。比如服务业产业功能区建设更多地依赖资源利用方式的创新、有效的融资环境、自由宽松开放包容的制度环境等。在先发城市中不乏有城市把服务业产业功能区作为服务业体制机制改革、服务业对外开放试点的核心承载区域，从而实现全球高能级要素和项目的汇聚。

第四，各项功能完整的独立区。服务业产业功能区往往包含若干个产业社区，包括了居住、生活、工作、娱乐等综合配套功能区，不仅提供商业活动，还有大量的宾馆、公寓、娱乐设施等，具有人们在这里完成生产、生活等活动所必需的设施，避免了只有单一服务功能而出现夜晚"空城"现象。

（二）成都服务业产业功能区建设

根据 2010 年发布的《成都市产业功能区规划》，成都市规划建设市级战略功能区和各县（市、区）管产业功能区，推进产业功能集聚式发展。其中，市级战略功能区中以服务业发展为重点的有天府新城高新技术产业区，金融总部商务区，东部新城文化创意产业综合功能区，北部新城现代商贸综合功能区，西部新城现代服务业综合功能区，龙门山、龙泉山生态旅游综合功能区，国际航空枢纽综合功能区，交通枢纽和现代物流产业功能区，在全市形成金融服务、商贸商务、物流服务、文化创意等核心服务功能。

---

**专栏　成都服务业战略功能区的发展方向（2010 年）**

1. 天府新城高新技术产业区。大力发展以知识和技术密集为特征的服务外包、数字新媒体、文化场所运营、电子商务等高端服务业，建设国家自主创新高地、西部地区国际服务门户和金融商务枢纽。

2. 金融总部商务区。形成以传统金融业和新兴金融业为核心，高端现代服务业为支撑的产业格局，具有以金融、商务、行政为主，兼商业、

---

娱乐、居住等配套服务于一体的综合功能，成为金融要素聚集、生态环境和谐、配套设施完善、文化氛围浓郁的"国内一流，西部第一"的高端中央商务区。

3. 东部新城文化创意产业综合功能区。加快培育发展传媒业、影视娱乐、动漫游戏、文博艺术等重点领域，成为立足西南、对接全球的文化创意交流枢纽。

4. 北部新城现代商贸综合功能区。重点发展营销总部、采购中心、商贸公司、现代零售业、实体批发市场和电子商务等业态，以及期货交易（割）和财经指数等商贸功能。

5. 西部新城现代服务业综合功能区。加快发展休闲养生、医疗康复、体育健身、教育培训、电子商务、工业总部等新兴产业，把西部新城建设成开放式生态型现代新城。

6. 龙门山、龙泉山生态旅游综合功能区。龙门山生态旅游综合功能区以"一体多元、差异发展、高端引领、度假突破"为发展战略，建设成为中国领先、世界一流、四季多元、宜居宜游的国民休闲基地和国际山地度假旅游目的地。龙泉山生态旅游综合功能区以"生态修复、产业互动、精品发展、区域合作"为发展战略，建设成为西部第一、全国一流，以生态保育和生态修复为先导，以"天府生态绿舟、都市森林公园"为主题、具有国际吸引力的山水田园休闲度假旅游区。

7. 国际航空枢纽综合功能区。依托中西部最大航空港的战略资源，大力发展总部经济、保税物流、临空商业、航空物流、空乘培训、时尚休闲等空港服务业，加快建成"西部第一、国内前茅"空港综合服务经济区。

8. 交通枢纽和现代物流产业功能区。国际集装箱物流园区及青白江物流园区依托成都铁路集装箱中心站、大弯铁路货站，打造亚洲一流的铁路物流枢纽。新津物流园区依托普兴铁路货站，建设辐射川南的铁路物流枢纽及成都向南经云南连接中南半岛泛亚铁路通道的物流节点，具备公铁联运、中转分拨、仓储配送、公路货运集散等功能。新都物流中心以公路货运集散、城市商业及电子商务配送功能为主，建成集商业配送、货物仓储、货物集散、货运站场为一体的现代公路物流港。龙泉物流中心依托公路运输和公水联运，建设辐射成渝经济区的区域性综合型物流中心。

——摘自《成都市服务业"十二五"发展规划》

2017 年成都市提出以产业生态圈理念引领产业功能区建设，以产业功能区重塑城市经济地理，推动实现经济组织方式和城市发展方式的全方位变革。产业功能区是有着明确四至边界的产业发展空间载体，产业生态圈则是边界模糊的开放式产业生态，体现为由具有强关联的产业链、要素链、供应链、价值链和创新链构建的连接网络。产业生态圈和产业功能区建设，是成都市推动行政区经济区适度分离改革的重大探索，是重塑产业经济地理、优化生产力布局的重大举措。具体而言，服务业产业功能区的建设，一是核心在产业，产业功能区建设归根到底是要精准确立与城市发展方向高度契合的主导产业，要具有鲜明的产业特色、要具有比较优势的产业细分领域和未来优质赛道，要吸引全球创新创业人才，成为城市经济高质量发展的核心承载地。二是关键在功能，需摒弃传统工业园区、产业园区产城脱节的单一生产型园区经济模式，秉持"一个产业功能区就是若干城市新型社区"的理念，着眼研发、消费、居住、文化、生态等多种细分产业功能需求和产业人群生活需求，提升城市功能品质，推动产业功能区社区化发展。三是机制是保障，推进产业功能区建设，体制机制创新是动力之源、活力之源。通过建立市-区两级工作推进机制和功能区市场化运营管理机制，为促进产业加快培育、城市功能加速形成创造动力源泉。

### 三、商圈和商街

商圈和商街是城市的消费品牌集聚、多元业态融合、时尚潮流引领的区域，是多元商业集聚区。商圈和商街是发展现代服务业的重要载体，建设商圈和商街是培育新的经济增长点、增强城市核心竞争力的重要举措。纵观国际消费中心城市建设，无一例外均拥有象征城市文化和品位、体现城市繁荣繁华的消费地标。而商圈和商街，如纽约的第五大道、巴黎的香榭丽舍大街、东京的银座等均是世界级消费地标。

#### （一）成都商圈

城市商圈是城市商业的重要载体。作为因商而立的千年古都，成都自古便是中国西南地区的金融和商贸重镇。20 世纪初，全国四大劝业场之一的成都劝业场在总府街和华兴街之间的地段建成，次年更名为商业场。1924 年，春熙路的建成使得商业场与东大街之间的商气得以贯通，春熙路片区成为成都首屈一指的商业宝地，20 世纪 90 年代，春熙路的夜市甚至让成都人形成了"赶春熙路"的习俗。随着城市化进程推进，城市发展建成区不断扩大和城市人口不断增长，城市空间结构逐渐向多中心、组团式、网络化转变，特别是成都地铁网络的建设，促进了人口的区域流动，直接带动沿线商业发展，推动了全市商业空间地理重塑，商圈发展出现了新调整和新变化。一是地标商圈单中心的格局逐渐被打破，日益呈现出多中心商圈的发展格局。随着城市向南发展的不断推进，行政办公区域南迁，金融、科技、总部商务、信息、会展等生产性服务业不断聚集，形成了交子商圈的消费市场基础。2020年，成都在城南人口和产业集聚区域积极谋划继春熙路地标商圈之后的第二地标商圈——交子公园商圈，推动城市商业地标由单核向双核转变，这也与成都建设国际消费中心城市的需要相适应。同时，成都抓住成渝地区双城经济圈建设契机，依托交通枢纽、会展平台、赛事场馆等流量入口，谋划建设蓉北商圈、西博城商圈、空港商圈、东安湖商圈等，多中心商圈格局基本形成。二是近郊区域商圈强势成长。2010年以后，一大波以吃、喝、玩、乐、游、购、娱等全业态经营模式为主导的一站式大型购物中心兴起，温江、郫都、新都、双流等近郊区抓住轨道经济发展的契机，积极引进国际知名商业地产开发商和投资商参与地铁沿线大型城市综合体建设，引导集购物、休闲、娱乐、餐饮、酒店、文化等功能于一体的大型商业综合体集聚发展，形成业态复合的区域主力新商圈。三是社区商圈特色化发展。社区是构成城市的基本单元。一个城市的发展不仅需要大型商业综合体、购物中心等，更离不开贴心的社区商业，而社区商业的品质提升，才是一个城市商业品质真正提升的标志。成都社区商业发展基础好、有活力，基础商业和文化设施丰富，品牌连锁便利店、餐厅、茶馆、酒吧、书店、咖啡店数量居全国前列，打造一批社区美空间、社区运动角、社区花园等与居民密不可分的公共服务和商业服务活动空间，多年蝉联全国最具幸福感城市榜首。

---

**专栏　春熙路商圈**

1. 总体情况

　　春熙路面积约20公顷，共分为东、西、南、北四段，是一条历史悠久、热闹繁华的商业街，是成都最具代表性、最繁华热闹的商业步行街。经过十几年的快速发展，以春熙路为核心的春熙路商圈发展成为成都最具代表性的都市级商圈，影响力不仅辐射全川，甚至辐射整个西南地区。春熙路商圈内商贸业极为发达，同时，金融、文创、旅游等产业在商圈内高度融合，是立足全国、面向全球，集购物、休闲、旅游、商务、餐饮、娱乐等多功能于一体的大型综合性商圈。据统计，春熙路商圈日均人流量超过 30 万人次，重大节假日人流量峰值超过 60 万人次。根据成都零售商协会发布的数据，2018 年，春熙路商圈内典型综合体 IFS 和远洋太古里营业额分别为 51.9 亿元和 41.6 亿元，分别同比增长 18.2%、19.1%，总量和增速均领跑全成都。

2. 发展亮点

春熙路商圈致力推动传统商业模式的提档升级和转型发展，打造了春熙路智慧商圈公共服务平台——"春熙汇"。"春熙汇"项目是以春熙路传统商贸业为基础，通过 OAO（oline and offline）模式将线上商城与线下春熙路实体商业相结合，形成"双街"经营模式。"春熙汇"整合商贸、商户、商品、宣传、推广等各类资源，采取交叉互补、联合营销的机制，对消费者进行多重信息刺激，增强用户体验，实现对春熙路商家人流量和销售量的有效提升。通过"春熙汇"增进商家与消费者的互动，通过体验式消费模式和大数据精准营销，降低宣传成本，提升销售量；获取春熙商圈最新优惠信息，为用户提供优质快捷服务，实现线上信息与线下消费的紧密结合，构建完善的公共管理服务平台，实现传统商圈人群在互联网上的汇集、留存、转换，促进区域经济的提升、服务能力的优化，最终达到"春熙汇惠春熙"的服务效果。

春熙路商圈从提升商圈品质的需求出发，加快推进打造商圈社会自治模式。为了维护和提升春熙路商圈的商业形象和商业价值，最大限度地保障顾客权益，为广大消费者提供更加全面、诚信、舒适的服务，2018 年 5 月，春熙路商圈在政府引导下启动了诚信联盟，首期签约近 20 家代表性商家，共同助力提升商圈品质和商圈形象。同时，成都市锦江区春熙商会、成都市锦江区消费者协会联合发出倡议，倡导商圈内全体商家自觉维护春熙路商圈的商誉，通过守法经营、文明经营、诚信经营，共同提升商圈品质和商圈形象。2019 年 1 月，春熙商会和消费者协会邀请专业研究机构，结合商圈实际，推动发布了春熙路商圈诚信指数、时尚指数。诚信指数和时尚指数的首次发布，是春熙路商圈提档升级的重要举措，为创造春熙路商圈优质和谐的营商环境提供参考指标，意味着春熙路商圈在商家自律、自我提升等方面迈出了坚实的一步。

资料来源：根据公开资料整理。

当前，成都消费正处于从消费 2.0 时代向消费 3.0、4.0 时代迭代演进的发展阶段，城市商圈呈现新的发展趋势和时代特征，由原来的商业场所开始向以体验经济为主导的休闲目的地转变。在商业场所发展阶段，商圈主要由具有关联的购物中心、开放式商业街区组成，并配备舒适的公共空间和高效的交通流线。商圈主要承担商品交易功能，更加重视商品买卖环节，重视商品的集散与流通；商圈内业态以商品零售为主，服务消费业态占比较低。进入新经济时代，在消费升级和科技创新的驱动下，商圈进入以体验经济为主导的，服务消费、商品消费、新型消费为主要业态的发展阶段，体验式经济、多元消费场景、新技术应用等新商业、新趋势为商圈更新发展注入强大活力。在此阶段，商圈主要呈现以下几个特征：一是体验式商业成为商圈建设的主导方向。在商圈建设中，更加重视体验感和情感消费，商圈整体设计和业态组合均须考虑消费者在消费过程中愉悦的精神感受，商圈呈现定制化、情景化、主题化和智能化发展趋势。二是多元消费场景营造是商圈建设的主要路径。在商圈建设中，不仅考量商品交易等基本功能，而且横向从功能业态上丰富特色餐饮、旅游休闲、运动健康、时尚品位等业态，纵向从时间轴上打造全时消费内容，"商圈+文旅""商圈+夜间经济"等模式蓬勃发展。三是新技术应用是商圈建设的核心动力。伴随着商业繁荣发展和科技创新的驱动，新技术与生活消费场景进一步融合，商圈的大数据应用将实现商圈智慧化发展。智慧商圈通过大数据技术将商圈内的停车场、公交地铁站点等交通基础设施，商品、服务业态等商业信息以更为直接的方式触达消费者，从而实现商品、服务、购物、营销等企业端、消费端、政府端的深度融合，增强商圈发展效能。四是文化魅力是商圈建设的核心特质。历史文化作为城市或区域的本源和血脉，在商圈升级更新过程中，以文化为代表的城市（区域）特质愈加受到重视，文化成为新商圈建设聚焦的亮点之一，对历史资源的传承和文化要素的挖掘成为商圈建设中的核心要素。

（二）成都商街

商业街是以商业性经营为主，为顾客提供文商旅等综合性服务体验，满足购物、社交、游憩等多元需求的街区式消费空间，也是最可感知城市魅力的独特公共空间，具有丰富的经济意义和美学意义。商业街是体现城市厚重历史文化和独特商业魅力的靓丽名片，承载着文化厚度、城市温度。成都的街巷空间蕴藏着深厚的文化积淀，其中不乏因特定商品交易与独特消费行为而命名的街巷，比如盐市口、珠宝街、骡马市街、米市坝街等。这些街巷不仅承载着历史的记忆，更有部分商业街至今仍生动地保留着其原有的消费特色与功能，成为成都建设国际消费中心城市的重要载体和靓丽名片。从商业街的分类看，空间布局上可分为室内盒子型和户外开放型，商业业态上可分为综合型和主题型。成都以满足人们个性化、差异化、专业性等特色消费需求为引导，出台了《成都市特色商业街区建设提升行动方案》，由成都市生活性服务业领导小组办公室统筹协调推进，各县（市、区）政府为实施责任主体，新建或改造一批以专业化、品牌连锁化经营为特色的，历史有根、文化有脉、商业有魂的特色街区，推动专业经营服务向商业特色街集聚，形成"一街一品"的若干城市商业名片。这些特色商业街满足了多样化消费需求，丰富了城市商业层级，形成了良好的商业效益，成为成都商业发展的一道亮丽风景。

纵观城市商业街建设历程，如何利用既有基础优势打造各具特色的商业街，避免同质化是关键。地标商圈是城市商业的重要承载，而斑斓多彩的商街是城市商业的魅力所在。因此，成都坚持特色化、差异化发展原则，紧扣业态优化、形态美化、文态提升和生态完善目标导向，促进特色商业街区实现差异化定位和联动发展。一是深入开展高品位步行街建设试点，大力推进宽窄巷子步行街改造提升试点工作，加快重点项目建设，积极探索可推广的管理机制和服务模式。运用高品位步行街建设的理念和标准，继续推动铁像寺水街、文殊坊、音乐坊、枣子巷、东郊记忆特色商业街改造提升及项目建设，打造高品位步行街第二梯队。二是突出文化内涵打造品牌特色商业街区。挖掘传统历史文化资源，营造有故事的消费场景，打造一批传统历史文化特色商业街区；传承和发扬川菜美食文化，打造一批美食文化特色商业街区；围绕国际时尚之都、音乐之都建设，打造一批时尚文化特色商业街区；营造成都休闲慢生活氛围，打造一批休闲文化特色商业街区。三是优化提升特色商业街区业态结构。鼓励特色商业街区建立统一运营管理机构，促进街区业态布局调整和统一管理，推动完善街区慢行交通系统和组织开展特色商业街区风貌打造，制定特色商业街区产业引进目录，引导特色商业街区业态调整优化。四是强化商旅文联动融合发展。加强特色商业街区营销宣传，借势川西文化、天府文脉、川菜美食等天府特色文化，举办各类主题宣传活动，全方位提升特色商业街区文化内涵和旅游吸引力。

宽窄巷子位于成都市青羊区，由宽巷子、窄巷子和井巷子三条平行排列的老街道及其间的 45 个四合院落群组成，规划保护区域面积 479 亩（约 326 163 平方米），其中核心保护区 108 亩（约 72 036 平方米），建筑面积共计 46 128 平方米（其中地上院落 35 128 平方米、地下车库 11 000 平方米）。宽窄巷子作为成都市首批历史文化保护区，2007 年 5 月由成都文旅集团负责开发建设，其间充分考虑了宽窄巷子所要承载的文化传承、商业经营、旅游开发等多方面功能，通过成立由历史、文化、艺术、建筑、考古等专家学者组成的"宽窄巷子历史文化保护区专家委员会"，按照"原状维修和落架重修，修旧如旧"的原则和"一院一景、一院一品"的理念，将北方胡同文化与川西四合院文化有机结合，最终成为老成都百年原真建筑的最后遗存。通过多年努力，宽窄巷子成为老成都的一张城市名片，并荣获了一系列荣誉：2008 年荣获"中国创意产业项目建设成就奖"，2010 年获得"2010 年度四川省级历史文化名街"称号，2011 年获得"2011 年度可持续旅游奖""最佳目的地管理"称号，2012 年获得"景区管理四川服务名牌称号""四川十大最美街道"称号，2013 年获得"全国都市文化旅游服务产业知名品牌创建示范区骨干企业"，2014 年获得全国首批 11 家"创造未来文化遗产示范单位"荣誉称号，2015 年荣获全国首家"中国商旅文产业发展示范街区""全国商业街'先进集体'称号"，2020 年获得"首批全国示范步行街"称号。

资料来源：根据公开资料整理。

# 第四节 微观视域：商业和商务楼宇

楼宇是集聚企业、集中要素的集约空间，是服务业企业集中集聚的载体。楼宇经济主要表现为现代服务业，大量现代服务业企业机构在楼宇聚集，形成了微型服务业集聚区，因此有所谓"工业经济看厂房、服务经济看楼宇、楼宇经济看城区"的观点。2013 年成都出台了全国首个楼宇经济发展纲领性文件《成都市促进楼宇经济高端发展支持政策》。2014 年成都市商务部门设立楼宇经济处，牵头楼宇经济发展服务、政策规范制定和产业培育等工作，并指导成立全国首个楼宇经济行业协会。

## 一、成都商务楼宇发展情况

商务楼宇是城市经济发展的重要载体，其健康发展将为成都市加快建设国家中心城市、世界文化名城和国际化大都市赢得空间和时间，发挥着不可替代的重要作用。2001 年成都实施东郊工业结构调整，商务楼宇开始大规模兴建；2013 年成都率先在全国提出发展楼宇经济，并出台了全国首个楼宇经济发展纲领性文件《成都市促进楼宇经济高端发展支持政策》；2014 年成都市商务委设立楼宇经济处，统筹指导全市楼宇经济发展，并指导成立了全国首个楼宇经济行业协会——成都市楼宇经济促进会；2017 年国家标准化管理委员会批准成都开展首个国家级楼宇经济服务标准化试点，2020 年由成都牵头研制的《楼宇经济术语》《商务楼宇公共服务规范》《商务楼宇等级划分要求》中国楼宇经济三项国家标准正式发布。自 2001 年以来，成都探索形成了"以楼聚产、以产兴城、以城悦人"的楼宇经济发展道路，推动了楼宇与产业深度融合、楼宇经济与城市发展共融共生。

（一）发展历程

2007 年之前，成都写字楼总体处于萌芽阶段。市场上更多的办公物业属于商住两用的商贸楼宇，单一业权办公物业较少。楼宇相对集中在天府广场-盐市口-春熙路一带，商务氛围较弱，整体楼宇办公品质一般，只能满足基础性商务办公需求。楼里的租户品质良莠不齐，种类繁多，彼此交流的平台机会也比较少，楼宇经济处于萌芽阶段。

2007—2010 年，随着成都市综合经济实力、营商环境、对外吸引力的进一步提升，伴随着市场需求，甲级写字楼市场开始出现。这时成都市场上出现了仁恒置地广成、航天科技大厦等一批优质写字楼，成都写字楼整体质量实现了提升，进入成长阶段。同时因为市场的良好反馈，在这一时期空置率连续下行。楼宇市场开始发力，为楼宇经济进一步发展奠定了基础。

2011—2015 年是成都写字楼的井喷期。这期间，甲级写字楼快速进入市场，市场新增体量超过 100 万平方米，几乎每年都有超过 20 万平方米的新增体量入市。但是，大量楼宇的入市导致空置率急速上升，在 2012 年三季度的时候甚至超过 60%。此后，市场需求快速增加，大存量的楼市和活跃的市场表现为楼宇经济的发展做了充足准备。值得注意的是，在此阶段，受 2012 年成都商务楼宇空置率快速上升的影响，成都市政府开始重视楼宇经济，逐步完善楼宇经济发展组织构架，成都市商务局设立了楼宇经济处和成都市楼宇等级评定委员会，并指导成立了成都市楼宇经济促进会。成都市政府开始将楼宇标准化作为实现楼宇经济高质量发展的重要抓手。

经历上一阶段的爆发式增长后，成都甲级写字楼市场于 2016 年开始步入稳定发展阶段。2016 年，成都市甲级写字楼供应开始放缓，全年仅82 000 平方米新增供应入市，与此同时，租金和空置率变化波幅逐渐趋于稳定。2016 年，成都城市地位由区域中心城市上升为国家中心城市，城市地位的提升为城市发展带来众多利好，甲级写字楼市场更加受到外来资本和优质企业的关注。2016 年年末成都甲级写字楼平均租金开始触底反弹，步入稳定上升通道。

当前，成都市商务楼宇进入了高质量发展阶段。一方面商务楼宇发展已进入明显的调整转型期。受电子商务和消费升级等影响，商务楼宇正逐步从传统的商业商务功能向体验经济、社交平台、休闲中心、生活中心综合性功能转变。部分商业楼宇主动调整业态结构、品牌柜位、市场营销思路等，增加了客群和商业体之间的互动内容。由于运营能力不同，商务楼宇的市场运营出现冷暖不均、两极分化状况：定位模糊的经营差，高端引领的态势好；开零销售的经营差，整体运营的态势好。银泰中心 T3 和 T2写字楼的整栋交易开创了成都城南地区机构投资人整栋收购超甲级写字楼的先河。城市银行扎堆投资城南楼宇，说明企业市场预期良好，长期实体持有投资行为增多，短期游资投机行为减少。另一方面，楼宇开发建设的思路也发生实质性的调整，正由商业地产开发的思路转向发展楼宇经济的思路，这一转向具体体现在"两个回归"：一是引导商务楼宇建设回归到产业发展平台上来。推进生产性服务业、知识密集型产业向楼宇集中，鼓励发展一批专业楼宇、特色楼宇，促进高端服务业和高附加值服务环节集聚，充分发挥产业在商务楼宇内的规模集聚效应，以商务楼宇为载体推动区域产业层次和产业空间布局双优化，进一步提升成都市在全国服务业发展版图中的位势和能级。二是回归人本逻辑，注重公共管理的"精细性"。疏通城市"微循环"，对重点楼宇的交通接驳、公交线路、道路引导系统等基础设施建设和公共服务配套给予重点保障，优化城市户外广告和招牌管理，简化相关业务审批流程，支持依法依规开展商业宣传和户外营销活动，积极营造良好商业氛围。全面推进"政务服务进楼宇"工程，通过网络、实体相结合的方式，在重点楼宇、特色楼宇设立"楼宇服务站"。

（二）布局现状

截至2022年，成都市累计评定了超甲级、甲级商务写字楼74栋，主要分布在锦江区和高新区，青羊区、武侯区、成华区有少量。整体来看，成都市商务写字楼分布主要以市中心为核心，分别向南面和东面拓展。其中，市中心板块主要为顺城街、天府广场、春熙路三大区域。未来，成都市商务写字楼向南向东拓展的趋势将更加明显。一方面，传统中心城区土地资源较为稀缺，土地新增供给较少，传统中心城区的存量楼宇更多的是进行业态更新、产业更新、配套更新等；另一方面，受城市发展规划的影响，在成都市向南向东发展的大趋势下，成都市天府中央商务区以及东部新城重点区域逐渐成为城市商务写字楼的主要供给区域。

---

### 专栏　成都市标准化商务楼宇情况（2022年）

根据成都市楼宇经济促进会数据，截至2022年，成都市开展了6次商务楼宇等级评定，累计评出标准化商务楼宇184栋，其中超甲级商务楼宇24栋，甲级商务楼宇50栋，专业（特色）楼宇110栋。2022年，标准化商务楼宇评定出超甲级（国际）商务楼宇6栋、甲级（国际）商务楼宇11栋，专业（特色）楼宇60栋。

| 级别 | 数量 | 写字楼名称 |
|---|---|---|
| 超甲级商务楼宇 | 24栋 | 仁恒置地广场、成都国际金融中心、银泰中心、中海国际中心FG座、中海国际中心ABE座、华润大厦、通威国际中心、百扬大厦、成都国际科技节能大厦、成都来福士广场、上善国际、恒大中心、四川航空广场等 |
| 甲级商务楼宇 | 50栋 | 明宇金融广场、绿地之窗2号楼、复城国际广场T1写字楼、富力中心、中海大厦、中环广场、平安金融中心、华宇·蓉国府、锦江国际大厦、明宇金融广场、摩根中心、平安财富中心、茂业天地、泰丰国际广场、雄飞中心、大陆国际、万科·华茂广场等 |

## 二、成都购物中心发展情况

1998年，成都首家仁和春天百货店开业，标志着成都购物中心发展进入萌芽期，随后，美美力诚、伊势丹百货等中高端购物中心纷纷开业。2007年年底，成都首批现代城市综合体——成都锦华万达广场成功引入伊藤洋华堂、万达百货、万达国际影城、精品百货等十余家主力店，形成了涵盖百货、电影、品牌餐饮、游戏室等的一站式购物中心。它的成功使得众多开发商纷纷效仿。2010年，随着房地产紧缩型调控政策的到来，商业地产在这一年如雨后春笋般迅速覆盖成都，成都凯丹广场（现凯德广场·新南）、群光广场、龙湖天街·三千集、富力天汇等大体量购物中心陆续亮相。购物中心发展进入成熟期，代表项目有仁恒置地广场、万象城和太古里等。2012年，华润万象城、金牛万达广场、来福士广场等真正意义上的城市综合体纷纷开业，冲击着以春熙路、骡马市、盐市口为代表的传统商圈，成都的商业格局开始重新洗牌。同时，绿地中心、成都ICC、成都国际金融中心（成都IFS）、蓝光空港国际城、花样年·龙年国际中心等一大批规模宏大、代表国内高水平的城市综合体、核心商业项目陆续动工建设。2016年后，成都市购物中心增速放缓，新增项目大多进行差异化、创新性探索，代表项目有银泰中心in99、悠方、仁和新城等。随着快时尚及大众品牌陆续布点以及轻奢崛起，购物逐渐被分化，餐饮业态、服饰业态以及儿童业态分别位列购物中心占比前三位，同时，快闪店、互动体验店以及新零售概念下催生的新业态等，都推动着购物中心加快业态升级，实现创新融合发展。

成都购物中心仍主要集中在传统中心城区。近郊、远郊县（市、区）商业布局比较分散，且多数缺乏大中型优质商业综合体，在商业业态、品牌等方面与传统中心城区还存在很大差距。近年来，以万达广场为代表的商业项目开始到金堂、崇州等远郊区域布局，加快抢占下沉市场。根据不完全统计，2019年成都拟开购物中心项目共计27个。从区域分布上来看，除了成华区、锦江区、武侯区等五城区外，新开购物中心项目更多集中在郫都区、新都区、都江堰市、龙泉驿区等区域。2019年，成都市非五城区拟开商业项目占全部拟开商业项目的59.3%，这一比例较2018年的35.8%提高了23.5个百分点。

> **专栏　购物中心案例：成都太古里**
>
> 1. 基本情况
>
> 成都远洋太古里位于春熙路商圈，是由太古地产和远洋商业从 2014 年起开始分阶段营业的一座开放式、低密度的街区形态购物中心，汇聚了一系列国际一线奢侈品牌、潮流服饰品牌、米其林星级餐厅以及众多国内外知名食府，已成为深受成都本地人和外来游客喜爱的城市商业地标。2023 年，太古地产宣布将项目名称改为成都太古里。
>
> 2. 发展亮点
>
> 太古里业态丰富，以零售和餐饮，年轻、时尚以及文创等为主，从品牌组合上，成都太古里"快"与"慢"、"新"与"陈"的多元融合特点突出，形成了"快里"和"慢里"两大核心零售概念。"快里"购物街区汇集了 Hermès 爱马仕、GUCCI 古驰、Cartier 卡地亚等全新概念旗舰店。除了国际一线品牌，还引入 MUJI 无印良品在海外的第一间世界旗舰店、全国首个 Jurlique 茱莉蔻 SPA 概念店，以及首次进入西南地区或成都的 Marni 曼黎怡、MICHAEL KORS 旗舰店、Kate Spade 旗舰店、Juice 概念店、阿迪达斯主场旗舰店、耐克跑步体验店等国际品牌。"慢里"汇集了米其林星级餐厅 Tasty 正斗、Din Tai Fung 鼎泰丰、Jade Garden 翠园，带来顶级品质的精致美食；Starbucks 星巴克位于西南地区的全球旗舰店、Häagen-Dazs 哈根达斯在上海之外的第一家酒吧概念店、全国首间 Café & Meal MUJI 等。除了美食，"慢里"还特别引入多家创意文化生活品牌，包括集书店、美学生活、"例外"服饰与咖啡为一体的方所，汇集世界顶级设计产品、文具、精选书籍的物心，以及传奇笔记本品牌 Moleskine、欧洲顶级定制银器品牌 Christofle 昆庭、首家视光概念店 LINDBERG、日本最大的料理工作室 ABC Cooking Studio。
>
> 资料来源：根据公开资料整理。

# 第五节　服务业空间演变的动力机制

服务业空间格局的演变是受多种因素影响由内生和外在两种驱动力共同作用的结果。其中，内生驱动力是指以企业为主体、市场机制为行为规则驱动服务业空间格局形成的内生型动力。外在驱动力是指以政府行为包括交通规划、政策引导、公共服务与公共产品提供等因素驱动服务业空间格局形成的外在型动力。

## 一、内生动力

生产性服务业跟随城市生产力布局变化。生产性服务业是一种高智力、高集聚、高成长、高辐射、高就业的现代服务产业，是以提供市场化的中间投入服务为主导的行业。知识资本集聚度和地区经济水平是生产性服务业空间集聚的主要驱动力，空间布局以中央商务区、软件园区、物流园区、金融集聚区等形式存在。对比生产性服务业的企业分布热力图和以各县（市、区）GDP为代表的生产力布局发现，两者存在明显的相关性。

影响生活性服务业分布的主要因素为城市人口分布。生活性服务业是为人们提供物质和精神产品和服务的产业，与人们的生活息息相关，大多呈现分散布局的特征。对比生活性服务业的设施分布图和各县（市、区）人口热力图发现，两者存在明显的相关性。

## 二、外在动力

政府通过城市土地空间规划、产业发展专项规划、重大项目建设引导等多种措施，主动引导各类要素有序配置和流动，以解决自发城市化过程中的职住分离、贫富差距、区域差距、生态破坏等诸多问题。

### （一）城市总体规划引导

1954年，第一轮成都城市总体规划出炉，成都将城市调整为三区，东城区、西城区、市郊区。1982年，第二轮成都城市总体规划编制，提出构建东城生产、西城居住的城市格局。1990年，国务院正式批准成都将东城、西城、金牛三个区调整为锦江、青羊、武侯、金牛、成华五个区。1991年，高新区正式获批成为全国首批国家级高新区。1994年，第三轮成都城市总体规划出炉，提出成都以中心城为核心，沿交通干线形成六条发展轴。2011版成都城市总体规划纳入了天府新区，确立市域"双核、六走廊"的城镇发展空间格局。2014年天府新区获批国家级新区。2016年国务院批准简阳由成都代管。2016年，新一轮城市总体规划提出了"从两山夹一城"到"一山连两翼"的千年之变。2020年，成都东部新区挂牌成立。成都城市总体规划和交通规划引导服务功能的空间聚集（见表3.2）。

**表 3.2　成都市各阶段空间布局规划情况**

| 阶段 | 具体布局 |
|---|---|
| "十五"规划 | 逐步形成以中心城区为核心，卫星城镇为纽带，远郊中等城市为支撑，小城镇和中心村为基础，依托交通干线聚集发展的点轴型放射状市域城镇体系 |
| "十一五"规划 | 一城三圈六走廊<br>◆一城：外环路以内的中心城<br>◆三圈：第一圈层为中心城；第二圈层为中心城以外的都市区；第三圈层为远郊四市四县。规划 8 个中等城市和 50 个新市镇<br>◆六走廊：依托轨道交通、高速公路、快速路等大运量交通系统在市域内形成的六条经济发展走廊，聚集"11858"主要城镇发展空间的 80% 以上，分东、南、北、西北、西南 A、西南 B 方向六条走廊 |
| "十二五"规划 | ◆提升型发展区：包括五城区<br>◆优化型发展区：包括市域西部以平原为主的地区<br>◆扩展型发展区：包括市域东部以丘陵为主的地区<br>◆两带生态及旅游发展区：包括彭州、都江堰、崇州、大邑、邛崃、蒲江、双流、龙泉驿、青白江、金堂的山区 |
| "十三五"规划 | 一轴双核六走廊<br>◆"一轴"为成都市中轴线<br>◆"双核"为中心城区和天府新区（直管区）两个城市核心发展区<br>◆"六走廊"为六条城镇发展走廊，包括成（都）温（江）邛（崃）、成（都）灌（都江堰）、成（都）青（白江）金（堂）、成（都）龙（泉驿）、成（都）新（津）、成（都）华（阳）发展走廊 |
| "十四五"规划 | 一心两翼三轴多中心<br>◆"一心"：龙泉山城市森林公园<br>◆"两翼"：龙泉山东西两翼<br>◆"三轴"：南北城市中轴、东西城市轴线和龙泉山东侧沱江发展轴<br>◆"多中心"：多个国家中心城市功能中心 |

（二）中心城区结构调整引导

2003 年开始实施的中心城区服务业结构调整（"中调"）和"北改"（城北改造）工程，有序推进了服务业集聚发展。"中调"鼓励中心城区传统批发市场外迁，大力推进传统商品市场调迁改造和主力商圈建设。2003—2012 年累计建成 4 个百亿市场和春熙路—盐市口等 6 个百亿商圈，提升了中心城区产业能级和集聚、辐射带动力。高端商业地产和国际知名品牌引领成都商贸业发展，中心城区商业地位更加突出。加快建设北部新城现代商贸功能区、青白江商品市场集中发展区、双流商品市场集中发展区和龙泉驿商品市场发展区四大园区。通过聚集贸易总部企业，发展现代贸易高端功能，引导批发贸易向四大市场发展区集聚发展，引导绕城高速以内批发市场向二、三圈层的商品市场园区和大型农产品批发市场集聚。目前，成都已形成专业市场向园区集聚、大型零售向商圈集聚、专业经营向特色街区集聚的发展态势。

同时，围绕"北改"（城北改造）工程实施，推动城北市场调迁和商圈改造，促进"北改"区域产业结构调整和主营业态转型升级。随着2012年"北改"工程的全面推进，金牛区、成华区和新都区传统市场的调迁和改造升级，直接推动了中心城区服务业布局的优化和传统服务业业态的升级，第二圈层、第三圈层部分县（市、区）也成为中心城区外溢服务业功能的重要承接地，圈层间的服务业布局也更加科学合理。"北改"区域按照"优势优先、高端发展"的思路，走规范化、规模化、品质化、国际化的商贸发展道路，进行中药材、五金机电、白酒"三大指数"建设，推进日用品、机电钢材、建材家居"三大千亿交易规模目标市场"发展，加快传统商圈和货运场站搬迁改造进程，引进一批具有国际水平、代表产业高端的龙头企业和重大项目，聚集一批高端商业和现代服务业，初步形成北部城市级商业中心、火车北站商圈、各城市组团或板块的商业商务中心，大力提升城市商品集散功能和对外辐射能级，重新构建以现代商贸流通业为主、现代服务业集聚的产业高地。

（三）服务业空间规划引导

历次服务业发展规划对服务业空间布局均有明确指引，深刻影响了服务业空间布局演变。截至2022年，成都共发布4版服务业发展规划。第一版是2008年出台的《成都市服务业发展规划（2008—2012）》明确提出"一核集聚、四城辐射、两带带动"的空间布局。第二版是2012年出台的《成都市服务业"十二五"发展规划》，结合天府新区的规划建设，对服务业空间布局进行了微调，提出构建"双核聚集、三城辐射、两带带动"的空间布局。第三版是2016年出台的《成都市服务业"十三五"发展规划》，围绕"双核一区、三带多网"新一轮城市总体规划体系和轨道交通体系，结合未来人口分布、资源环境承载力等因素，提出构建"两核多点"空间布局。第四版是2022年出台的《成都市"十四五"服务业发展规划》，按照"提升中心城区发展能级、强化城市新区示范引领、促进郊区新城服务业特色化发展"的发展思路，构建以产业生态圈为引领、主体功能明显、优势特色突出的"一核多极驱动、两轴三带协同、五链 N 点耦合"的空间布局。4 版服务业发展规划，既突出主体服务功能协同、区域协调，又推动了服务业集群化发展，影响了服务业空间格局演变。

---

**专栏　历次服务业发展规划的空间布局**

1. 2008 版成都市服务业"一核集聚、四城辐射、两带带动"总体布局

（1）"一核"集聚。"一核"是成都市服务业的核心功能地域，是服务功能的主要承担者和服务业的主要集聚区。重点发展金融业、信息服务业、商务服务业和文化创意产业等现代服务业，推动商贸业和都市旅游业提档升级，积极培育教育培训、医疗服务等行业，着力提升国际化服务功能，打造中西部服务业发展核心区。

（2）"四城"辐射。"四城"以新城为空间载体，以重大服务设施和项目为支撑，突出物流、商贸（批发）、商务、休闲旅游等服务功能，形成四大特色服务业功能区。

（3）"两带"带动。"两带"包括龙门山和龙泉山旅游发展带，重点发展观光度假旅游，积极发展为旅游服务和为当地居民服务的商贸流通业。

2."十二五"规划成都市服务业"双核聚集、三城辐射、两带带动"总体布局

（1）"双核聚集"。"两核"即中心城区和天府新区，是成都市服务业的核心功能地域，是服务功能的主要承担者和服务业的主要集聚区。统筹中心城区和天府新区互动发展，共同推动世界城市高端服务功能形成。

（2）"三城辐射"。"三城"主要包括近郊区（市）县，以新城为空间载体，以重大服务设施和项目为支撑，突出物流、商贸（批发）、商务、休闲旅游等服务功能，形成三大特色服务业功能区。北部商贸城重点发展商贸（批发）、物流（铁路、公路）以及配套商务服务业，建成西部最大的铁路物流枢纽和商品交易集散功能区。东部商务城重点发展为现代制造业服务的研发设计、工业物流、展示交易、教育培训和中介

服务等行业，促进制造业与生产性服务业融合发展，建成西部地区重要的商务服务功能区。西部健康城依托优越的自然生态环境和丰厚的历史文化积淀，重点发展休闲旅游、医疗康复、体育健身和教育培训，建成西部最具魅力和特色的健康休闲服务功能区。

（3）"两带带动"。"两带"包括龙门山和龙泉山旅游发展带，重点发展观光度假旅游，积极发展为旅游服务和为当地居民服务的商贸流通业。

3．"十三五"规划成都市服务业"双核多点"总体布局

（1）"双核"。"双核"即中心城区和天府新区核心区，中心城区重点增强金融商务、总部办公、文化交往、创新创意等功能，建设具有全国影响力的现代服务业中心；天府新区核心区着重强化科技创新、国际交往、门户枢纽、会展博览、商务办公等功能，建设具有全国影响力的科技创新中心。

（2）"多点"。"多点"即除中心城区、天府新区核心区外的其他区域，是城市功能外溢和新兴功能发展的重要承载地。其中，龙泉山东侧产业带上的龙泉驿、金堂、简阳等区域，围绕大车都、大智造、大临空三大工业板块，重点发展科学研发、工业设计、临空现代服务业；新都、青白江、温江、双流、郫县、新津、都江堰按照"独立成市"理念，重点建设新型商贸中心、现代物流园区、健康产业基地、文化旅游胜地，增强公共服务设施供给能力和质量，建成功能突出、宜居宜商的特色服务功能区。彭州、崇州、大邑、邛崃、蒲江依托特色资源，重点发展旅游服务、商贸服务功能，推动商、旅、文融合发展，建成三次产业互动发展的新兴功能成长区。

4．"十四五"规划成都市服务业"一核多极驱动、两轴三带协同、五链N点耦合"总体布局

（1）"一核多极驱动"。"一核"即建设中心城区现代服务业核心承载区。依托区域服务业集聚发展基础，突出提能级、强效率，聚焦科技信息、创意设计、总部办公、金融商务、现代商贸等产业，做优做强中心城区高端要素运筹、国际交流交往、文化传承创新、时尚消费引领等核心服务功能，打造具有超大城市综合竞争力影响力的核心功能集聚高地，促进高端服务业和高附加值服务环节集聚，提升在全国服务经济网

络中的位置和资源配置能力。"多极"即城市新区和郊区新城服务业增长极。围绕做优做强城市新区创新策源转化、国际门户枢纽、新兴产业集聚等核心功能，加快发展与城市功能相适应的现代服务业产业，助力城市新区打造超大城市高质量发展的动力引擎和新的增长极。

（2）"两轴三带协同"。"两轴"：城市南北向服务业联动轴，以天府大道为主轴，串联五城区、成都高新区、四川天府新区的带状区域，推动创新要素加速流动，实现服务极核功能、服务创新枢纽、流通枢纽等功能的联动发展。城市东西向服务业联动轴，围绕城市东西轴线，串联五城区、龙泉驿区和东部新区，推动中心区域高端服务要素向东西部外溢，强化国内外高端服务要素由东部新区枢纽向中心区域集聚。"三带"：成德临港服务业协作带，与德阳共建共享成都国际铁路港经开区建设势能，强化物流枢纽建设，完善物流通道运行能力，共创国家开放口岸。成眉高新技术服务业协作带，协同发展科技服务、信息服务等高技术服务，协同布局科学研究、成果转化等产业链，助力科技服务创新发展。成资临空服务业协作带，共建成都（天府）临空经济示范区，聚焦流通服务、跨境电商等临空服务，引领带动成渝中部崛起。

（3）"五链N点耦合"。"五链"即5个服务业重点产业链，"N点"即服务业产业承载地。

——摘自《成都市服务业发展规划（2008-2012）》《成都市服务业"十二五"发展规划》《成都市服务业"十三五"发展规划》《成都市"十四五"服务业发展规划》

# 第六节　本章小结

本章首先梳理和整理成都服务业空间格局的演变历程，接着从宏观视域（城市）、中观视域（集聚区）、微观视域（楼宇）三个层面对成都服务业空间形态进行逐一分析，最后探讨了成都服务业空间演变的动力机制。主要结论如下：

第一，服务功能分工呈现组团差异。2000年以来成都服务业的空间演变经历了向心集聚—重点拓展—功能协同三个阶段。在演化进程中，不同类别服务业行业空间聚集呈现差异化。中心城区、城市新区、郊区新城立足实际发展特色功能，形成各具特色的城市服务业功能定位，形成明显的分区特色，共同承载城市主体服务功能。

第二，服务功能拓展呈现节点跳跃。在市场机制下，产业分工聚集、基础设施网络、人口密度等因素和力量共同作用，中心城区服务功能和产业部门向郊区扩散的过程，并不是平面式、蔓延式扩散，而是趋向于郊区的各个中心点集中集聚，并沿着交通廊道和轨道干线形成服务功能的有机串联，而缺乏这些条件和因素的区域就难以取得服务功能的分工、集聚和协作效果。

第三，中心城区集聚水平仍然领先。传统老中心城区和高新区服务业集聚水平较高，是服务业企业分布最集中的区域，在商业密度、服务业地均产出等方面明显领先其他区域。中心城区的综合服务功能日益完善，形成了较强的金融、商务、科技等生产性服务功能和商业、文化等消费中心功能。在推进全市服务业高质量发展过程中，要特别注重中心城区服务业的发展，避免中心城区产业"空心化"。这是世界大都市服务经济竞争力的重要空间载体。

第四，集群化将成为区域服务业发展的重要推动力量。服务业集群化既能够有效节约协调分工的交易成本，又能够有效节约生产者的学习成本，因而能够提高生产效率，形成相对竞争优势。服务业优势产业集群是伴随着城市核心功能结构的提升而逐渐成熟起来的。以服务业功能区和服务业集聚区的形式发展现代服务业，是成都推动服务业形成规模效应和集聚效应的重要抓手。服务业功能区和服务业集聚区已经成为成都现代服务业重点承载区域，将在提升城市服务功能、集聚高端要素、辐射带动周边等方面起到示范引领作用。

# 第四章　成都服务业发展的
　　　　　结构演变

本章从结构维度讨论成都服务业发展的特点。中华人民共和国成立以来，成都服务业的发展经历了从"两小一窄"即经济体量小、辐射范围小、服务领域窄向"两高一广"即经济贡献率高、服务能级高、辐射范围广转变，内部结构正在由以传统服务业为主向以现代和新兴服务业为主演化。

## 第一节　服务业内部结构的演变历程

由于成都统计年鉴关于服务业内部结构的增加值数据是从 1978 年开始的，且 2018 年之后公布的服务业结构有所不同，因此，本章对成都服务业内部结构的观察期间为 1978—2017 年。对比不同时期的服务业内部行业的增加值占服务业增加值的比重，大致可以将服务业内部结构的变动区分为三个阶段（见图 4.1 和图 4.2）。

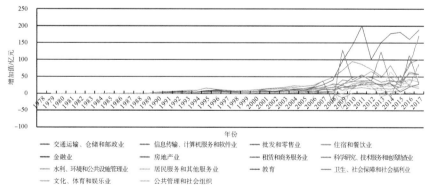

**图 4.1　1978—2017 年成都服务业内部行业增加值**

（数据来源：笔者根据历年成都统计年鉴计算所得）

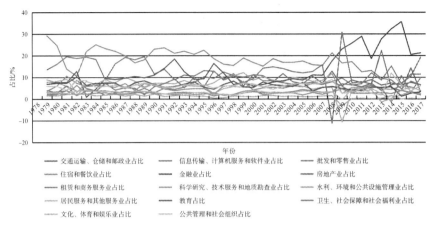

**图 4.2　1978—2017 年成都服务业内部行业增加值占服务业比重**

（数据来源：笔者根据历年成都市统计年鉴计算所得）

### 一、流通服务领先发展阶段

改革开放后，国民经济保持较高增速，商品在较大的市场范围内自由流通，流通业在引导生产、促进消费、扩大内需、增加就业等方面作用日趋显著①。随着流通体制改革不断深化，以及中国加入 WTO，以批发和零售业，交通运输、仓储和邮政业为代表的流通服务业迎来繁荣发展时期，并随着商品规模的扩大而增长。成都自古因商而立、因商而兴。中华人民共和国成立以来，成都五轮城市总体规划均把商贸业作为战略目标和发展方向。成都是我国西部商贸重镇和物资供应重要基地。在改革开放初期，成都服务业增加值占国民生产总值的 21%，其中批发和零售业，交通运输、仓储和邮政业占服务业增加值的比重为 46%，在服务业内部结构中占据绝对主导地位。随着商业网络数字化现代化水平不断提高，流通服务业占比仍然维持着较高水平。2017 年批发和零售业，交通运输、仓储和邮政业增加值占服务业增加值的比重达到 22.14%，仍然带动本地区服务业发展和经济增长（见图 4.3）。

---

① 依绍华，郑斌斌. 中国流通业发展阶段特征与未来趋势 [J]. 首都经济贸易大学学报（双月刊），2020（4）：48-61.

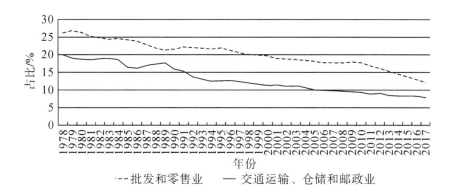

图 4.3　成都流通服务业增加值占服务业增加值的比重

（资料来源：笔者根据历年成都统计年鉴计算所得）

## 二、金融和房地产快速发展阶段

金融是现代经济的核心。随着我国深化金融改革和不断扩大开放，金融业成为筹集资本和调配社会资源的重要手段。2006 年以来，成都加快西部金融中心建设步伐，逐步构建起与成都经济转型升级相适应的区域金融体系，金融业进一步发展成为服务业的主导产业。2020 年金融业增加值占服务业增加值的比重达到 18.2%，成为服务业第一行业。2021 年《成渝共建西部金融中心规划》出台，促进了各类金融要素资源合理流动和高效集聚，进一步强化了成都中心城市带动作用（见图 4.4）。

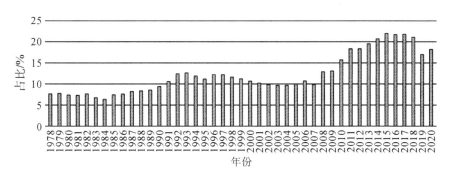

图 4.4　成都金融业增加值占服务业增加值的比重

（资料来源：笔者根据历年成都统计年鉴计算所得）

房地产业的发展与住房制度改革、土地制度改革等的进程密切相关。1998 年住房分配货币化改革推动形成全国城镇住房市场。1998 年以后成都房地产业进入快速发展期，房地产业成为所有服务业行业中发展最为迅速的部门。房地产增加值在服务业增加值中的比重从 1998 的 7.92% 上升为 2020 年的 12.8%，最高峰时（2009 年）占服务业增加值的比重达到 13.1%（见图 4.5）。房地产业成为服务业的重要组成部门，是城市经济发展的支柱产业。2016 年中央经济工作会议提出要坚持"房子是用来住的、不是用来炒的"的定位，标志着房地产业进入新的发展阶段。

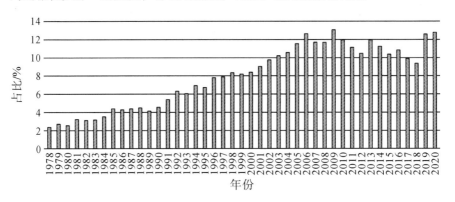

**图 4.5　成都房地产业增加值占服务业增加值的比重**

（资料来源：笔者根据历年成都统计年鉴计算所得）

### 三、知识密集型服务业加快发展阶段

知识密集型服务业（金融保险业、租赁和商务服务业、信息传输、计算机服务和软件业、科学研究和综合技术服务业）增加值占服务业增加值的比重增加是服务业内部结构高级化的重要标志。梳理成都改革开放以来知识密集型服务业增加值占比情况，发现总体呈现在波动中上升的发展趋势，特别是 2018 年开始出现上升势头。扣除金融业的影响，梳理知识密集型服务业增加值占比情况，发现二者发展趋势相近，尤其是 2018 年均出现明显抬头，说明 2018 年开始成都服务业进入新的发展阶段（见图 4.6）。金融业、租赁和商务服务业、信息传输、计算机服务和软件业、科学研究和综合技术服务业等以知识密集型服务为主体的行业成为促进服务业持续增长的主要动力。

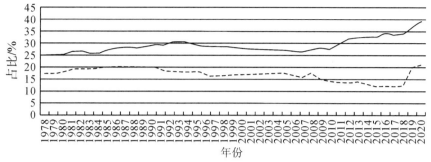

**图 4.6 成都知识密集型服务业增加值占服务业增加值的比重**

（资料来源：笔者根据历年成都统计年鉴计算所得）

## 第二节　成都生产性服务业发展现状

随着技术进步和全球经济的发展，生产性服务业逐渐发展成专业化程度高和知识密集度高的现代服务产业，与传统服务业相比具有需求引致性和产业关联性的特征。

### 一、生产性服务业的内涵及趋势

最早使用生产性服务业概念的学者是 Machilup（1962），他认为生产性服务业是知识产业。美国经济学家 Greenfield（1966）在研究服务业及其分类时，提出生产性服务业是企业、非营利性组织和政府主要向生产者而不是消费者提供的服务和劳动。中国学者郭怀英（2011）提出生产性服务业是指满足三次产业的实物生产和服务生产中间需求的服务行业。生产性服务业是指伴随着技术进步与分工深化，从生产环节中逐步分离出来的直接或间接为生产过程提供专业性和高知识含量服务的具有中间需求性的服务业。国家统计局印发的《生产性服务业统计分类（2019）》，首次界定了生产性服务业的范围和分类①，将生产性服务业划分为 10 个大类，34 个中类，171 小类。分类范围包含：为生产活动提供的研发设计与其他技术服务，货物运输、通用航空生产、仓储和邮政快递服务，信息服务，金融服务，节能与环保服务，生产性租赁服务，商务服务，人力资源管理与职业教育培训服务，批发与贸易经纪代理服务，生产性支持服务。

现阶段成都乃至全国全球的生产性服务业发展趋势呈现以下几种趋势：

第一，生产性服务业成为城市主导产业和经济新增长点。近几十年来，发达国家的经济主体已经从制造业转换到服务业，主要表现为服务业占 GDP 的比重已达 70%~80%。目前在 OECD 国家中，生产性服务业增加值占服务业增加值中的比重已达 70%。从投资情况看，成都的直接投资中服务业投资的总额明显高于制造业投资的总额，生产性服务业占服务业总量近半，成为服务业的重要组成部门，且主要集中在金融服务、物流服务、商务服务、科技服务和信息服务等生产性服务业领域。

第二，生产性服务业与制造业呈现深度融合的发展趋势。生产性服务业是从制造业内部分离出来的，服务于制造业并贯穿于制造业产品生产的上中下游各环节，对提高制造业产品附加值具有决定性作用。无论是成都还是其他中心城市，生产性服务业与制造业的关系经历了分工、互动、融合、分立四个发展阶段：在分工阶段，制造业不断专业化精细化，企业内部服务职能部门逐步分离，开启了生产性服务业的独立化进程；在互动阶段，生产性服务业为制造业提供研发、产品设计、供应链管理、营销推广等服务活动，制造业为生产性服务业提供需求和环境；在融合阶段，两者的界限逐渐模糊，形成一个包括制造企业、原材料供应商、用户和研发创新企业在内的新型产业体系；在分立阶段，生产性服务业的需求将更多来自服务业自身，逐步摆脱对制造业的依附，成为独立部门。

第三，生产性服务业逐渐形成完整的产业链并不断完善。随着全球生产性服务业形成完整的产业链并不断完善，这条产业链上既有对产品"上

---

① 此分类以《国务院关于加快发展生产性服务业促进产业结构调整升级的指导意见》（国发〔2014〕26 号）、《国民经济行业分类》（GB/T4754-2011）为指导和基础，以数据可获得性为划分主要依据，采取线分类法和分层次编码方法进行分类。

游"的配套和服务，又有对产品"中、下游"的配套和服务。产业链上各个从产业之间具有较强的正向关联性，它们之间相互协同，共同构成一个完整的业务流程和价值增值过程。同样，随着产业功能区的加快建设，成都生产性服务业功能区的价值链、供应链和产业全链条不断完善，服务效益不断提升。

第四，生产性服务业呈现产销时空分离与空间聚集态势。生产性服务业的知识密集型特征使其可以通过生产提供"服务"的设备实现服务的时间分离，通过网络实现空间分离。这一发展趋势意味着通过定制化及流程设计，利用专业化的分工及远程操作可以实现产销时空分离。并且生产性服务业更倾向于集群化发展，特别是国际性大都市吸引了大量国际跨国公司总部入驻，成为生产性服务业的主要聚集区。成都在加快推进国家中心城市建设、加强国际消费中心城市建设过程中，充分发挥服务业产业功能区的作用，实现资源在时间和空间上的合理配置，生产性服务业发展也呈现产销时空分离与空间聚集态势。

### 二、生产性服务业在经济发展中的地位突出

按照三大类服务业①的划分方法，成都服务业内部结构的总体演进趋势是生产性服务业比重持续增大，尤其是从 2010 年开始超过其他两大类服务业，成为服务业中比重最大的类别，2017 年在服务业中占比达到51.96%；生活性服务业在改革开放以来的较长时期内均占主导地位，但进入 21 世纪后开始下滑，并逐渐被生产性服务业赶超；公共服务业比重长期处在稳定的较低水平，并在近期呈下滑趋势（见图 4.7）。可见，生产性服务业在成都经济发展中的地位越来越重要，成为拉动经济增长和提高劳动生产率的重要力量。

---

① 考虑到数据可获取性，生产性服务业包括交通运输、仓储和邮政业，金融保险业，信息传输、计算机服务和软件业，租赁和商务服务业，科学研究、技术服务和地质勘探业等行业；生活性服务业包括批发和零售业，住宿和餐饮业，房地产业，文化、体育和娱乐业，居民服务、修理和其他服务业等行业；公共服务业包括水利、环境和公共设施管理业，教育，卫生和社会工作，公共管理、社会保障和社会组织等行业。由于 2018 年之后成都市统计年鉴只发布第三产业五个行业数据，因此只比较 2017 年之前的数据。

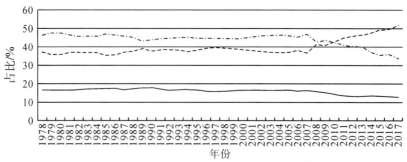

**图 4.7 成都三大类服务业增加值占服务业增加值的比重**

（资料来源：笔者根据历年成都统计年鉴计算所得）

生产性服务业对经济增长的贡献持续提升。改革开放以来，成都生产性服务业产值规模不断扩大，增加值占服务业增加值比重和占 GDP 比重总体呈上升趋势（见图 4.8）。生产性服务业的劳动效率整体快速提高。劳动生产率的高低反映了劳动者创造附加值的多少，劳动生产率越高表明生产效率和发展水平越高。随着社会分工的深化和信息技术的进步，近 70 年来成都市生产性服务业劳动生产率提高了 90% 以上，高于生活性服务业和服务业总量增幅。并且在生产性服务业中的知识密集型行业，如金融业、信息传输、计算机服务、软件业和综合技术服务等行业，劳动效率对产出贡献最大。

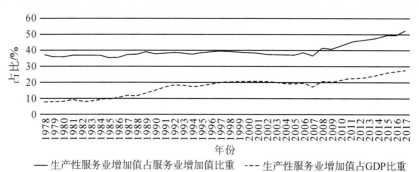

**图 4.8 成都生产性服务业增加值占服务业增加值比重和占 GDP 的比重**

（资料来源：笔者根据历年成都统计年鉴计算所得）

生产性服务业助推成都城市能级跃升。世界城市演进规律表明，城市能级的跃升过程也是生产性服务业日益发展的过程。1999 年全球化与世界级城市研究小组与网络以英国拉夫堡大学为基地，提出了联锁网络模型，对世界级城市进行定义和分类。联锁网络模型通过生产者服务公司在全球分布的内部网络来映射城市间网络关系，基于生产者服务公司在全球各城市设立的机构来映射这些城市之间信息、人才、资金等要素流动的网络连接。成都在全球城市网络的排名大幅跃迁，由 2008 年的 Sufficiency 级跃升到 2020 年的 Beta+级，具备全球城市的一些作用和功能。这也表明成都生产性服务业在城市的集聚和发展。

### 三、生产性服务业与制造业的融合互动发展

在城市等级体系中，生产性服务业在区域间的分布是不平衡的。不同级别和支配力的城市对应着不同档次和实力的生产性服务企业集群。总部功能和高水平生产性服务业往往集聚于中心城市。作为成渝地区双城经济圈的核心城市和西部地区特大中心城市，成都在区域生产性服务业的发展中具有突出的比较优势。从四川范围来看，成都生产性服务业在区域中的分工已初步呈现出对高等级生产性服务业聚集的趋势。2020 年成都生产性服务业发展水平远远高于省内其他城市，这契合高等级城市的特性。绵阳、泸州、南充、宜宾、德阳等四川省内制造业较为发达城市的生产性服务业处在第二梯队，其余城市属于第三梯队，主要发展一些面向本地的专业化特色服务（见图 4.9）。从成渝地区双城经济圈的范围来看，成都生产性服务业对区域内要素流的组织、运筹、链接能力不断增强。

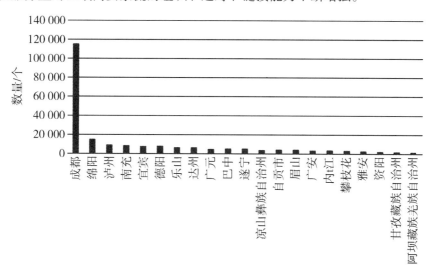

图 4.9　2020 年四川省各市（州）生产性服务业法人单位数量

（资料来源：《四川统计年鉴 2021》）

成都生产性服务业对成渝地区双城经济圈工业的支撑作用较大。通过观察成都生产性服务业增加值的年度数据和成渝地区双城经济圈制造业的年度数据的走势，初步判断二者的相关性较强（见图4.10）。对两组数据进行相关分析，得出相关系数为0.981 09，说明成都的生产性服务业与成渝地区双城经济圈的制造业发展之间存在较高的相关性。进一步进行回归分析，并对回归方程两边同时求对数得到方程：$y = x^{(0.798)}$，其中 $R^2 =$ 0.990 65，说明成都的生产性服务业对成渝地区双城经济圈的支撑作用非常明显（见图4.11）。同时，得到成都生产性服务业对成渝地区双城经济圈制造业的增长弹性为0.798，即成都生产性服务业每增长一个百分点，成渝地区双城经济圈制造业增长0.798个百分点。这在一定程度上说明了成都生产性服务业对成渝地区双城经济圈制造业的支撑作用是明显的，成都初步构建了"成都服务+周边制造"的发展格局。

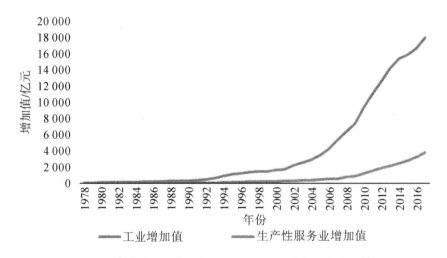

**图4.10　成渝地区双城经济圈工业增加值和成都生产性服务业**
**增加值（1978—2016年）**

（资料来源：笔者根据历年统计年鉴计算所得）

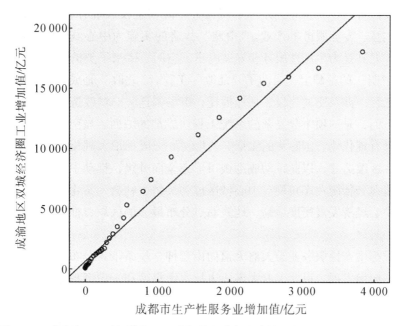

**图 4.11　成渝地区双城经济圈工业增加值和成都生产性服务业增加值幂函数拟合**

## 四、生产性服务业空间上呈现集聚发展格局

　　从生产性服务业企业的微观视角来观察成都生产性服务业空间格局演变的过程。选取 2000 年、2010 年、2019 年三个时间节点观察二十年来成都生产性服务业空间动态演变过程，可以发现成都生产性服务业空间上呈现向心集聚、带状扩散两个鲜明特点。总的来看，市场和政府双重力量共同影响成都生产性服务业空间结构生成及演化。

　　生产性服务业企业在空间上不断向中心城区集聚，呈现中心高密度特征，揭示出成都生产性服务业的经济中心指向性特征。从 2001 年实施"东调"战略开始，成都制造业大规模外迁，90% 涉及搬迁的企业迁往龙泉驿经开区、新都区、青白江区等地，中心城区①全面退二进三，成为全市服务业发展的核心区域。2009 年，成都实施"中调"战略，对中心城区服务业结构进行战略调整。包括三个方面：引导绕城高速以内批发市场向郊县（市、区）商品市场园区和大型农产品批发市场集聚发展；利用中心城区二产业退出后腾出的土地和闲置的厂房发展总部经济、文化创意、

---

　　① "中心城区"指成都传统中心五城区，包括青羊、武侯、锦江、金牛、成华。

研发设计等产业；引导利用中心城区大专院校老校区现有资源发展设计、文化创意、专业服务等产业。"中调"战略的实施为中心城区服务业优化发展，尤其是为生产性服务业发展腾出了空间，带来了契机。2012 年成都在"中调"的基础上，启动了"北改"工程。"北改"是成都最大规模的民生工程，涉及交通建设、征地拆迁、市场调迁、旧城改造、业态升级等多个方面，是一项十分复杂的系统工程。成都的城西、城南、城东的城市形态已有现代化、国际化的雏形，"北改"把成都最大规模、最为集中的旧城片区改造好，以此带动成都城市形态全面升级，推动中心城区生产力布局改造和传统业态转型。中心城区成为经济、社会、文化等城市功能高度集中、经济发展密度最高、地铁站点分布最多的区域，推动生产性服务业向心集聚。

成都生产性服务业沿天府大道向南延伸，呈条带状分布。这与城市空间形态向南发展，以及天府大道两边技术密集型和知识密集型的产业集群有关。受高新区建设、天府新区建设等重大政策导向和大型基础设施布局的影响，成都经济中心持续向南迁移。作为全国首批国家高新技术产业开发区，经过 30 多年的发展，成都高新区基本构建起现代产业体系。新一代信息技术产业、生物产业、高端装备制造产业、节能环保产业等快速聚集发展，金融、科技、信息服务等生产性服务业和高新技术服务业发展迅猛。高新南区特别是天府大道沿线新建了大量高端商务楼宇，吸引了 GE、飞利浦、中国石油等大量高科技企业、跨国公司和总部企业集聚，营造了先进制造业和生产性服务业融合发展的良好支撑环境，实现先进制造业和生产性服务业互生共长。2011 年，四川省政府办公厅批复原则同意《四川省成都天府新区总体规划（2010—2030）》。国家级新区天府新区的规划建设，进一步加强了全市经济中心向南发展态势，也助推生产性服务业沿天府大道向南延伸。

## 第三节　成都生活性服务业发展现状

### 一、生活性服务业内涵及趋势

生活性服务业是指那些直接满足人们生活的服务行业，其产品、服务用于满足购买者生活中的各种需求，是国民经济的基础性支柱产业。生活性服务业领域宽、覆盖面广，涵盖了经济社会的方方面面。我国生活性服务业主要涵盖了商业、旅游、房地产、社区养老服务、就业服务、家政、物业管理服务、医疗、休闲娱乐、体育健身服务等领域（见表4.1）。生活性服务业与其他行业相比，具有就业门槛低、再就业周期短等明显的劳动密集型行业特征。生活性服务业的发展对于城市保障和改善民生、推动城市经济增长动力转换、实现经济提质增效有着重要的积极意义。

表4.1　生活性服务业主要行业

| 标准 | 主要行业 |
| --- | --- |
| 《国务院办公厅关于加快发展生活性服务业促进消费结构升级的指导意见》 | 居民和家庭服务、健康服务、养老服务、旅游服务、体育服务、文化服务、法律服务、批发零售服务、住宿餐饮服务、教育培训服务 |
| 《服务经济创新发展大纲（2016—2025年）》 | 把生活性服务业分为社会服务和居民服务，其中社会服务包括教育培训、健康服务、体育服务、养老服务、文化服务；居民服务包括家政服务、旅游休闲、房地产服务 |

生活性服务业具备两个特点：一是以人为本。与生产性服务业不同的是，生活性服务业贯穿在城市日常生活之中，与人的生活消费息息相关。城市中的居民可能直接参与生活性服务业的从生产到消费的全过程。同时由于个体差异，对生活性服务业的评价和感知也随人的不同而不同。因此城市中的每个人对生活性服务业都有着直接的影响。二是生活性服务业对经济发展状态有着较为敏锐的反应。生活性服务业的快速发展能够如实反映我国目前通过消费引领，服务驱动的经济发展现状，发展生活性服务业有利于促进经济的提质增效，推动经济增长动力转换，保障和改善民生，促进社会经济的稳定、长期发展。

生活服务业和城市发展的关系可以从三个方面来理解：

（一）生活性服务业是回应人民对美好生活追求的支撑产业

从全球城市发展历史和规律来看，城市发展的最高境界和最持久的竞争优势是以人为本，核心是推动城市发展从工业逻辑回归人本逻辑，从生产导向转向生活导向，通过引导高度发达的生活性服务业，营造优良人居环境，对高级人才等稀缺要素构成强大吸引力，从而达到促进城市高端产业发展和城市产业能级提升的目标。当前，成都市正加快建设践行新发展理念的公园城市示范区。大力发展生活性服务业，既是城市发展演进的客观规律，也是坚持人民城市为人民的发展思想，促进人的全面发展、增进人民福祉和全面提升产业能级和城市综合竞争力的内在要求。

（二）生活性服务业是推动经济增长动力转换的重要力量

当前我国经济社会发展呈现出更多依靠消费引领、服务驱动的新特征。国民收入提升扩大了生活性服务消费新需求，信息网络技术不断突破拓展了生活性服务消费新渠道，人民群众对于生活性服务消费有越来越多的需求和期待。这种需求与期待将不断催生出新的市场机遇，孕育出新产业、新技术、新业态、新模式，为社会经济发展源源不断地提供强而有力的驱动力。按照联合国粮农组织标准，成都已进入富裕型消费阶段，消费需求向享受型消费转变，生活性服务消费蕴含巨大潜力，有利于培育经济发展新动能，实现更高质量、更有效率、更加公平、更可持续的发展。

（三）生活性服务业是塑造城市辨识度和竞争力的核心依托

从成都的城市特质来看，成都是全国有名的休闲城市和最具幸福感城市，以"快节奏、慢生活"著称。成都的"慢"是自古有之，发达的农耕文明和城市文明滋养出蜀人追求巴适安逸、乐观向上、热爱生活的性格特征，几千年烟火气别样多彩。成都生活性服务业发展具备良好基础，茶馆、酒吧、书店、咖啡店等各类文化和休闲服务设施完善，生活性服务业业态层次多样，既有金沙遗址、武侯祠、锦里等传统文化服务，也有绿色消费、体育运动、美食服务、音乐演艺等现代时尚服务；既有展现现代城市风貌的都市消费，也有以乡村旅游、特色民宿为代表的田园消费；既有国际一线大牌、奢侈品云集的高端消费，也有经济适用的大众消费，较好地满足了不同年龄、爱好、收入消费者的需求。但由于在顶层设计、制度供给、创新引导等方面存在不足，又面临极强的挑战，大力发展生活性服务业，就是要积极借鉴国内外先进城市经验，进一步强化成都宜业宜居宜商的环境优势和城市特色，突出国际化法治化绿色化品质化便利化等特征，使成都真正成为人才向往、市民热爱的幸福城市。

## 二、成都生活性服务业总体概况

鉴于目前全国、各省市层面均未建立一套生活性服务业统计体系，为便于定量分析和比较，本书结合现有统计体系，将统计年鉴中的批发和零售业，住宿和餐饮业，房地产业，居民服务和其他服务业，文化、体育和娱乐业五类行业归为生活性服务业，以粗略观察成都生活性服务业发展的总体概况。由于 2018 年开始成都统计年鉴不再对外公布第三产业的 14 类细分项目，因此，本部分依托 1978—2017 年的数据进行分析。

（一）从产业总量上看，生活性服务业的总体规模不断扩大

1978 年，成都市生活性服务业增加值仅为 3.5 亿元，占服务业增加值的比重为 46.5%；2017 年，成都市生活性服务业增加值为 2 509.7 亿元，占服务业增加值的比重为 34%。从增速看，1978—2017 年成都生活性服务业实现年均增速略低于服务业整体水平，总体实现稳步发展（见图 4.12）。

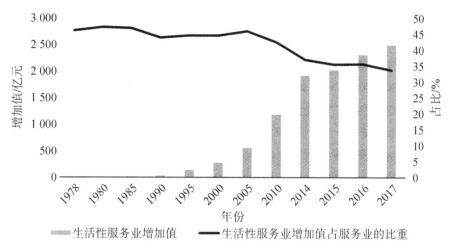

**图 4.12 成都生活性服务业增加值及占服务业增加值比重（1978—2017 年）**
（数据来源：《成都统计年鉴 2018》）

（二）从就业贡献看，生活性服务业成为吸纳就业的重要渠道

2017 年，成都生活性服务业吸纳就业人员 262.3 万人，占服务业就业人数的比重为 55.9%，占全社会就业人数的比重为 28.7%。2013—2017 年，生活性服务业就业贡献较为稳定，五年内累计增长 11.9 个百分点，为城市创造了大量的就业岗位，解决了庞大人群的就业问题，成为容纳社会就业的重要部门，是城市不可或缺的社会稳定器（见图 4.13）。

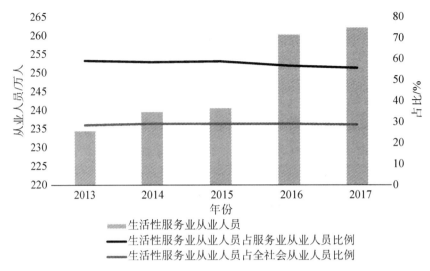

图 4.13　成都生活性服务业吸纳就业情况（2013—2017 年）

（数据来源：《成都统计年鉴 2018》）

（三）从质量效益看，生活性服务业劳动生产率增长缓慢

2017 年，成都生活性服务业劳动生产率为 9.6 万元/人，低于服务业劳动生产率（15.7 万元/人）。2014—2017 年 4 年时间，生活性服务业人均劳动生产率增长了 1.5 万元，但增长幅度仅为服务业劳动生产率增长幅度的 50%，说明包括餐饮、旅游等产业在内的传统生活性服务业的技术应用程度低，从业人员受教育程度不高，无法形成规模经济，因此劳动生产率较低（见图 4.14）。

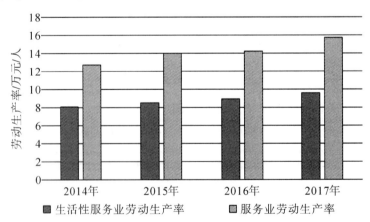

图 4.14　成都生活性服务业劳动生产率情况（2014—2017 年）

（数据来源：《成都统计年鉴 2018》）

（四）从内部行业看，批发和零售业的产业规模和就业贡献最大

从行业增加值看，2017 年，批发和零售业增加值为 901.9 亿元，占生活性服务业增加值的比重为 35.9%；到 2021 年，批发和零售业增加值为 1 930.7 亿元。从吸纳就业看，2013—2017 年，批发和零售业吸纳就业一直居于生活性服务业行业首位，2017 年批发和零售业就业人员占生活性服务业就业人员的比重接近一半（见图 4.15 和图 4.16）。

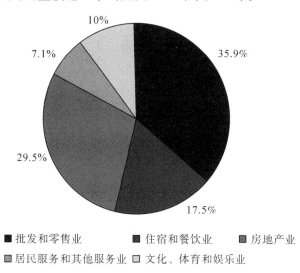

**图 4.15 成都生活性服务业分行业增加值情况（2017 年）**

（数据来源：《成都统计年鉴 2018》）

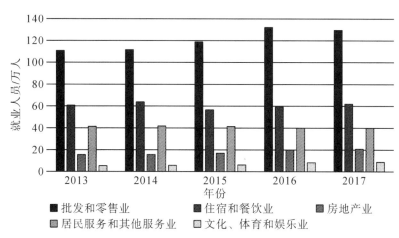

**图 4.16 成都生活性服务业分行业就业情况（2013—2017 年）**

（数据来源：《成都统计年鉴 2018》）

（五）从行业优势看，住宿和餐饮业优势最为明显

从服务业内部行业看，成都的住宿和餐饮业在服务业中的表现尤为亮眼。2015年，相比于北京、上海、广州、杭州、大连、青岛、厦门、宁波等城市，成都的住宿和餐饮业增加值占服务业增加值的比重更大。这一优势得益于成都独特的饮食文化、丰富的餐饮资源和强大的消费能力等因素的共同作用（见图4.17）。

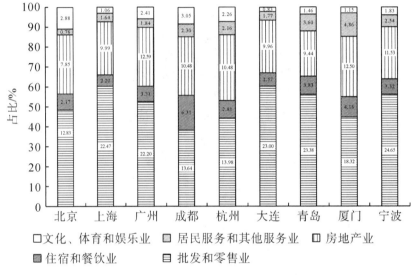

图 4.17　2015年主要城市生活性服务业分行业占服务业比重对比情况

（数据来源：通过搜集各城市统计年鉴计算得出）

从区位熵看，成都住宿和餐饮业，居民服务，文化、体育和娱乐业等行业区位熵大于1，说明住宿和餐饮业，文化、体育和娱乐业等行业在全国具有一定比较优势。其中，住宿和餐饮业区位熵大于2，说明成都餐饮业在全国具有明显的领先优势（见表4.2）。

表 4.2　主要城市生活性服务业分行业区位熵比较（2015年）

| 城市 | 批发和零售业 | 住宿和餐饮业 | 房地产业 | 居民服务和其他服务业 | 文化、体育和娱乐业 |
|------|------|------|------|------|------|
| 北京 | 0.685 | 0.728 | 0.780 | 0.428 | 1.411 |
| 上海 | 1.199 | 0.739 | 0.993 | 0.903 | 0.518 |
| 广州 | 1.185 | 1.112 | 1.252 | 1.010 | 1.183 |

| 城市 | 批发和零售业 | 住宿和餐饮业 | 房地产业 | 居民服务和其他服务业 | 文化、体育和娱乐业 |
|---|---|---|---|---|---|
| 成都 | 0.728 | 2.116 | 1.042 | 1.263 | 1.493 |
| 杭州 | 0.746 | 0.944 | 1.041 | 1.190 | 1.108 |
| 大连 | 1.227 | 0.862 | 0.990 | 0.972 | 0.409 |
| 青岛 | 1.247 | 1.286 | 0.938 | 1.979 | 0.716 |
| 厦门 | 0.977 | 1.404 | 1.242 | 2.674 | 0.563 |
| 宁波 | 1.316 | 1.115 | 1.146 | 1.399 | 0.898 |

数据来源：通过搜集各城市统计年鉴计算得出。

# 第四节  服务业部分领域的发展情况

## 一、总部经济

总部经济，也称首脑经济，是指某区域通过创造各种有利条件，吸引各类企业在该区域内集群布局总部，在成本较低的其他地区布局生产制造基地，从而使企业价值链与区域资源实现最优空间耦合，由此对该区域经济发展产生重要影响的一种经济形态。国际国内实践表明，总部经济一旦形成，就可以给当地城市或区域经济发展带来税收供应效应、产业聚集效应、产业关联效应、消费带动效应、就业乘数效应、资本放大效应等明显的外溢效应。成都一直是西南地区经济、文化、科技中心和交通通信枢纽。在西部地区成都的人才、教育、科技资源具有比较优势，为总部经济的发展提供了动力支撑。2018年成都出台了发展总部经济专项政策，不仅建立了总部经济发展部门联席会议制度，还首次实现了总部企业支持政策的集成，极大推动了总部经济发展。CBD、科技园区、产业功能区等各类平台也为总部经济发展提供了优越的空间区位，高新区、天府新区、国家经开区等国家级平台成为成都云集总部企业的主要区域。

按来源和发展路径可以将成都总部资源划分为以下四类：第一类是外部总部向本土迁入。作为西部特大中心城市，成都已成为中国西部投资、创业、工作和生活环境最好的区域之一，在总部经济发展环境和条件上具有相当优势。为寻求更好的发展环境，部分省外企业和川内其他地市企业将总部向成都迁移的趋势日益明显。如眉山的通威集团、攀枝花的攀钢研发总部等均移师成都。第二类是跨国公司市场拓展需要设立总部。跨国公司地区总部是指在总部制定的全球经营战略框架下，从区域级层面对区域内数个国家的生产、销售、研发、供应链管理等各项活动进行统筹管理和协调，并负责制定公司区域性经营战略的组织形式。目前成都真正意义上的跨国公司地区总部较少，截至 2021 年年底，成都吸引世界 500 强企业 312 家落户，但大多数是业务代表处，或制造基地，不具有独立核算能力。第三类是国家战略布局需要促成企业总部落户成都。三线建设时期国家出于国家战略安全和经济均衡发展的考虑，实施了一系列大型企业的搬迁和新建工作，如搬迁到成都或在蓉成立的东电集团、中国五冶集团、成飞集团等。此外，还有国家垄断性行业或具有战略意义的行业在蓉设立区域总部，如布局成都的川渝中烟、省电力集团、中国移动四川分公司等。第四类是本土企业实施"走出去"战略，扩张形成总部。近年来，成都市部分重点企业实施"走出去"战略，成长为跨区域经营的大企业大集团，构成了总部在成都，子公司或生产制造基地不断向市外、省外乃至国外延伸的典型的总部经济形态，如康宏药业集团、地奥集团、新希望集团、成都仁和集团、蓝光实业等本土企业。2021 年成都本土世界 500 强企业实现零的突破。根据《财富》发布的世界 500 强排行榜，2022 年成都拥有世界 500 强企业 4 家，分别是新希望控股（363 位）、蜀道投资集团（389 位）、通威集团（476 位）、成都兴城投资（493 位）。

　　独特的地缘优势与交通网络、有力的产业支撑、丰富的企业资源、不断优化的营商环境等多因素共同作用形成成都良好的总部经济发展生态。经过多年的发展，成都在总部经济领域的竞争力和影响力不断提升，总部企业在提升资源配置能力、带动产业转型升级、提升城市发展能级等方面发挥了重要作用。总体上看，成都总部经济发展初具规模，截至 2022 年 2 月，成都累计认定总部企业 217 家①。已认定总部企业涵盖不同行业、企业性质、总部类型，从行业分布来看，以服务业和制造业为主，与现代产业体系的发展相契合，服务业和制造业总部企业数量占总部企业的比重分别为 51.3%、43.7%；从企业性质来看，包括国企总部、民企总部、外资

---

① 数据来源：成都市商务局官网。

总部等，其中民企总部数量最多，占比超过五成；从总部类型来看，综合型总部数量最多，占比超过六成；从分布区域来看，近八成的总部企业聚集在中心城区和城市新区，其中高新区数量最多，占全市总部企业的比重达 23.5%。

## 二、金融服务

金融服务业的发展是实现资本配置，推动技术与资本结合，促进城市区域经济和产业结构优化升级的重要推手。近年来成都金融市场运行平稳，金融市场功能完备，西部金融中心建设加快。2018 年成都金融机构本外币存款和贷款余额分别增长 5.7% 和 11.3%；金融企业增量加速，实施的"交子之星"上市企业倍增行动新增上市企业 11 家，全年首发融资 94 亿元；保险领域稳健发展，全年原保险保费收入 927.1 亿元，财险赔付增长 23.4%。

| 专栏　以开放多元打造中国西部具有资源配置力的金融中心 |
| --- |
| 　2021 年，成都金融业实现增加值 2 271.6 亿元，占地区生产总值比重为 11.2%，较 2012 年提高 2.2 个百分点。金融机构密集、创新要素完备、集散功能强大的金融机构和市场集聚区基本形成，银行业资产规模高达 6.14 万亿元。货币资金筹措充裕，服务实体经济能力增强。2021 年，金融机构人民币存、贷款余额分别达 46 639 亿元、45 140 亿元，为 2012 年的 2.3 倍和 2.9 倍。资本市场稳步拓展，上市（过会）企业 141 家，证券市场开户数新增 240.9 万户，同比增长 60.9%；证券交易额达 21.4 万亿元。保险服务能力大幅提升，实现保费收入 1 004.5 亿元，保险深度、保险密度分别达到 5.0%、4 740.2 元/人。新型金融加快推进，小额贷款余额 204.3 亿元，融资租赁资产总额 198.3 亿元，年末融资担保再担保余额 107.7 亿元。<br>　　——摘自《十八大以来成都服务业发展报告》 |

绿色金融发展稳步推进。为助推产业转型升级，推动经济高质量发展，成都将新发展理念融入绿色金融体系的建设中，构建统一、规范的绿色金融市场，优化绿色金融资金配置使用效率。2018 年成都绿色信贷占比超过 10%，且年均增速高于各类贷款平均增速。2018 年，成都成立成都绿

色金融中心共建联盟，构建包括绿色信贷、绿色债券、绿色保险、绿色基金等形态的绿色金融生态圈。同年 3 月成都市首届绿色债券推动会成功召开。作为绿色金融最具有代表性的创新实践之一，成都发行绿色债券具有非凡的时代意义和良好的市场前景。2018 年成都完成绿色金融起步区建设，依托新都区绿色金融示范区建设，高标准规划建设绿色金融专业服务机构集聚区，形成银行、证券、保险、基金、租赁、小贷、担保、评级评定等多元化主体集聚发展的绿色金融服务生态体系。

科技金融发展不断创新。近年来成都借助新型科学信息技术手段，不断引进和聚集金融大数据服务、基于区块链的支付结算、智能投顾、智能风控等金融科技企业。建成西部首个金融大数据银行，搭建人工智能公共服务平台，鼓励发展金融智能研发等金融科技服务。推进移动金融试点工作和金融物联网在融资服务方面的应用，开展物联网保险业务创新。据统计，成都的网络金融类应用中，网上支付用户使用率达 80.7%，并且成都市网民对互联网理财的接受度相对较高，使用率高出全国平均水平。2018 年 7 月，成都交子金融科技中心正式亮相，其建筑面积超 4.4 万平方米，定位为金融科技创新载体和"产学研"创新与交流中心，重点集聚大数据、云计算、人工智能、区块链等领域的金融科技企业，预计实现入驻金融科技团队 150 家，"产学研"机构 20 家。

金融国际化水平显著提升。成都不断探索跨境金融服务创新，跨境投融资便利度提升。通过发展"一带一路"跨境交易，鼓励外资新设各类金融机构、申请各类项目与投融资基金，鼓励创建基金会、商协会、监管协会吸引战略投资，成都国际金融精准化度提高，金融发展总体水平提升。2018 年，成都在中国"城市吸金能力"（本外币存款余额/GDP）排名第三，入选"全球金融中心指数"[①] 排行榜，成为有着一定国际金融界认可度的金融中心。通过支持本土金融机构拓展海外金融市场，加强金融机构国际合作，包括加快 TSPPP（全球顶级科技园区合伙人计划）框架金融合作，成都在跨境资本双向流动背景下推动国际顶级园区金融资本与产业资本深度融合。

### 三、现代物流

成都地处"一带一路"和长江经济带的战略交会点，是《"十四五"

---

① 该指数由全球知名智库英国 Z/Yen 集团和中国（深圳）研究院共同编制。

现代综合交通运输体系发展规划》中规划建设的国际性综合交通枢纽集群的枢纽城市。近年来成都一直致力于建设西部国际门户枢纽，战略目标为打造泛欧泛亚、向西向南开放的全球城市网络节点，成为中西部地区开发开放的重要枢纽，全面建成泛欧泛亚具有重要影响力的国际门户枢纽城市。西部国际门户枢纽建设为现代物流的快速发展提供了良好的政策环境。开放通道建设是城市与世界市场联通的首要条件，高效物流体系为资源要素汇聚、要素商品流动和文化科技活动架起桥梁。2021 年，成都交通运输、仓储和邮政业实现增加值 1 016.7 亿元，占地区生产总值比重由3.3%提高至 5.1%；实现货物运输量 3.3 亿吨，其中航空货运量是 2012 年的 2.7 倍；供应链企业超 1.8 万家，规模以上供应链管理服务、快递服务营业收入增长 121.2%和 22.9%。

成都的发展离不开空港。成都是继北京之后第二个拥有双 4F 级机场的城市。近年来成都国际航空枢纽位势不断提升。2018 年，成都双流国际机场成为中西部首个全球"5 000 万级机场俱乐部"的成员。2019 年成都双流国际机场全面完成扩能改造，拥有跑道 2 条，航站楼 2 座，面积 12 万平方米，停机位 228 个。2020 年双流国际机场旅客吞吐量位居全国第二，开通国际（地区）客货运航线 130 条，国际航线规模居全国第四、中西部第一。成都到东盟、西亚、南亚、中亚、俄罗斯、中东欧地区均开通了直飞航班，开通了法兰克福、芝加哥、阿姆斯特丹等 14 个全球重要物流节点城市的国际全货运航线。2021 年，成都天府国际机场正式投入运营，"一市两场"航空枢纽格局正式形成，机场"两场一体"协同运营加快推进，开通国际（地区）航线 131 条，开通全货运航线 15 条，实现货邮吞吐量 64.9 万吨。可以预见成都航空枢纽门户和国际航空货物转运中心的地位将大幅提升。

成都着力打造国际铁路枢纽及铁海联运大通道，不断提升铁路运输通道运行与物流效率。截至 2021 年 3 月成都国际铁路港已对外布局 7 条国际铁路通道和 6 条海铁联运通道，全面构建起向西至欧洲腹地、向北至俄罗斯、向南至东盟的"Y"字形国际铁路、铁海物流通道，实现链接境外 61个城市和境内 20 多个城市，助推西部地区加速融入全球经济格局[1]。2013年，中欧班列（成都）从成都青白江始发开往波兰罗兹，从根本上改变了西部地区发展外向型经济必须依赖港口"借船出海"的历史。据统计，中

---

① 赵荣昌. 成都：重构开放格局 在构建新发展格局中率先突破 [N]. 成都日报, 2021-03-08.

欧班列运送相同货物到达欧洲的成本只有空运的 1/4，中欧班列运送相同货物到达欧洲的时间只有传统铁海联运的 1/4，因此中欧班列在陆上丝绸之路贸易中具有巨大的发展潜力①。从 2021 年 1 月 1 日起，成渝两地在中欧班列的品牌建设、统一数据、协商定价、沟通机制等方面的合作迈出了实质性步伐，实现中欧班列（成渝）统一品牌运行。2019 年，国家提出建设西部陆海新通道，为西部地区高质量发展、建设现代化经济体系提供有力支撑。西部陆海新通道共有三条主通道，其中一条是自成都经泸州（宜宾）、百色至北部湾出海口，为成都提升运输能力和物流发展质量效率提供机遇。成都依托中欧班列和西部陆海新通道建设，探索"铁路+"多式联运"一单制"，以国际铁路为重点建立内外贸多式联运单证标准，创新国际铁路多式联运贸易融资方式。2021 年，国际班列开行 4 250 列，成都始发的中欧班列新增连接 10 个境外城市，组货基地布局全省 15 个市（州），国际铁路港实现集装箱吞吐量 97.6 万标箱，现代物流服务能力不断提升。

## 四、科技服务

科技服务业作为现代生产性服务业重要组成，也是衡量城市竞争力的重要领域。近年来成都实施创新驱动发展战略，科技服务能力持续增强，加快推进西部科技中心建设，布局实施一批重大科技创新项目，科技服务产业资源和产业环境更加优化，推动科技服务产业快速发展。2019 年，成都科学研究、技术服务和地质勘查业增加值达到 702.6 亿元，同比增长 11.6%，高于服务业平均增速（8.6%）；2021 年，科学研究和技术服务业实现增加值 934.4 亿元，占服务业比重为 7.1%。对比国内主要城市，成都科技服务产业规模总体上处于全国第二梯队，从细分服务领域看，在科技金融、创业孵化等领域具有比较优势，在科技成果转化、知识产权等领域发展水平低于北上广深一线城市。

（一）科技金融

成都创新设立"人才贷""成果贷""研发贷"等科技金融产品，"科创投"系列基金总规模达到 20 只。2021 年，成都科创板上市企业达到 15 家（新增 10 家），累计数量位居中西部第一。同时，为缓解中小企业融资

---

① 成都市商务局. 开放之城：建设国际门户枢纽 [M]. 北京：中国社会科学出版社，2022.

难、融资贵问题，成都市探索"平台化、市场化"运营的科技金融服务模式，搭建以"盈创动力"为代表的科技金融服务平台，开展科技金融融资服务，推动科技与金融结合。以成都高新区为例，根据《光明日报》2023年的报道，2022年成都高新区正式对外发布百亿天使母基金组建计划，目前已投资13家知名GP（普通合伙人），形成总规模超70亿元的天使基金集群，吸引15家清科投中早期及创投前20强机构入区投资布局。围绕"PI—IP—IPO"（人才、科技成果、资本化）创新链条，大力实施"应投尽投行动计划"，以"金熊猫创投日"为牵引，多方合力建优"5+N"创投生态，推动创新链产业链资金链人才链深度融合。

（二）创新创业

近年来成都充分利用科技资源优势，加大创新投入。2021年，全社会R&D经费投入强度为3.17%，较2012年提高1.2个百分点；研发投入持续增长，规模以上生产性服务业研发费用支出增长16.0%；专利授权88 414件；拥有国家级创新平台130个、国家企业技术中心54家、高新技术企业7 821家；净增国家高新技术企业1 680家，入库科技型中小企业7 000余家[①]。成都加快建设重大创新平台，为完善孵化培育体系，针对不同成长阶段科技企业的需求，为其提供与之相应的、不同类型的孵化载体和服务，围绕"创业苗圃—孵化器—加速器—产业园"梯级载体体系来构建孵化服务体系、空间体系和组织体系，优化综合孵化能力，科研转化加速拓展，共有市级及以上科技企业孵化器和众创空间268个，实现技术合同登记额1 228.7亿元。其中，成都高新区已聚集各类孵化器130余家，面积达540万余平方米；其中国家级孵化器20家、国家备案众创空间21家、省级孵化器10家、省级众创空间12家。

**五、旅游服务**

随着居民收入提高，人们对旅游活动的接受度和需求度越来越高。作为现代服务业之一，旅游业大幅拉动内需，提供大量就业机会，驱动了城市经济增长。成都旅游资源富集，武侯祠、杜甫草堂、大熊猫等IP世界瞩目，是全国热门旅游目的地，正加快迈向世界旅游名城。据成都文化广电旅游局官网数据，截至2023年9月，成都共有国家A级旅游景区92家，

---

① 成都市统计局《十八大以来成都服务业发展报告》。

其中5A级旅游景区2家，4A级旅游景区50家，3A级旅游景区27家，2A级旅游景区12家，1A级旅游景区1家。

（一）国内旅游市场概况

2019年，成都全年接待国内游客2.8亿人次，全年实现国内旅游收入4 551亿元，分别是2017年的1.3倍、1.5倍（见表4.3）。2020—2022年，受新冠疫情影响，成都旅游收入有所下滑，但2023年文旅市场快速恢复并继续发展，中秋国庆期间成都共接待游客2 586.8万人次，实现旅游收入237.8亿元，按可比口径较2019年分别增长12.2%、6.8%，接待人次和旅游收入全面超越2019年疫前水平。根据百度迁徙大数据，2023年中秋国庆期间，成都迁入人口规模连续5天（9月30日至10月4日）位居全国前两位；据携程《中秋国庆旅游总结报告》，成都位居全国热门旅游目的地第三位，仅次于北京、上海；根据"去哪儿"平台假期分析报告，成都假期热度位居全国第二，仅次于北京。

表4.3　2017—2019年成都国内旅游市场发展情况

| 年份 | 2017年 | 2018年 | 2019年 |
| --- | --- | --- | --- |
| 旅游总收入/亿元 | 3 033 | 3 713 | 4 664 |
| 国内旅游收入/亿元 | 2 946 | 3 617 | 4 551 |
| 国内旅游人数/万人次 | 20 704 | 23 977 | 27 642 |

数据来源：《成都统计年鉴2020》。

（二）入境旅游市场概况

2019年成都接待涉外游客381.4万人次，实现旅游外汇收入16.2亿美元，分别是2017年的1.3倍、1.2倍（见表4.4）。从客源地分布情况看，港澳台占22.1%，美国占9.4%，日本占7.6%。后疫情时代，成都借势大运会提振入境旅游。2023年上半年成都共接待入境游客20.01万人次，入境游客数量在15个副省级城市中位居前列。

表4.4　2017—2019年成都涉外旅游市场发展情况

| 年份 | 2017年 | 2018年 | 2019年 |
| --- | --- | --- | --- |
| 旅游总收入/亿元 | 3 033 | 3 713 | 4 664 |
| 旅游创汇收入/万美元 | 130 656 | 144 662 | 162 327 |
| 涉外旅游人数/万人次 | 301.3 | 340.6 | 381.4 |

数据来源：《成都统计年鉴2020》。

## 六、社区商业

社区商业是第三产业的重要组成部分，是社会各种力量共同开发、服务的领域。随着市场经济的发展，社区商业在社会经济活动中的地位和作用越来越凸显出来。它既发挥着"社会保障"和"社会服务"的功能，又缓解了社会就业压力，同时还促进了社会的和谐稳定。

自 2018 年 1 月成都市生活性服务业发展大会召开以来，成都以社区商业发展为着力点之一，不断提升成都生活性服务业品质，通过补齐消费场景短板，多方位优化社区服务功能，不断满足市民日益增长的美好生活需求，提高居民幸福感和满足感，并取得了不俗成绩，为成都市的社区居民提供了良好的生活服务体验。

（一）贯通商业运营和社区治理，从体制机制上凝聚起社区商业发展合力

成都市把社区商业工作提升到城市层面来统筹，在全国率先成立城乡社区发展治理委员会，专责统揽社区综合治理和发展工作；成立由市委领导挂帅的全市社区商业发展工作领导小组，由城乡社区发展治理委员会、市商务局牵头，市级相关部门参加，统筹推进全市社区商业发展，来积极回应人民对美好生活的向往。成都先后出台《成都市社区商业规划导则》《成都市特色商业街区建设指引》以及全国首部全面聚焦"社区发展治理"的地方性法规《成都市社区发展治理促进条例》，推动社区商业健康有序发展。这些举措有效提升了社区商业资源要素统筹能力和应急处置能力。建设社区规划师制度，通过推行"导师团—工作室—众创组"三级规划师制度，实现社区营造、规划建设、城市文化等领域专家和社区商业运营机构、行业组织、社区居民共同参与社区规划项目落地实施。发动多元主体参与社区商业发展，充分发挥商（协）会、行业组织、企业作用，广泛凝聚社区市民代表、社区服务志愿者和舆论媒体共识，构建社区价值共同体、发展共同体、治理共同体、生活共同体、行动共同体，实现多渠道、多主体群策群力推进社区商业工作。

（二）联动商业设施和公共设施，补齐社区商业设施短板

实施中心城区基本公共服务设施"三年攻坚"行动，建设教育、医疗卫生、文化、体育、市政等 8 大类 18 项公共服务设施，优化完善便民商业服务设施。实施城乡接合部社区的基础设施配套补缺和常态完善，促进城

乡社区公共服务均衡发展。实施社区微更新，回应市民多元需求，出台《成都市"中优"区域城市剩余空间更新规划设计导则》，推进城市剩余空间规划建设，梳理社区街区"金角银边"空间资源，整合释放社区可利用空间。利用社区闲置低效空间，活化打造一批社区美空间、社区运动角、社区花园，创造与居民密不可分的公共服务和商业服务活动空间。建设"一站式消费、集聚式服务"邻里中心和社区商业综合体。编制出台《城市公园社区邻里人家布局专项规划》，突出开放性、共享性、智慧性，建设兼容基本公共服务、便民服务、社区商业、社区食堂等功能的社区邻里人家。编制出台《成都市社区综合体功能设置导则》，以 8 大类 116 小类"基本公共服务+其他生活服务"功能业态清单为指引，支持通过改（扩）建等方式，建设一批集便民服务、教育、医养、体育、文化等多种功能于一体的社区商业综合体。

（三）匹配商业业态和居民需求，扩大社区商业有效供给

围绕社区居民需求，建立基本公共服务清单管理和动态调整制度，构建 15 分钟街区级、10 分钟社区级、5 分钟小区级生活服务圈，合理布局养老托幼、社区医疗、社区教育、文化体育等服务资源，鼓励社会组织、企业、社区商户等多元主体承接社区服务项目。推动便利店、综合菜市场、生鲜超市、早餐店、美容美发店、洗染店、药店、家政服务点、金融服务点、再生资源回收点、快递点、缝补点等刚需高频业态进社区，扩大便民基本服务覆盖面。推广金融、旅游、票务、共享雨伞、充电宝租用、代收代发、复印传真等商业服务项目叠加到连锁便利店，实现"一店多能"，扩大便利店生活服务范围。发展品质提升类商业业态。搭建社区商业供需对接平台，举办"双千"发布会社区商业专场，面向全球发布社区商业需求项目。聚焦居民的生活服务、教育、文化、运动、社交、医疗健康、市政服务等，重点发展社区养老、学前教育、医疗健康、特色文体、社交休闲、便民生鲜、物业居家、夜间生活、绿色低碳、创意共享、时尚购物等 11 类品质提升型业态。布局建设儿童友好社区、全国示范性老年友好型社区、慈善示范社区，全龄共享友善和美社区服务体系逐步形成。依托"天府市民云"平台，以市民需求为导向，无缝接入零售龙头企业，整合公共服务、生活服务、商业服务等商户资源，通过线上线下延伸，以一云多端为服务提供形态，为市民提供 APP、小程序、PC 端、线下场景自助一体机等多样化产品展示及使用。

（四）营造生活美学和消费场景，丰富社区商业体验场域

打造一批社区生活美学空间。基于城市文化和肌理，推动商业设施与社区环境建立生态联结，以商业设施美学设计突出空间美感，推动社区从空间建造向场景营造转变，彰显城市形态的美学价值。将公园形态与社区空间有机融合，促进市民生活方式在绿色中转变和重塑，串联绿地、公园、社区、园区和商圈，打造"回家的路""上班的路"，营造突出美誉度、舒适度、安全度、归属感的公园城市街场景。推进社区微更新项目，建设文化街区和天府绿道"沉浸式文化空间"，打造一批美轮美奂、传承与创新兼容的生活空间和生活美学点位。打造一批高品质体验消费场景，推出地标商圈潮购场景、特色街区雅集场景、熊猫野趣度假场景、公园生态游憩场景、体育健康脉动场景、文艺风尚品鉴场景、社区邻里生活场景和未来时光沉浸场景八大消费场景，实施"一场景一示范"，每年评选一批示范场景、特色场景，强化示范带动作用。依托一环路市井生活圈、天府锦城"八街九坊十景"和街巷游线体系等高能级项目建设，以及公园、绿道建设，持续推出户外消费场景、公园城市网红打卡点、体育消费新场景、绿道精品旅游线路，打造公园城市"红点""奇点"。

# 第五节　国际消费中心城市建设情况

## 一、国际消费中心城市内涵的探讨

美国经济学家爱德华·格莱泽（2018）通过对纽约、底特律、芝加哥、伦敦、东京等城市兴盛与衰败的研究观察，提出了消费城市的崛起理论，认为伦敦、纽约和巴黎今天的成功在一定程度上说明了它们作为消费城市的实力。芝加哥大学城市社会学家特里·克拉克是最早把城市作为娱乐消费机器来探讨的学者。可见，以爱德华·格莱泽和特里·克拉克为代表的后工业经济和社会学家持有相同的观点，即未来大城市的竞争力逐渐由消费方式而非生产方式的集中程度来决定，创新和消费越来越成为城市推动自身持续繁荣的主导驱动力。

我国于2018年明确提出要建设培育国际消费中心城市之后，国内学者才逐渐关注国际消费中心城市。刘涛等（2017）认为，国际消费中心可以看作消费城市发展的高级形态，是能够吸引全球消费者的消费市场制高

点，还是全球范围内消费资源配置地。汪靖（2019）用"国际""消费""中心"三个关键词来界定国际消费中心城市，其中"国际"界定了城市的辐射半径，"消费"界定了城市的主体功能，"中心"界定了城市在全球消费网络中的重要节点位置。陶希东（2020）提出国际消费中心城市应该既是一个全球性交易平台和商贸信息枢纽，更是一个文化科技服务的全球输出之地。上述定义差异不大，经济实力强、收入水平高、消费供给丰富、国际链接通道完善、环境友好开放、创新能力活跃等成为国际消费中心城市应该具备的共性特征。

综上，本书认为国际消费中心城市是指具有全球消费要素的集聚、配置、创新功能，能满足、引领和创造面向全球的消费需求，在全球消费网络体系中占据中心节点位置的城市。具体而言，国际消费中心城市主要有三层内涵：一是全球游客、商品和服务等进出本国的流量门户。国际消费中心城市往往是全球消费市场的制高点，能够汇聚世界各地的游客和集疏中转世界各地的货物。二是全球投资和贸易网络的枢纽节点。国际消费中心城市往往是消费品供应商、国际供应链企业等全球消费供给主体汇集地，在实现"买全国、买全球"和"卖全国、卖全球"中推进城市有效提升其在全球投资贸易网络中的位置。三是具有全球影响力的商品或服务品牌开发的创新平台。国际消费中心城市不仅是国际高端消费品牌布局的青睐之城，作为全球创新创意人才之间信息交流、思想碰撞的场所，国际消费中心城市往往也成为新产品、新服务、新时尚、新模式和新品牌开发的策源地和试验田。

### 二、成都建设国际消费中心城市的基础和短板

成都自古就是我国重要的商业城市。近年来，成都经济社会实现快速发展，消费市场呈现较快增长态势，《中共成都市委关于制定成都市国民经济和社会发展第十四个五年规划和二〇三五年远景目标的建议》提出加快建设服务扩大内需、畅通循环的国际消费中心城市。从经济实力、消费繁荣、门户枢纽和政策支持等方面看，成都已基本具备建设国际消费中心城市的基础和条件。

消费活跃度较为突出。从消费市场看，根据第七次全国人口普查数据，成都常住人口 2 093.78 万，能带动辐射四川省 8 367.5 万、西部省份 3.8 亿人口消费；2020 年全市实现社会消费品零售总额 8 118.5 亿元①，位

---

① 《2020 年成都市国民经济和社会发展统计公报》。

居全国副省级城市第三位。从全球消费资源聚集能力看，成都市是国际品牌拓展内地市场的首选城市，首店数量位居中西部城市第一。

消费创新动力日益强劲。从消费观念看，成都市对新兴消费的认可和接受程度高。以网约车为例，2018年成都网约车包容度指数位居全国榜首①，2019年成都夜间日均呼叫订单量排名全国第二②。从新兴消费发展看，2018年成都新经济活力指数位居全国第三③，PradaLVMH等高端服饰定制、途风等个性旅游定制、Poliform和Molteni等品牌家居定制、言几又等"文创+"复合型书店、嘉格纳浸入式餐饮等概念店竞相涌现。从新兴消费形态看，夜间经济、绿道消费、网红消费等加速培育。2019年，成都城市夜生活指数排名全国第五，夜间电影放映量平均每天760.88场，排名全国第六，2 294家酒吧数量超越上海，位居全国首位④。

国际消费通道加速成网。在航空方面，目前成都是中国航空第四城，双流机场在全球最繁忙机场中位列24位，国际航线总数量位列中西部第一、全国第四，实现全球五大洲全覆盖。在铁路方面，以成都为战略支点的国际铁路和铁海联运通道达12条，东向辐射日韩美洲、西向直达欧洲腹地、南向联通东盟南亚、北向对接中蒙俄经济走廊；中欧班列（成都）累计开行量超过2 500列，已连接境外26个城市和国内15个城市，综合运营指标持续保持全国领跑。通江达海的立体大通道进一步增强全球消费品中转集疏和国际游客汇聚通达能力⑤。

消费文化特色鲜明。成都作为千年商都，拥有独特丰富、高度集成的消费文化，如两宋时期，随着农业和手工业的高度发展，成都商品市场进一步扩大，原有的定期市场发展完善，按月令季节集中销售当地土特产品，正式形成了成都历史上著名的"十二月市"，成为当时全国知名的消费品牌。"生活市""公园城市""休闲之都"成为成都特有的文化标识和软实力，2014—2020年，成都蝉联国内最具幸福感城市榜首。成都不仅

① 人民网舆情数据中心.网约车新政两周年：探索中前行［EB/OL］.［2023－12－26］. https://baijiahao.baidu.com/s? id=1608764606417478350&wfr=spider&for=pc.

② 滴滴出行.十大"夜猫子"城市［EB/OL］.［2023-12-26］. https://www.pingwest.com/w/193820.

③ 2018年中国新经济活力指数排行榜［EB/OL］.［2023-12-26］. https://www.sohu.com/a/259177089_99997284.

④ 第一财经商业数据中心.夜间生活指数居全国第五：成都商业开启夜间模式［EB/OL］.［2023-12-26］. https://www.sohu.com/a/307303170_469399.

⑤ 成都市统计局《2019年全年成都市经济运行情况》。

拥有独特的巴蜀文化和客家文化，还有青城山—都江堰、金沙遗址、杜甫草堂、武侯祠等文化价值很高的旅游文化；周边分布大熊猫栖息地、三星堆、九寨沟—黄龙、峨眉山—乐山大佛等世界自然文化遗产；成都的大熊猫文化、川菜美食驰名国内外，受到全球消费者的青睐。

---

## 专栏　宋代的成都"十二月市"

北宋赵抃在《成都古今集记》中对"十二月市"有记载："正月灯市，二月花市，三月蚕市，四月锦市，五月扇市，六月香市，七月七宝市，八月桂市，九月药市，十月酒市，十一月梅市，十二月桃符市。"

1. 正月灯市。成都正月上元节放灯，唐代就很有名。到北宋开宝二年（969 年），"命明年上元放灯三夜，自是岁以为常。十四、十五、十六三日皆早宴大慈寺，晚宴五门楼，甲夜观山棚变灯……灯火之盛，以昭觉寺为最"，由此可知，宋代成都放灯主要集中在正月十四、十五、十六这三天。

2. 二月花市。按民间传说，农历二月十五日是道教始祖李老君的生日，故自唐代以来，民间就在此期间举办一年一度的庙会。又因成都的二月正值天气晴和、春意宜人、百花盛开的季节，故又传农历二月十五日是百花的生日，这天人们要举办盛大的花市花会。成都花市主要集中在青羊宫一带。

3. 三月蚕市。宋代成都蚕市呈现出如下特点：一是举办时间很长、地点很多，举办的时间从正月延续至三月，地点则有五门、龙桥、大慈寺、青羊寺等多地。二是蚕市的活动很多，主要有纪念、贸易、娱乐等多项。三是蚕市受到官府特别重视。

4. 四月锦市。成都织锦业发达，所需原料和生产的成品都需要交易，每年四月，用开春第一批蚕丝织锦的工作开始了，因此，四月被定为成都的锦市。

5. 五月扇市。成都本地盛产木材和竹子，用于制作扇子的材料很丰富。《华阳县志》详细记载："蜀民每岁五月，于大慈寺前街中卖扇，名扇市"。

6. 六月香市。每到春夏之际，佛教道教信徒便前往各寺庙宫观进香，加上成都游赏之风盛行，人们借进香之际可以到风景优美的寺庙宫观游玩。香市除了买卖香物之外，一定少不了吃和玩的各种物品。

7. 七月七宝市。南宋祝穆的《方舆胜览》记成都府路风俗条云："鬻器用者号七宝市。"没有明确记述市期和处所。宝市所售之物，应属七月乞巧之品，诸如彩缕、七孔针、金银金俞石之类，故又称为七宝市。

8. 八月桂市。成都桂花颇为闻名，自古广植桂树，把每年的八月定为桂花节。桂市以花成名，桂花亦因市而盛。卖桂花、买桂花、赏桂花、吟桂花成为一时盛观。

9. 九月药市。药市是四川地区各种药材的汇集交易之所，药业市场十分兴旺，甚至吸引外国人涉足这个行业。宋代，成都药市一年三次，其中以九月重阳节玉局观药市为盛。

10. 十月酒市。宋代，成都每年十月要专门举办酒市，相当于蜀酒的博览会和评酒会。宋时蜀中著名的酒主要有成都的文君酒与锦江春、汉州的鹅黄酒、荣州的琥珀酒、眉州的玻璃春、郫县的郫筒酒、临邛的临邛酒、绵竹蜜酒等。

11. 十一月梅市、十二月桃符市。十一月梅市、十二月桃符市的具体市期及交易内容，文献不见记载。不过，顾名思义，梅花、桃符二物也都各自具有成都的地方特色，当仍属定期举行的物资交流会。

资料来源：王小红. 宋代成都"十二月市"考［J］. 宋代文化研究 2011（0）：123–129.

创新促进消费的体制机制。成都高度重视促进消费扩大和升级，建设国际消费中心城市已成为全市的共识，先后发布了建设国际消费中心城市的意见、行动方案等。成都积极探索体制和政策创新，大力发展新经济、营造新场景、培育新动能；在全国率先建设践行新发展理念的公园城市示范区，提出幸福美好生活十大工程，成为全市国际消费中心城市建设的形象识别和价值体现。

同时，与成熟的国际消费中心城市相比较，成都市仍存在一些短板和弱项。

产品和服务的品牌开发能力较弱。国际消费中心城市除了需要足够丰富的国际品牌入驻外，本土品牌更是其持续发展的重要支撑。从世界经验来看，国际知名消费中心城市均深受各类全球性高端品牌发布会、体育赛事、文化艺术展会等主办方的青睐，同时其通过优质的自主消费品牌进一步打响城市美誉，引领带动着全球消费市场的发展。比如纽约、伦敦、巴黎、米兰四大世界时装周一直是全球时尚产业的风向标。虽然成都市国际品牌的入驻率已居全国前列，但本土优质品牌表现平平，自主开发设计的较少，知名本土消费品牌主要以家具、鞋品为主，并且缺乏彰显天府文化魅力和西部民族特色的消费品牌以及具有世界影响力的旅游、创意、文化、体育类品牌项目。

标识性消费场景的营造能力有待提升。国际消费中心城市不仅能塑造购物天堂，更能展示一种体验，并与消费者建立一种个性化、值得记忆的联系，而标识性消费场景就是有效吸引全球消费者、提高城市消费感召力的重要载体。成都有着"休闲城市"的消费文化优势，以及丰富的自然文化遗产、名扬中外的美食、精美的蜀锦蜀绣等传统消费资源，但对传统资源的深度发掘和提炼不够，缺少与时代、时尚相结合的新特色，城市历史景观、自然景观、人工景观与消费场景的系统融合还存在一定不足。此外，在作为国际消费中心城市首要标志的商圈建设方面，绝大多数商圈的景区化水平不高，特色街区文商旅融合度低，重大公服设施的产业植入和业态培育滞后，生活社区和消费场景国际化水平不高，成都市独特人文气质的挖掘有待加强，生活美学魅力表达不足，与全球著名商圈对比还有一定差距。

"买全球、卖全球"的供应链控制能力仍不足。成都正加快建设国际门户枢纽城市，加快构建贯通欧亚、链接全球的西部陆海新通道，全球通的开放通道格局逐步形成。但由于具备全球资源配置能力的头部企业较少，特别是本土跨国公司和总部企业少、能级低，全球供应链链主企业、平台企业少，"产—运—链"协同性不强，末端消费服务能力较强但区域消费资源控制力仍然较弱。对标国内知名门户枢纽城市，目前成都国际货物中转集散体系薄弱，国际航空货邮吞吐量与广州、上海等城市相比仍有较大差距。

国际化消费环境需进一步优化。相对于国际知名消费中心城市，目前成都在人员往来便利度、消费市场开放度、市场监管智慧度、服务贸易自由度等方面仍有不足。同时国际化消费环境亟待提升，外语导购人员相对缺乏，跨境移动支付结算、商圈多语种标识标牌设施建设滞后，信用体系、跨境游客权益保护等制度不够完善。

### 三、成都加快建设国际消费中心城市的路径选择

成都加快建设国际消费中心城市要以构建全面开放新格局和发挥消费促进高质量发展的基础性作用为遵循，坚持问题导向、特色导向，抢抓成渝地区双城经济圈建设机遇，加快补齐建设国际消费中心城市的突出短板，通过提升消费供给创新力、品牌开发力、场景营造力、供应链控制力、环境支撑力"五力"，增强国际消费创新、国际消费服务、国际消费文化、国际消费配置、国际消费品质五个极核功能，提高城市在全球城市网络体系中的中心节点位置。

（一）增强消费供给创新能力

国际消费中心城市必定在全球城市网络体系中占据高能级节点位置。纵观先行城市发展经验，唯有靠创新才能有效集聚消费经济"头部"资源要素，从而占据全球消费制高点位置。增强消费供给创新能力就是要以多元化经营主体和创新创意人才为基本细胞，以新技术、新理念、新经济赋能供给侧结构性改革，强化国际消费中心城市创新驱动新动能，使其成为消费新物种、新业态、新模式、新时尚的策源地和试验田。

——营造适应企业创生的消费新生态。新冠疫情影响消费行为创新并推动新消费发展。成都作为千年商都，拥有独特丰富、高度集成的消费文化，具有鲜明的敢于尝新、超前消费的特征和开放包容的创新基因，为新消费创生发展提供重要支撑。成都在建设国际消费中心城市过程中，应抢抓新技术变革机遇，营造出具有竞争力和美誉度的服务环境和创业氛围，为创新创意型人才、高新技术企业、研发机构等市场主体提供将更多技术、商业模式创新成果应用到消费市场的充分适宜性，促进新物种、新产品、新服务、新时尚的涌现。顺应消费迭代升级趋势，加大高效链接供需两端的基础设施和与消费产业链相关的投资，建立新型消费政策动态调整机制，及时更新调整现有不适应新消费的政策制度，实现成都市新兴消费发展的"弯道超车"。

——丰富数字化、智能化消费新业态新模式供给。随着"80后""90后""00后"数字原住民消费群体壮大，以及互联网、增强现实、大数据、人工智能、区块链等新技术的导入和应用，各类基于互联网、人工智能、大数据等技术的新业态、商业模式的创新日新月异、层出不穷，成为本轮消费变革的重要驱动力和主要方向。成都发挥好信息产业基础作用，

加强信息技术与消费的协同应用，鼓励更多消费领域进行技术驱动型革新，支持探索5G通信、IOT物联网、人工智能等前沿科研成果商业化应用，加快研发智能生活新消费产品。跟踪市场主体在互联网+医疗、互联网+文旅、互联网+教育、互联网+娱乐等领域的布局，发展在线文旅、在线数字娱乐、在线体育竞技、在线展会活动、在线教育培训、在线医疗服务、在线金融服务等数字消费新业态，引领数字消费潮流。

——提升"三城三都"区域辐射力。根据经验，当服务业增加值占GDP比重为60%左右时，服务消费比重将超过商品消费比重。遵循消费发展规律，文创、体育、旅游等服务消费比重将不断扩大。因此，成都国际消费中心城市建设要与"三城三都"建设相结合，将"三城三都"建设作为全市提升国际消费中心城市竞争力的工作抓手。加快世界知名博物馆、国际知名文创街区等重大文化消费载体建设，发展文化保税等临港文化贸易，深入打造世界文创名城。深入推进旅游全域化和国际化发展，健全适应国内外旅客多层次需求的旅游产品和服务体系，打造具有国际影响力的世界旅游名城。全力推进重大场馆建设，引进一批国际国内有影响力的国际重大体育赛事，壮大专业体育运营公司、职业俱乐部和赛事运营团队，打造世界赛事名城。延长餐饮美食产业链，做强餐饮设备制造，做优名菜、名店川菜餐饮品牌，汇聚世界各地风味美食和特色餐饮，凸显国际美食之都魅力。建立非政府国际音乐交流平台，完善音乐演艺载体和音乐创作、演出、生产、传播机制，丰富音乐产品供给，打造国际音乐之都。推进会展专业化、国际化、品牌化发展，完善高端商业配套服务链，打造国际会展之都。

（二）增强产品和服务的品牌开发力

增强产品和服务的品牌开发力就是支持企业培育和发展更多的品牌、首店、首品、首秀，成为国际国内品牌集聚地和原创品牌培育场，从而带动城市成为消费整体性品牌。

——推进首发经济的迭代升级。近年来，成都在发展首发经济方面成效显著，引进首店数量在全国位居前列，与此同时也面临首发经济如何迭代升级的挑战。第一，要向发展首发经济延伸。发展首店不能仅仅聚焦在"引"，还应拓展到"育"，引进品牌首店的同时，也要注重孵化本土首店，从而带动品牌设计、孵化、流通、体验等首发经济创新全链条发展。第二，发展零售品牌首店向服务消费首店拓展。顺应服务消费成为消费增长主引擎的趋势，引进、孵化、创造出能满足人民日益增长的美好生活需要的首店资源，打破首店就是零售品牌首店的固有思维，鼓励市场主体在旅游、文创、体育、音乐、展会、教育、医疗、金融等服务消费领域提升品牌创新力度，提供更多的休闲旅游首店、文化艺术首店、体育首店等，从而实现满足、引领、创造需求的目的。第三，促进首发经济和数字经济、总部经济相结合。引导更多互联网平台型企业设立数字化品牌孵化中心，推动数字化首店线下实体化发展。引导更多首店走出成都，将首店商业模式创新复制到更广阔市场，推动首发经济向总部经济迭代升级。

——提升"成都造""四川造"消费品牌国际认知度。加大"成都造""四川造"知名品牌的全球营销推广力度，增强成都作为国际消费中心城市的全球影响力。培育消费领域"小巨人"企业群和"隐形冠军"，支持市场主体孵化"成都造"首店、新品、首秀。引导老字号企业发掘利用成都特色文化元素，培育具有国际影响力的知名品牌。扶持和培育根在成都的总部企业布局省外、国外，培育川酒、川茶、川调、川水等优势消费品"品类标杆"。鼓励消费领域头部企业实施首席质量官制度，引导成立行业标准联盟，主动对接国际规则和行业标准，提升消费产品品质的国际认可度。

——提升消费促进平台的国际影响力。举办具有全球影响力的高品质高人气消费活动，推动演艺活动、体育赛事、文化庆典等主题文娱活动落地西博城。增强全国糖酒商品交易会等消费活动影响力，壮大成都国际美食节、新春欢乐购、过节耍成都等本土消费活动规模。充分发挥美食、熊猫、蜀绣等资源优势，加快建立成都特色消费文化海外推广平台，打造美食推介、时尚展示、文化输出平台。

（三）增强标识性消费场景的营造能力

增强标识性消费场景营造能力就是以吸引、驻留、联结消费者为导向，建设与消费主题相匹配的舒适物和活动，传达清晰的消费文化和生活方式，满足消费者对消费空间品质的需求，增加个性化产品和服务供给，强化场景承载消费实现、配置、创新功能，从而吸引并保持市场需求。

——注重发展体验经济。随着社会经济发展和居民收入增加，居民消费呈现由传统的提袋式消费向体验消费升级、由从众消费向个性化消费升级的态势，可以看到越来越多的体验类消费正成为新的消费热点。美国知名学者 B. 约瑟夫·派恩和詹姆斯·H. 吉尔摩认为，体验是消遣娱乐的中心所在，企业能否持续吸引消费者，关键在于其能否提供一种让客户身在其中并难以忘怀的体验，使得产品和服务感知化。大力发展体验经济，引导数字孪生景区、博物馆、美术馆等提供更多数字化文旅沉浸式体验，引导企业开发能满足某种体验之商品，比如独具魅力的纪念品等，使得每一个消费行为成为唯一的、不可复制的愉悦体验和美好记忆。

——注重挖掘场景中蕴含的文化价值观和生活方式。场景既有物质需求的满足，也有精神世界的升华，场景营造过程中要突出表达特定的生活风格、精神内涵、意义和情绪。一方面消费场景营造过程中要弘扬"创新创造、优雅时尚、乐观包容、友善公益"的天府文化，尊崇创新创造的消费精神，打造和输出一批符合消费场景主题的商品和服务精品；尊崇优雅时尚的消费美学，塑造全球认可和追捧的优雅时尚精致生活方式；尊崇开放乐观的消费氛围，创造一批接轨国际、可复制推广的制度创新试点。另一方面消费场景营造过程中要突出美丽宜居公园城市的形象识别和价值体现，服务碳中和、碳达峰目标，倡导简约适度、绿色低碳消费理念，引领绿色消费文化，从而融入全球消费规则和话语体系。

（四）增强"买全球、卖全球"供应链控制力

增强供应链控制力就是以构建"买全球、卖全球"能力体系为目标，以汇聚全球供应链链主企业为突破口，搭建贯通全球的国际物流供应链，打造高效柔性的国际消费供应链体系，提升全球消费要素运筹能力。

——加强东西南北向开放通道建设。拓展开放通道，加快构建以成都为中心、畅连世界的国际物流大通道，是构建"买全球、卖全球"能力体系、建设国际消费中心城市的重要举措。依托中日成都合作高能级平台，加强与日本具有全球配送能力的航空港、海运港的合作，强化与西部陆海新通道的衔接，将成都打造成为中国中西部到东亚及亚太的枢纽以及东亚及亚太到中国中西部的中转枢纽。联手重庆打造辐射欧洲全域的中欧班列第一品牌，拓展联通中亚、西亚、欧洲的西向通道，推广多式联运"一单制"，推动成都市建设成为泛亚泛欧国际货物转运中心。利用 RCEP 签订落地的契机，做大做强西部陆海新通道，拓展联通南亚、东南亚的南向通道，加强与东盟市场的国际合作，提升面向南亚、东南亚的消费品中转集疏和游客汇聚通达能力。加强与俄罗斯及东欧国家的经贸合作，拓展联通俄罗斯及东欧的北向国际运输通道，增强北向国际消费服务和货物组织能力。

——建设国际国内消费供应链体系。加强对货运航空公司、物流集成商、跨国供应链平台企业等"头部"贸易和供应链管理主体的引育能力，掌握更多制度性话语权和提高产业链供应链掌控能力。围绕消费供应链薄弱环节和缺失环节，形成补链强链固链任务清单，推进市场刚需消费品供应链体系稳定发展。依托产业功能区建设高水平双向开放的全球供应链平台，增强口岸功能，加强与周边地区港口联动发展，全面提升物流配送、国际中转、供应链金融等综合服务能力。支持商贸流通企业在供应链全环节开展带托运输，推动符合国家标准规格和质量要求的标准化载具的推广和循环共用。加强与成渝地区、成德眉资的基本消费品供应链衔接，鼓励成渝两地供应链企业共建面向泛欧泛亚的国际物流枢纽，鼓励成渝两地供应链企业建立联盟，布局海外仓国际营销服务平台，在境外共建共享分销服务网点、货运服务节点、分拨中心和转运中心等。

——加强国际贸易服务能力建设。世界经济重心向亚洲转移为成都加快向泛欧泛亚区域性贸易中心迈进提供了时代机遇。从经济角度看，国际贸易中心建设要有贸易平台，集聚足够大的商流。培育一批国际消费品展示交易平台，打造中高端消费品集散中心。努力培育汽车、电子消费品等行业形成千亿级交易平台，鼓励发展服装、医药、中医药、化妆品、酒类等行业形成百亿级交易平台。成渝两地共建"一带一路"商品集散中心等国际消费品牌展会，全面提升会展与消费协同拉动、链接全球优质资源能力。推动成渝地区双城经济圈文化、教育、美食、体育等交流合作，推动地方产品和服务融入全球大市场。适应当前国际贸易发展的新形势和全球价值链、产业链、要素链、供应链深度融合的新趋势，发挥"一市两场"航空枢纽优势，推动服务贸易创新发展，打造一批"成都服务"高端品牌。

（五）增强与国际接轨的消费制度环境支撑力

国际消费中心城市既面向国内消费者，又面向国外消费者，既要考虑创造舒适愉悦的消费体验环境，又要考虑创造利于市场主体创新创业的营商环境。因此，增强消费制度环境支撑力就是要多用改革的办法为国际国内消费者营造便利化舒适化的国际消费环境和为市场主体营造市场化便利化法治化的营商环境。

——营造放心舒心的入境游客消费环境。以提高入境游客便利化水平为导向，聚焦"食、住、行、游、购、医"等场景，解决入境消费的堵点、卡点和痛点问题。在全市金融网点布局中适当考虑增加本币兑换点，探索入境游客在蓉消费的移动支付解决方案，提高境外游客在蓉消费支付便利性。优化离境退税服务，加大离境退税政策宣传辅导。完善入境游客紧急医疗救治机制，探索建立入境游客商业医疗保险结算服务机制和救治机制，探索建立入境游客商业保险结算服务机制和入境游客在蓉消费维权机制。

——完善和提升国际化的服务配套。加快建设航空、高铁、城际铁路网络，促进与省内外、国内外城市以及全球各地消费中心城市之间的互联互通，提高各类交通设施之间换乘的便捷性和信息化、智慧化水平。完善市内主要消费区域的交通站点建设，提升重点商圈、旅游景区之间的交通便利性。补齐产业功能区、城市新建区域消费设施配套短板，增强配套设施的便利度和丰富度。以打造站点接驳、休闲和立体商业为重点，增加路网密度，构建安全、便捷、舒适、高品质的城市慢行交通系统。进一步完善信息设施及平台，增加大数据、5G 等信息技术在消费区域的覆盖和应用。

——建立消费促进政策和体制机制。推动服务产品、品质、流程、方式的标准化建设，鼓励和支持行业协会制定完善和推广特色餐饮等服务消费领域的服务规范。开放创业就业市场，强化国际化教育研发，有序开放投资和技术移民，提高人口多元国际化结构。探索接轨国际的服务标准、消费者保障制度、知识产权保护、医疗保险等。探索企业信用积分管理，实行企业信用与市场准入、政策支持、政府采购等挂钩，促进诚信经营、优质服务。严厉打击制假售假、虚假宣传、商业欺诈等不正当竞争行为，加大消费品质量违法行为惩处力度，建立企业黑名单、惩罚性赔偿等制度。

# 第六节　本章小结

本章首先梳理了改革开放以来成都服务业内部结构的变迁历程、变化特点，其次观察了成都生产性服务业和生活性服务业，以及重点领域的发展情况，最后探讨了国际消费中心城市的建设路径。根据分析，可以总结出一些有意义的结论。

第一，成都服务业内部结构发生了显著的变化。通过梳理 1978 年以来成都服务业内部各行业增加值占服务业增加值比重的变动情况，可以看出成都服务业内部结构的总体演进趋势是"两降两升"，即生活性服务部门比重下降、生产性服务部门比重上升；传统服务业比重下降，现代服务业（特别是知识密集型服务业）比重上升，并且成都服务业内部结构的演变呈现出阶段性规律特征。

第二，不同时期服务业增长的推动力不同。20 世纪 90 年代之前，以交通运输、仓储和邮政业，批发和零售业为代表的流通行业在服务业内部结构中占据绝对主导地位。20 世纪 90 年代到 2017 年，以房地产业、金融业为代表的资金密集型服务业进入快速发展期，成为服务业所有行业中发展最为迅速的部门。2018 年开始，信息传输、计算机服务和软件业、科学研究和综合技术服务业等以知识密集型服务为主体的行业发展成为促进服务业持续增长的主要动力。

第三，生产性服务业和生活性服务业增加值、就业结构和劳动生产率出现分化增长，整体差距在扩大。增加值方面，生产性服务业的占比越来越高，生活性服务业比重则出现下降趋势；就业方面，生活性服务业依然保持高位，而生产性服务业对就业贡献有限；劳动生产率方面，与生产性服务业相比，生活性服务业的劳动密集型属性更强，单位劳动生产效率更低，增长也更为缓慢。与中国服务业发展相似，成都服务业也出现"产出依靠现代生产性服务业拉动，就业则有赖于传统生活性服务业"[①] 的增长模式。

第四，国际消费中心城市建设将推动生产性服务业和生活性服务业提升现代化水平。当前我国居民消费结构正处于以住房交通和食品衣着等实物为主的消费结构，逐渐转变为高质量的实物消费和服务消费并重的消费结构，特别我国人口老龄化、少子化趋势逐步加深，对医疗保健、育幼服务、养老服务等的服务消费支出比重将出现较大幅度的提高。2019 年，成都服务消费占比超过一半。为顺应消费结构的改变和增强国际消费中心功能，应尽快推动生产性服务业和生活性服务业的高质量发展，提高高质量实物产品和现代服务的有效供给能力，促进成都服务业的结构调整和创新升级。

---

① 徐全红，王燕武. 中美服务业结构演变比较及其经验启示 [J]. 经济研究参考，2019 (13)：44-64.

# 第五章 成都服务业发展的
# 动能演变

"动能"是物理学的术语，指物体因运动而产生的能量。经济学家把"动能"的概念从物理学引申入经济学，是指促进经济增长的动力源泉。因此，服务业发展"动能"，可以理解为促进服务业增长的动力源泉。本章将从动能维度对成都服务业动能转换的阶段划分及其各阶段的特点进行深入分析，同时对服务业改革、开放、创新进行逐一观察，旨在对成都服务业动能转换历程进行较为全面的回顾和梳理，并为下一阶段成都高质量发展探索路径。

## 第一节 成都服务业动能转换历程

克鲁格曼（Krugman）认为，生产率不是一切，但在长期它几乎就是一切。如果把不同阶段服务业生产率的状况及其变化视为服务业长期增长的重要指标，那么服务业动能转换可视为低效率生产率阶段向高效率生产率阶段的演化。对于生产率的衡量现有文献一般以全要素生产率或者劳动生产率指标来定量测算，考虑到数据的可获得性，本书选取劳动生产率作为衡量成都服务业生产率的指标，借助1978年以来成都服务业劳动生产率指标变化情况观察成都服务业发展动能转换历程。为了统一口径，本书梳理了1978年以来各年度国内生产总值、三次产业增加值，以及全社会就业人员数据、三次产业就业人员数据，基于以上数据测算各年度社会劳动生产率以及三次产业的劳动生产率。计算方法为，将国内生产总值、三次产业的增加值相对应地除以全社会就业人员、三次产业就业人员。综合对比 1978 年以来不同时期的服务业劳动生产率，大致可以将服务业动能转换划分为三个阶段（见图 5.1）。

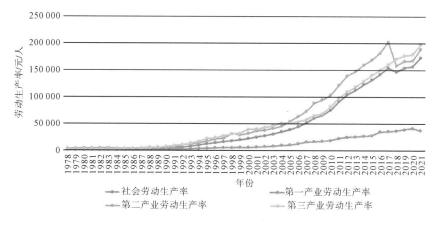

**图 5.1 1978—2021 年成都社会劳动生产率及三次产业劳动生产率情况**

（数据来源：《成都统计年鉴 2022》；个别数据来自 2012、2014 和 2016 年的成都统计年鉴）

## 一、劳动力要素主驱动阶段（1978—1989 年）

1978—1989 年期间，第三产业和第二产业劳动生产率呈现协同增长的趋势，二者共同推动了总体劳动生产率的增长。从服务业增长的动力结构看，这一时期的服务业增长的动能主要源自劳动要素的投入。这一阶段的主要特征：

（一）成都第三产业劳动生产率高于社会劳动生产率，但低于第二产业劳动生产率

1978—1989 年成都三次产业的劳动生产率变化情况为，第一产业由 485.3 元/人提升为 1 160.2 元/人，第二产业由 2 816.9 元/人提升为 5 159.5 元/人，第三产业由 986.5 元/人提升为 4 994.4 元/人，第一产业劳动生产率与第二、三产业的偏差在扩大，第三产业与第二产业的偏差在缩小，说明改革开放以来，成都服务业劳动生产率提升较快，但总体还是低于第二产业。1978 年，成都服务业人均劳动生产率仅为 986.5 元，仅为第二产业劳动生产率的 35%；1989 年成都服务业人均劳动生产率与第二产业仅相差 165.1 元。从全市产业结构看，形成重工农业、轻服务业的经济

增长模式，1978 年成都一、二、三产业的比例为 31.8∶47.2∶21.0，1989年这一比例为 21.0∶45.2∶33.8，服务业发展缓慢；从全市经济增长的动力结构看，1978—1989 年，消费对经济增长的平均贡献率达 57.9%，成都经济主要靠最终消费拉动，随着计划经济向有计划的商品经济的转轨，商品短缺情况得到缓解，但本阶段消费以生活必需品消费为主，仅用于满足简单劳动力再生产，经济增长的重点是物质资本的积累和再生产（见图 5.2）。

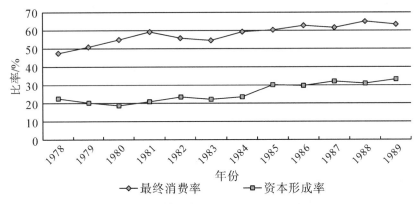

**图 5.2　1978—1989 年成都最终消费率和资本形成率**

（数据来源：《成都统计年鉴 2011》）

（二）这一阶段的服务业劳动生产率总体偏低

经济增长动能转换的落脚点是产业结构问题。从服务业内部行业结构看，选取 1978—1980 年、1980—1985 年、1978—1985 年三个时段，计算成都服务业内部行业对服务业增长的贡献率。数据表明，批发和零售业，交通运输、仓储和邮政业对服务业增长的拉动贡献在服务业内部结构中占据绝对主导地位（见图 5.3）。经济发展中工农业实物产品量不断增长及其对交易运输量的相应需求推进了批发和零售业，交通运输、仓储和邮政业等流通部门的发展。流通型产业与劳动力投入密切相关，属于劳动密集型服务业。而劳动密集型服务部门由于其技术含量低、要素集聚力低、缺乏规模经济等行业特征，具有相对较低的劳动生产率。

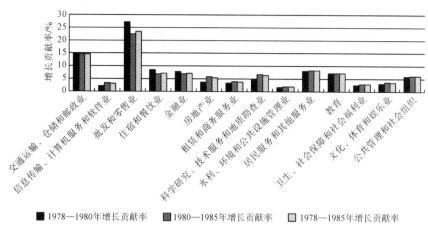

**图 5.3　1978—1985 年成都服务业内部行业增长贡献率**

（数据来源：《成都统计年鉴 2011》）

（三）劳动力整体教育程度低

从人口数量看，由于中华人民共和国成立后采取鼓励生育的政策，人口快速增长。1989 年，成都总人口为 908.59 万，其中，非农业人口为 245.34 万；1978—1989 年期间，新增农业人口和非农业人口分别为 36.66 万、65.88 万，新增人口绝大部分在非农业。从受教育水平看，改革开放初期由于教育机构数量不足，受教育人数有限。根据成都第三次人口普查统计，1982 年，成都具有小学以上文化程度人口占总人口的比重达到 38.1%，其中，大学毕业、高中、初中文化程度的人口占总人口的比重分别为 1.8%、10.2% 和 20.9%，劳动力文化水平相对较低。

## 二、资本和人力双驱动阶段（1990—2004 年）

1992 年，中共中央、国务院颁布了《关于加快发展第三产业的决定》，明确大力发展服务业。加快发展服务业也成为我国各级政府调控经济活动的重要导向。1992 年，成都市委、市政府出台了《关于加快发展第三产业的决定》，明确重点发展第三产业和具有先导性的产业，服务业得到快速发展，但从服务业内部结构看，传统服务业仍是服务业的主力。从服务业增长的动力结构看，这一时期服务业增长的动能主要源自资本和劳动力要素的投入。这一阶段的主要特征：

（一）成都第三产业劳动生产率高于第二产业劳动生产率

1990—2004 年成都三次产业的劳动生产率变化情况为，第一产业由

1 347.2 元/人提升为 8 907.1 元/人，第二产业由 5 287.2 元/人提升为 44 480.5 元/人，第三产业由 6 601.8 元/人提升为 50 322.2 元/人，除 1998 年外其余年份第三产业劳动生产率最高。这一期间，第二产业和第三产业的人均劳动生产率偏差值在 327～7 080 元之间。从全市经济增长的动力结构看，1990—2004 年资本形成对成都经济增长的拉动作用大大提高，资本形成对经济增长的平均贡献率超过 50%，表明投资需求是这十多年来成都经济增长的主要拉动力。从固定资产投资的管理渠道看，基建投资和房地产业投资的占比之和远高于以企业改建与技术改造为主的更新改造投资，特别是房地产投资伴随着住房制度改革迅速扩大，房地产投资占比逐年增加。1990 年，以企业改建与技术改造为主的更新改造投资占固定资产投资的比重为 29.3%，仅比同期基建投资少 3 个百分点。到 2004 年，基建投资占比仍然保持在 40% 以上的水平，房地产投资占比为 29.2%，更新改造投资的占比仅为 17.5%（见图 5.4）。从行业分布来看，1990—2004 年成都投资主要集中在房地产业，交通运输、仓储和邮政业，制造业。伴随着服务业投资的大幅增长，大量从农业、工业转移出来的劳动力以及新增劳动力被服务业吸纳，第一产业从业人员逐步向第二、三产业转移。1990—2004 年，服务业就业人口增加了近百万，增幅为 83.4%（见图 5.5）。

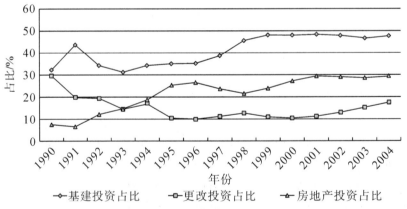

图 5.4　1990—2004 年成都固定资产投资不同管理渠道比例

（数据来源：《成都统计年鉴 2011》）

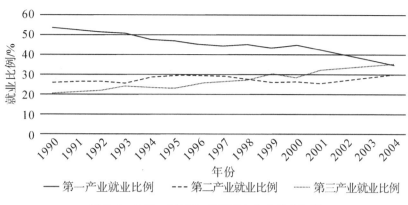

**图 5.5　1990—2004 年成都三次产业就业比例**

（数据来源：《成都统计年鉴 2011》）

（二）生产性服务业是服务业增长的推动力

选取 1990—1995 年、1995—2000 年、1990—2000 年三个时段，计算成都服务业内部行业对服务业增长的贡献率。数据表明，1990—1995 年服务业内部行业中对服务业增长贡献最大的前五个行业分别是批发和零售业，金融业，交通运输、仓储和邮政业，信息传输、计算机服务和软件业，房地产业；1995—2000 年为批发和零售业，信息传输、计算机服务和软件业，交通运输、仓储和邮政业，房地产业，金融业；1990—2000 年为批发和零售业，交通运输、仓储和邮政业，金融业，信息传输、计算机服务和软件业，房地产业，为服务业增长提供了接近 60% 的推动力（见图 5.6）。对比 1990—1995 年和 1995—2000 年两个时段发现，服务业内部行业中对服务业增长贡献提升幅度最大的前三个行业分别是信息传输、计算机服务和软件业，房地产业，住宿和餐饮业；批发和零售业对服务业增长贡献的降幅最大，虽然批发和零售业对服务业增长的推动力呈下降趋势，但仍占服务业的较大比重。数据显示，相较于上一个阶段，围绕制造业需求发展起来的信息传输、计算机服务和软件业，金融业等生产性服务业成为本阶段拉动服务业增长的重要力量。

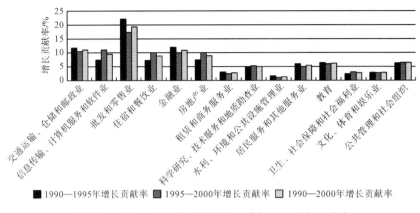

**图5.6　1990—2000年成都服务业内部行业增长贡献率**

（数据来源：《成都统计年鉴2011》）

（三）成都服务业增长主要依靠要素投入推动

通过考察服务业各行业职工年平均工资-年人均产值比进行分析判断这一阶段的服务业增长推动力。年人均产值反映劳动生产率，职工年平均工资反映服务业部门中的劳动力成本，职工年平均工资-年人均产值比则能反映劳动力成本在服务部门产出中所占的份额。通过对2000年9类全国服务部门职工年平均工资-年人均产值比的考察，可以得出：从全国的平均情况看，职工年平均工资-年人均产值比普遍较高的是交通运输、仓储和邮电通信业，批发零售贸易和餐饮业，社会服务业，卫生体育和社会福利业，教育、文化艺术和广播电影电视业，科学研究和综合技术服务业，以及国家机关、政党机关和社会团体，说明2000年这些服务部门劳动力成本较高；职工年平均工资-年人均产值比普遍较低的是金融、保险业，房地产业，说明2000年这两个服务部门具有很强的资本密集型特征（见表5.1）。可见，1990—2004年间成都服务业增长主要依靠劳动力和资本要素投入推动，粗放型特征比较明显。

**表5.1　2000年中国服务业内部行业的职工年平均工资-年人均产值比**

| 行业 | 从业人数 /万 | 职工平均 工资/元 | 增加值 /亿元 | 人均产值 /元 | 职工年平均 工资-年 人均产值比 |
|---|---|---|---|---|---|
| 交通运输、仓储和邮电通信业 | 2 029 | 12 319 | 5 408.6 | 26 656.5 | 0.46 |
| 批发零售贸易和餐饮业 | 4 686 | 7 190 | 7 316.0 | 15 612.5 | 0.46 |

表5.1(续)

| 行业 | 从业人数/万 | 职工平均工资/元 | 增加值/亿元 | 人均产值/元 | 职工年平均工资-年人均产值比 |
|---|---|---|---|---|---|
| 金融、保险业 | 327 | 13 478 | 5 217.0 | 159 541.3 | 0.08 |
| 房地产业 | 100 | 12 616 | 1 664.5 | 166 450.0 | 0.08 |
| 社会服务业 | 921 | 10 339 | 3 249.8 | 35 285.6 | 0.29 |
| 卫生体育和社会福利业 | 488 | 10 930 | 826.1 | 16 928.3 | 0.65 |
| 教育、文化艺术和广播电影电视业 | 1 565 | 9 482 | 2 391.2 | 15 279.2 | 0.62 |
| 科学研究和综合技术服务业 | 174 | 13 620 | 626.1 | 35 982.8 | 0.38 |
| 国家机关、政党机关和社会团体 | 1 104 | 10 043 | 2 347.8 | 21 266.3 | 0.47 |

数据来源:《中国统计年鉴2001》《中国统计年鉴2002》。

### 三、要素和创新双驱动阶段（2005—2017年）

2005年，成都人口城市化水平突破50%，城市化进程步入中后期；工业化进程处于中期向后期跨越的节点上，2005年后成都工业化和城市化进程都处于加速期。到2017年，成都GDP已突破1.3万亿元，占全国、全省的比重分别为1.68%和37.56%，城市综合实力不断提升，城市功能逐步完善。从服务业增长的动力结构看，这一时期的服务业增长的动能主要源自工业化和城市化引致的需求。这一阶段的主要特征：

（一）成都第三产业劳动生产率低于第二产业劳动生产率

2005—2017年成都三次产业的劳动生产率变化情况为，第一产业由9 585.4元/人提升为35 032元/人，第二产业由53 573.4元/人提升为201 844元/人，第三产业由50 693.7元/人提升为159 444元/人。这一期间，第二产业和第三产业的人均劳动生产率偏差值在2 879~42 400元之间。从全市经济增长的动力结构看，李霞等（2018）计算了成都2006—2017年要素贡献特征，劳动力、资本、全要素平均贡献率分别为15.2%、46.2%、38.6%，与GDP增长的相关系数分别为0.755、0.828、0.830。数据表明：该阶段资本仍是促进经济增长的主要支撑；全要素在技术进步的带动下，对经济增长的贡献不断上升。在工业结构调整方面，成都抓住世界制造业布局调整和我国东部区域产业转移的契机，优化调整工业内部结构，高新技术产业规模不断扩大，主营业务收入由 2008 年的 792.1 亿元增长至 2017 年的 3 217.7 亿元，占全市规上工业比重从 2008 年的 21.4% 提升至 2017 年的 26.3%，成为国家重要的高新技术产业基地。技术和资本的投入带动了第二产业劳动生产率进入高速增长轨道，而第三产业的劳动生产率曲线却始终低于第二产业。

（二）成都第三产业劳动生产率提升快速

2005 年成都第三产业人均劳动生产率为 50 693.7 元/人，到 2017 年第三产业人均劳动生产率提升为 159 444 元/人，是 2005 年的 3.1 倍。从服务业内部行业生产率看，增长较快的行业主要集中在科技研发、物流供应链、金融服务、信息技术服务等生产性服务业，而餐饮美食、酒店住宿、休闲娱乐等生活性服务业生产率增长相对缓慢。2005—2017 年，成都服务业内部结构的总体演进趋势是生产性服务业比重持续提高，尤其是从 2010 年开始超过其他两大类服务业，成为服务业中比重最高的类别，2017 年在服务业中占比达到 51.96%。选取 2010 年、2015 年、2017 年三个年份，计算生产性服务业、生活性服务业、公共服务业的劳动生产率。其结果为：2010 年生产性服务业、生活性服务业、公共服务业的劳动生产率分别为 144 732.5 元/人、54 419 元/人、82 539.1 元/人；2015 年分别为 275 518.3 元/人、84 800.5 元/人、120 058.1 元/人；2017 年分别为 284 109 元/人、95 679.1 元/人、132 186.3 元/人（见图 5.7）。数据显示，生产性服务业因其对技术进步稳定的正向促进作用，并且相较于生活性服务业和公共服务业具有更强的要素集聚能力，因此生产性服务业劳动生产率在服务业内部中最高，是提高成都服务业劳动生产率的关键。

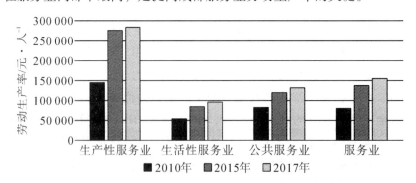

图 5.7 2010 年、2015 年、2017 年成都服务业内部行业劳动生产率情况

（数据来源：《成都统计年鉴 2013》《成都统计年鉴 2018》）

（三）成都服务业正处于从"要素主驱动"向"要素创新双驱动"转换的重要节点

选取 2005—2010 年、2010—2015 年、2015—2017 年、2005—2017 年四个时段，计算成都服务业内部行业对服务业增长的贡献率。数据表明，2005—2010 年服务业内部行业中对服务业增长贡献最大的前五个行业分别是金融业，批发和零售业，房地产业，交通运输、仓储和邮政业，信息传输、计算机服务和软件业；2010—2015 年为金融业，批发和零售业，租赁和商务服务业，房地产业，交通运输、仓储和邮政业；2015—2017 年为金融业，信息传输、计算机服务和软件业，租赁和商务服务业，房地产业，批发和零售业；2005—2017 年为金融业，批发和零售业，房地产业，租赁和商务服务业，信息传输、计算机服务和软件业，为服务业增长提供了63.5%的推动力（见图 5.8）。这一阶段，工业化进程和城市化进程大大增加了对服务的需求，但以创新为主的新动能尚未成为发展的主引擎，因此资本、人力等要素和创新共同推动服务业劳动生产率提升。

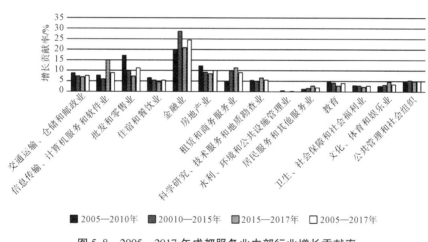

图 5.8 2005—2017 年成都服务业内部行业增长贡献率

（数据来源：《成都统计年鉴 2018》）

## 四、数字技术创新驱动阶段（2018 年至今）

近年来，新一轮科技革命和产业变革突飞猛进，其中 5G、互联网、大数据、物联网、人工智能等数字技术创新最活跃、应用最广泛、影响最深刻。其广泛应用于服务业，不仅带动了服务业中的数字经济部门快速发展，而且推动知识密集型服务业开始加速成长，进而提高了服务业劳动生产率。这一阶段成都服务业生产率的主要特征：

（一）成都第三产业劳动生产率高于第二产业劳动生产率

2018—2021 年成都三次产业的劳动生产率变化情况为，第一产业由 35 986.6 元/人提升为 36 692.6 元/人，第二产业由 157 500.4 元/人提升为 188 139.4 元/人，第三产业由 170 147.7 元/人提升为 196 636.1 元/人，第二产业和第三产业的劳动生产率偏差值在 8 496.7 ~ 12 647.3 元/人之间。通过观察发现，第二产业劳动生产率在 2018 年出现下滑，而第三产业劳动生产率一直保持较为稳定的提升，因此第三产业劳动生产率得以反超第二产业劳动生产率。

（二）数字技术和互联网新模式是服务业生产率提升的重要因素

"数字技术-产业"交互迭代效应持续增强，数字经济全要素生产率对国民经济生产效率起到支撑作用。2022 年，成都数字经济综合竞争力位居全国第五，数字经济已从效能驱动阶段提升至创新发展阶段。信息技术的高速发展推动数字经济发展动能加速释放，互联网和软件服务业强势领跑。2021 年，成都信息传输、软件和信息技术服务业实现增加值 1 177.1 亿元，比上年增长 22.4%，对服务业增长的贡献率达 20.0%，拉动服务业增长 1.8 个百分点。互联网平台和网络建设持续加强，2021 年累计建成 5G 基站超 2 万个，互联网宽带接入用户 855.8 万户，互联网普及率达 84.9%；网络消费快速发展，2021 年实物商品网上零售额 136.6 亿元，占社会消费品零售总额的比重为 15.4%；数字技术的普及应用推动了电子商务成为商贸流通业中增长很快的新业态。2018—2021 年，批发和零售业成为推动服务业增长贡献最大的行业（见图 5.9）。

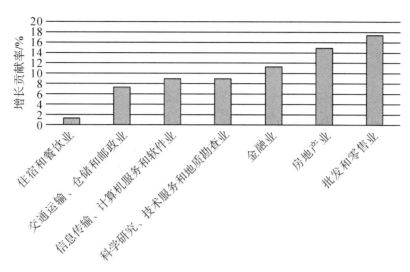

**图 5.9 2018—2021 年成都服务业部分行业增长贡献率**

（数据来源：《成都统计年鉴 2021》《十八大以来成都服务业发展报告》）

### （三）创新成为服务业高质量发展的第一驱动力

2018 年以来成都科技资源更加富集，2022 年，全市人才总量 622.3 万人；高校 65 所，其中"双一流"高校 8 所；国家企业技术中心 62 个，国家级科技创新平台 139 个；科创板上市（过会）企业总数达 17 家，国家高新技术企业 11 463 家。2022 年，成都投入研究与试验发展（R&D）经费 733.26 亿元，增长 16.0%；其中规模以上非工业企业（重点建筑业企业和服务业企业）研究与试验发展（R&D）经费支出 177.96 亿元，增长 37.3%。依托富集的科技创新资源，数字技术的迅速发展和普及应用推动知识创新型服务业快速发展。数字经济规模扩张，数字经济核心产业增加值达 2 779.51 亿元，现价增长 6.1%，占 GDP 比重 13.4%，较 2021 年提升 0.3 个百分点。知识创新型服务业是以高新技术与互联网技术为支撑，以知识与信息的传播与创新为特征的对各个产业提供知识产品与技术服务的新兴服务行业[①]。典型行业包括金融，信息传输、计算机服务和软件业，科学研究、技术服务，新消费产业等。2021 年，成都服务业充分利用科技资源优势，研发投入持续增长，规模以上生产性服务业研发费用支出增长 16.0%。此外，成都人口规模较大，常住人口超 2 200 万，创新创业氛围

---

① 谈力，史北祥，王红扬. 城市知识创新型服务业空间布局特征与模式研究：以南京市城区为例［J］. 现代城市研究，2018（10）：2-10.

浓厚，数字技术驱动下的新消费呈现出蓬勃发展态势。新消费具有强创新性特征，推动消费结构由简单的实物消费为主向注重体验的服务消费为主转变。

## 第二节　成都服务业改革推进情况

从服务业的发展历程看，服务业对制度高度敏感和依赖。发达的服务业是建立在较为完善的现代市场经济体制基础上，而改革是形成有利于服务业发展制度环境的根本动力[①]。随着我国市场经济体制的确立，服务业综合改革在服务领域开放、政府职能转变、企业产权改革等方面取得了一定突破。但是，我国服务业发展仍然存在放宽市场准入限制执行不到位，政府在服务业管理职能上的"越位""缺位"和"错位"，服务业管理体系不健全，体制因素成为制约服务业快速发展的瓶颈等问题。在我国服务业发展与体制性矛盾关联性依然很大的背景下，2010 年在全国 37 个区域开展的"服务业综合改革试点"工作，正是力图通过在不同区域、以不同内容和方式的试点，探索解决制约服务业发展的主要矛盾和突出问题，为在全国推进服务业快速发展提供系统性思路。2010 年获批国家服务业综合改革试点以来，成都以特色化、差异化的发展思路在多个领域"先行先试"，根据自身资源禀赋优势和产业特点，围绕重点领域和关键环节推进服务业发展的体制机制改革和政策创新，形成有利于服务业加快发展的体制机制，更好地发挥市场"无形之手"的决定性作用、政府"有形之手"的关键性作用、政绩"导向之手"的引领作用。

### 一、以统筹为导向创新工作推进机制体制

服务业涉及面广、渗透性强、产业融合特征显著，涉及数十个行业主管部门和要素保障部门，为解决政出多门、各自为政、难以形成整体合力的问题，加强对服务业发展的统筹协调和规划布局，成都建立了"一个统一、三个统筹"服务业组织领导机制和推进机制。

---

① 任兴洲，王微. 服务业发展：制度、政策与实践 [M]. 北京：中国发展出版社，2011.

（一）"一个统一"，即建立市区上下联通、部门衔接顺畅的服务业工作网络

早在 2007 年成都就出台了《成都市人民政府关于加强服务业发展组织领导工作的通知》，建立了由市长牵头的组织领导和统筹推进全市服务业发展的成都市服务业发展领导小组和服务业相关行业部门、县（市、区）地方政府参加的产业发展联席会议制度，研究确定各产业年度发展目标和重大产业化项目建设进度，统筹协调解决各产业规划实施、资源配置、基础设施建设等推进工作中存在的问题，形成重点突出、齐抓共进、相互协调的工作格局，为服务业发展提供了组织保障。

（二）"三个统筹"，即统筹规划、统筹改革、统筹政策

在服务业发展领导小组领导下，一是以顶层设计引导服务业科学发展，先后发布了《关于加快建设服务业核心城市的意见》《成都市服务业发展规划（2008—2012)》《成都市服务业发展"十二五"规划》《成都市服务业发展"十三五"规划》《成都市服务业发展 2025 规划》《成都市"十四五"服务业发展规划》等全局性规划，出台了《关于创新发展生活性服务业建设高品质和谐宜居生活城市的意见》《加快生产性服务业发展总体方案》《成都市人民政府关于加快总部经济发展做强国家中心城市核心功能支撑的意见》等重点领域指导文件，做好服务业发展谋篇布局，形成了较完整的服务业发展规划体系。二是以多项试点推进服务业综合改革。成都相继获批国内首批移动电子商务金融科技服务创新、农村金融服务综合改革、国内贸易流通体制改革、跨境电子商务、智慧旅游、服务业扩大开放等多项改革试点，通过统筹开展多项改革试点形成制度创新的系统集成，为推进服务业发展转型、改革攻坚提供清晰的主线和目标任务。三是发展政策不断创新。在着力破除制约服务业发展的体制机制障碍上，成都加强了服务业产业规划、土地利用规划和城市规划的充分衔接与良性互动，增强了对服务业发展重点区域的要素保障能力，加快了中心城区服务业结构调整，加大了服务业重大项目的政策支持力度和服务业发展统筹推进力度。

## 二、以市场为导向创新生产要素配置方式

随着服务业在城市经济结构中占据越来越重要的地位，各种新业态、新商业模式层出不穷，但土地、人力、资金等要素配置机制不尽合理成为

制约服务业快速发展的重要瓶颈。如服务业发展软规划软约束、服务业用地硬成本硬约束往往造成重大项目落地难和高端产业集聚难。服务业改革的重点与方向，开始关注土地、人力、资本、技术、数据等要素的市场化改革，着力打破条块分割对市场准入和生产要素自由流动的干扰，逐步建立有助于促进服务业发展的资源配置方式，服务业要素保障体制机制不断增强。

（一）创新服务业土地要素供给

在机制上，统筹服务业发展的商务部门被纳入市国土空间规划委员会成员单位，更好地发挥了产业牵头部门在资源配置导向上的引导作用和保障作用。在服务业用地保障方面，由服务业领导小组办公室统筹安排服务业项目年度建设用地指标，实施项目年度建设用地指标动态管理。创新服务业发展重点区域产业用地供地机制，比如，属旧城改造的服务业重大项目，可采取挂牌出让方式供地，挂牌起始价不低于土地整理成本或基准地价；旧城改造范围以外的新建不分割出售产权的服务业特别重大项目用地，也可采取挂牌出让方式供地。

（二）创新服务业资金要素供给

服务业企业特别是中小微企业普遍存在轻资产和市场风险问题，往往面临融资难、服务难等发展瓶颈。为破解中小微企业融资难、融资贵、融资慢的问题，成都以市场方式撬动社会资金和金融资本支持产业发展，通过设立科技创业天使投资引导资金、科技企业债权融资风险补偿资金池资金等，引导发展天使投资、风险投资、融资租赁、科技保险等。如，2008年，成都高新区打造"盈创动力科技金融服务平台"，以"汇聚信息、整合资源、政府引导、专业服务"为宗旨，以缓解科技型中小企业融资难为目标，通过构建物理载体和信息载体，建立债权融资服务、股权融资服务和增值服务三大服务体系，为科技型中小企业提供全方位"一站式"投融资服务。盈创动力科技金融服务模式入选四川省首批21条全面创新改革试验经验，以及国务院13项支持改革创新经验，并获全国推广。2020年，成都开创性地成立"蓉易贷"产品，专门设立"蓉易贷"风险补偿资金池，全面提升包括服务业在内的中小微企业贷款便利性、可得性、普惠性。

2020年10月，成都市印发《关于推行"蓉易贷"进一步完善成都市普惠金融服务体系的实施意见》，明确将加大财政资金支持力度，由成都市地方金融监督管理局牵头，广泛协调政府、银行、担保、保险、小贷等多方力量，在全市系统实施"蓉易贷"普惠信贷工程。作为成都市普惠金融体系的升级版，"蓉易贷"以贷款风险分担机制和债权融资补贴为基石、以融资服务机构市场化风控能力为依托，支持中小微企业（含个体工商户、小微企业主）单户贷款金额不超过1 000万元的信用贷款、保证贷款和权利质押贷款。为发挥财政资金引导和放大作用，成都市政府专门设立了"蓉易贷"风险补偿资金池，成都市财政局首期注入财政资金10亿元，用于中小微企业贷款风险分摊和担保费补贴。同时，建立统一的线上运营平台和多个线下服务中心，实现全流程管理、"零距离"触达。从支持对象看，"蓉易贷"包容性极高，支持范围更广，向除"两高一剩"和房地产外所有行业开放，注册地及缴税关系在成都市内的所有中小微企业、"三农"和个体工商户均可纳入，且重点支持单户贷款金额不超过500万元的首贷和信用贷款。在风险可容忍、商业可持续的前提下，"蓉易贷"采用贷后备案制度，由资金池管理机构批量纳入，将信贷风险控制在合理区间，相较一般政策性信贷产品，覆盖面更广，风险容忍度更高。监测数据显示，"蓉易贷"推出后，金融"活水"朝着中小微企业奔涌而去，业务规模快速上量，短短7个月，投放量就超过了100亿元。截至2022年2月末，"蓉易贷"普惠信贷规模已达376.93亿元，较资金池资金放大37倍，高效超额完成企业既定目标。

——摘自《成都政金产品"蓉易贷"推出 试点首年即投放超300亿无抵押贷款 惠及近3万户中小微企业》（每日经济新闻，2022-03-29）。

### （三）创新服务业人力要素供给

人力资本是服务业高质量发展的长期动力。劳动力既是服务的提供者，又是服务的购买者。在服务业产业人才引育方式方面，成都将人才作为促进服务业发展的第一资源来看待，实施产业建圈强链人才计划，遴选培育产业领军人才。同时整合行业协会、高校院所资源开展实用技能型人才和创业型人才培训，在市内10余所高校开设了文化创意、电子商务等专业，积极开展服务外包、电子商务等行业人才标准及认证体系试点工作，快速弥补了成都市服务业新业态新模式所需紧缺人才的缺口，为成都市服务业提质增效发展提供了智力支持。

（四）创新服务业技术要素供给

在技术要素市场培育方面，成都深化科技成果混合所有制改革，推进高校科研院所科技成果使用权、处置权和收益权三权改革，在全国率先探索出"早确权、早分割、共享制"的职务科技成果权属改革模式，引导科技人员创新+创业，着力打通科技成果转换通道，充分调动高校科研院所和企业创新创业积极性，促进高校科技成果化，让更多科技人员直接转化为企业家。如，西南交通大学在全国率先开展职务科技成果权属混合所有制改革，试点校内职务科技成果不再纳入国有无形资产管理清单。

（五）创新服务业数据要素供给

在数字经济时代，数据要素是服务业发展的重要生产要素，是影响服务业增长的重要投入要素。2020年，为规范和提升公共数据运营服务，充分释放公共数据价值，推动新经济发展，成都出台了国内首个公共数据运营政策《成都市公共数据运营服务管理办法》，并搭建了全国首个公共数据运营服务平台，面向企业和公众提供公共数据资源的市场化增值服务。此外，成都数据集团常态化梳理挖掘社会机构在金融科技、企业内控、创投估值等领域的数据需求，创建"需求收集—数据申请—授权确认—数据交付—数据利用—终止授权"的数据申请与授权闭环机制[①]。随着数据要素有序发展，将有助于数据价值的充分释放，进而提升对服务业增长的影响。

### 三、以增效为导向创新楼宇社区建设模式

楼宇具有生产空间、生活空间、生态空间功能复合的特征，楼宇经济是空间集约优化的资源配置方式。伴随着城市经济的发展，现代服务业加速向楼宇集聚，通过商业地产开发来发展楼宇经济已经无法满足服务业市场主体对楼宇功能和服务的多元化需求，楼宇发展同质化、低效化问题凸显。在此背景下，成都顺应楼宇经济社区化发展趋势，创新楼宇社区发展模式，引导商务楼宇回归产业发展平台，从需求导向入手解决好空间生产效能问题，注重空间资源配置的互联互通和微生态共建共享，推动楼宇经济提质增效。

---

① 简青，王沙. 要素市场化配置改革的成都实践与思考. 成经智库（公众微信号），2023-07-25.

（一）围绕企业需求，推进政务服务进楼宇

楼宇入驻企业以现代服务业和先进生产性服务业为主，集聚了大量的跨国公司、总部机构以及金融保险、国际贸易、科技服务、信息服务等产业价值链高端环节上的企业。这些企业以知识密集型、技术密集型、科技创新型为主要特征。针对楼宇高价值产业集群的特征，成都整合职能部门、楼宇物业等力量，嵌入楼宇经济相关政策指导、招商宣传、代办行政审批等一系列的服务式管理举措，为楼宇内企事业单位"面对面"提供城市管理、经济服务、党群建设等服务，推动政务服务重点楼宇全覆盖。例如锦江区创新形成"1+N"一站式楼宇政务服务模式，并建立了区、街道、楼长、物业"四级服务体系"，有针对性地开展服务。高新区试点设立"楼宇企业服务站"，为企业提供数据支持服务、政务及公共服务和专业服务。武侯区构建国际化、保姆式、全生命周期的楼宇服务模式，并围绕开展法律、文化、党建进楼宇的"三进工程"，不断改善营商环境和提升楼宇服务。

（二）围绕企业员工需求，大力推进商业服务和公共服务进楼宇

聚焦入驻企业员工物质和精神需求，摒弃过去商业与商务完全隔绝的分布格局，引入商业运营商，将餐饮、娱乐、健身、休闲、书吧等商业服务设施嵌入商务楼宇，营造餐饮、休闲、社交、文化等生活应用场景，推动入驻企业员工托育等公共服务进楼宇，形成集商务办公、休闲娱乐、生态空间等为一体的楼宇内循环微生态圈。随着绿色和健康理念的深入发展，越来越多的企业、机构在其选址过程中，将绿色建筑认证作为硬性规定。这是由于营造绿色健康的工作、消费、休闲场景，能提升企业品牌价值及社会效益，保障员工健康福祉，促进劳动生产率提高。根据调研，成都楼宇市场中，获得 LEED 认证的商务楼能够实现 20%～30%的租金溢价，且楼宇整体进驻率表现更优。

（三）以标准化为抓手实现楼宇品质突破

成都实施楼宇"标准化+产业升级"战略，在全国率先开展楼宇经济标准化试点工作，探索商务写字楼等级"地方标准"。2012 年，成都发布了全国首批商务写字楼地方标准——《成都市商务写字楼等级划分》，之后陆续出台了《成都市商务写字楼等级评定实施细则》《成都市楼宇等级评定管理规范》《成都市楼宇等级评定工作规范》《成都市写字楼物业服务等级划分》等标准配套规范性文件，切实推进标准实施。2014 年成都成立

了全国首个楼宇经济促进会，2015年组建了全国首个楼宇经济专家库，率先启动商务楼宇等级评定，全面推进楼宇服务标准化体系建设，较好地发挥了超甲级、甲级商务写字楼的标杆示范效应，在促进楼宇经济健康发展、稳定投资增长、优化城市空间、提升功能品质等方面起到了重要作用。2017年，国家标准委下达的第四批国家标准修订计划中，成都负责牵头开展《楼宇经济术语》《商务楼宇公共服务规范》《商务楼宇等级划分要求》三项国标研制工作，同时批复成都成为全国首个楼宇经济国家级服务标准化试点城市。2020年，三项国家标准正式发布，不仅填补了国内楼宇经济标准的空白，而且极大增强了产业能力，更有利于产业高端导入和高端产业集聚。

## 四、以集群为导向创新产业载体建设模式

产业集聚区往往是城市功能的核心承载地。正如第三章所提及，以服务业功能区和服务业集聚区的形式发展现代服务业，是成都推动服务业形成规模效应和集聚效应的重要抓手。产业集聚区已经成为成都现代服务业重点承载区域。相较于工业，服务业集聚更多以技术和知识外溢为动机。在推进集聚区、功能区以及重点片区建设过程中，成都以产业建圈强链为理念，以构建产业生态、人文生态、"云"服务生态为目标，由过去主要以拼资源消耗、拼投入的传统发展模式转向以服务和配套的完善赢得竞争优势的发展模式。

### （一）推进政策的系统集成和创新

在推进服务业集聚区建设过程中，成都充分借鉴发达国家和地区，特别是纽约、伦敦、东京、巴黎等国际化大都市及国内上海、北京等发达城市发展CBD或商务集聚区的成功经验，按照城市发展多中心微型CBD和产城一体规划建设思路，依托轨道交通和城市交通节点，将集聚区空间尺度基本确定在1~2平方千米范围，作为城市规划的产业空间单元；居住功能原则上在集聚区周边区域配置，以增强集聚区产业承载能力和集聚效果，提升城市综合服务功能和运行效率。在推进重点片区建设中，2023年年初成都发布了《关于加快推进"三个做优做强"重点片区建设的若干政策措施》，从规划引领、建圈强链、土地资金要素供给、交通互联互通、健全公共服务、优化人才生态、鼓励创新示范、优化营商环境等若干方面提出政策集成举措，通过系统集成加快推进重点片区建设，进而提高城市

规划、建设、治理水平，推动空间布局整体优化、功能体系整体完善、发展能级整体跃升，全面增强人口和经济承载能力。值得关注的是，成都在推进重点片区建设时按照"地上一座城，地下一座城，云上一座城"理念，聚焦产城融合、职住平衡、生态宜居、智慧治理，制定完善导则、标准等空间管理体系，为重点片区规划建设发展提供技术指引和支持，充分体现了政策的创新性。

（二）探索经济区与行政区适度分离改革

产业功能区和重点片区均涉及跨区域布局，这对跨区域统筹管理机制和政策举措的创新提出了更高要求。在推进产业功能区建设中，成都建立了市级统筹、县（市、区）为主的联动机制，建立了一个功能区一个市级牵头领导、一个推进机构、一个重大项目库、一个产业政策、一套目标考核办法的"五个一"统筹推进机制，初步形成由功能区领导小组统一规划定位、统一产业政策、统一要素配置、统一项目招商、统一品牌营销、统一目标考核，由相关县（市、区）分别承担实施主体责任、分别编制起步区详规、分别抓好重大产品设计、分别推进项目建设的"统分结合"建设发展模式。在推进重点片区建设中，成都要求跨区协作的行政区域要打破"自家一亩三分地"固有思维定式，在管理机制上建立起市、县（市、区）两级"一体式"运转模式，即建立由"一个牵头市领导+一个县（市、区）责任主体+一个牵头市级部门+若干协同部门和国企协同"共同推动的"1+1+1+N"跨层级重点片区开发建设工作推进专班；同时指导跨区域、组团式重点片区创新建立利益链接机制，鼓励"一区多园"发展模式，对跨区域开展科技成果转化和产业化的项目，成果产出区与项目落地区之间可按规定分享项目经济数据；支持具有优质服务资源的县（市、区）推动基本功能跨区域联动辐射，探索建立基本功能跨区域供给财税补偿机制，实现重点片区基本功能跨行政区划就近满足（见表 5.2）。

表 5.2　成都市"三个做优做强"毗邻联建片区联合开发机制构建情况

| 序号 | 重点片区 | 已开展的实践探索 | 主要亮点做法 |
|---|---|---|---|
| 1 | 成都国际陆港 | 正在组建工作专班；建立主要领导牵头的联席会议与双片区管理机构联动机制，构建"青白江为主、彭州片区为辅"竞合发展关系 | 提出构建"四统一"工作机制、"四共享"发展机制。<br>建立开发建设联动机制：双片区管理机构联合制定重大项目、工作事项等各类清单。<br>建立专项合作机制：两地互派干部顶岗锻炼，相关单位对口签订专项协议 |

表5.2(续)

| 序号 | 重点片区 | 已开展的实践探索 | 主要亮点做法 |
|---|---|---|---|
| 2 | 熊猫国际旅游度假区 | 建立工作推进专班；共同组建股权多元化的专业投资公司；现有管委会由成华区牵头负责 | 组建股权多元化的专业投资公司：成华区、新都区、金牛区区属国企与兴城集团及天府绿道集团合资共建天府熊猫集团，构建"总部公司+项目公司"运营模式 |
| 3 | 交子金融商圈 | 正推进工作专班组建；创新"领导小组+法定机构+专业公司"管理运营模式 | "领导小组+法定机构+专业公司"总体管理运营模式，分别负责跨层级协调问题、片区经济发展工作（社会事务由属地部门、街道负责）、片区项目建设 |
| 4 | 清水河高新技术产业走廊 | 由市经信局牵头，成立工作推进专班，建立"区级部门+市级部门+市属国有公司"联席会议制度；建立"领导小组+执委会"模式，成立平台公司 | 建立"会议+台账"工作制度：建立"月调度+季度例会+专题会议"的会议制度，联席会议办公室设在市经信局，下设综合协调、招商、基建等工作专班。计划组织集中办公：高新区、郫都区、温江区，以及市级部门、市属国企抽调干部实施集中办公 |
| 5 | 蓉南新兴产业带 | 成立工作推进专班；成立平台公司负责投资、建设、运营 | 签订细分领域专项合作协议：三区围绕高质量发展、公园城市价值转化等领域形成合作协议 |
| 6 | 蓉北枢纽商圈 | 成立工作推进专班；实施"领导小组+法定机构+专业公司"运行体系 | "领导小组+法定机构+专业公司"运行体系：金牛区、成华区区属国企与市属国企共同组建蓉北商圈建设发展有限公司，与蓉北商圈发展服务局实行"局司合一" |
| 7 | 环城生态带 | 成立工作推进专班；绿道文旅集团主导开发建设，引入社会资本共同组建公司 | 与社会资本共同组建公司共同运营：与成都市花木技术服务中心、与深圳市腾讯产业投资基金有限公司等社会资本分别组建专业公司 |

资料来源：杨婷婷，李梦玲. 从"交界地"走向"共建带"：看成都"三个做优做强"毗邻联建片区以共建共享机制破题［EB/OL］.［2023-12-26］. www.cdeic.net/go-a1193.html.

（三）强化载体的项目集群建设

项目集群是指支撑某一功能的支撑和关联项目在一定地域范围的地理集中。项目集群建设是能否实现产业集群发展的关键。在具体实施中主要体现两个层面：首先，按照"项目围绕功能建"的要求，运用产业建圈强链理念，对"功能-项目"进行项目集群联动策划包装。其次，按照"要素跟着项目走"要求，统筹推动土地、资金、人才、技术、数据等资源要素向重点片区集中、向项目集群集聚。

**五、以赋能为导向推进服务业"放管服"改革**

"放管服"改革是以简政放权、监管改革、优化服务为核心内容的综合改革，旨在更好地发挥市场在资源配置中的决定性作用。党的十八大以来，在全国"放管服"改革全局部署下，成都以国家首批服务业综合改革试点和内贸流通、服务贸易、跨境电商等领域多项改革试点为契机，纵深推进服务业"放管服"改革，加快政府职能转变。本书重点梳理了"多证合一、一照一码"登记制度改革、企业投资项目"承诺制"、信用监管、金融服务等代表性事项，以观察成都在加快商事制度改革、推动事前审批向事中事后监管转变等方面的服务机制创新和革命性流程再造。

（一）"多证合一、一照一码"登记制度

在"多证合一、一照一码"登记制度改革工作方面，成都高新区积累了先行先试的经验。2015年1月，成都高新区在四川省率先实行"三证合一、一照三号"登记制度；2016年8月，成都高新区在四川省率先实行"五证合一、一照一码"登记制度；2016年11月，成都高新区开始实行个体工商户"两证整合"登记制度。2017年9月，按照全市统一部署，成都高新区全面实行企业、个体工商户、农民专业合作社"多证合一、一照一码"登记制度。"多证合一、一照一码"登记制度是在原企业"五证合一、一照一码"和个体工商户"两证整合"的基础上，将包括公安、房管、商务、文广新等部门的16项涉及企业数据采集、记载公示、管理备查类的一般经营项目涉企证照事项以及企业登记信息能够满足政府部门管理需要的涉企证照事项（其中关系公共安全、经济安全、生态安全、生产安全、意识形态安全的除外），进一步整合到营业执照上，实现"二十一证合一、一照一码"。"多证合一、一照一码"改革从全面梳理整合各类涉企证照事项入手，通过减少证照数量，简化办事程序，降低办事成本，以"减证"推动"简政"，从根本上推动涉企证照事项的削减，以进一步压缩企业进入市场前后的各类涉企证照事项，进一步减少制约创业创新的不合理束缚，进一步营造便利宽松的创业创新环境和公开透明平等竞争的营商环境。该项改革的实施使企业在办理营业执照后即能达到预定可生产经营状态，大幅缩短了企业从筹备开办到进入市场的时间，进一步降低了市场主体创设的制度性交易成本。

（二）企业投资项目"承诺制"

具体操作上，以成都双流区为例，通过整合跨层级跨部门的办理事项和流程，优化重组审批流程，将企业需完成的行政审批（许可）30项事项优化为28项，其中需要开工前完成的仅有7项，其余21项由企业按照政府设定的准入条件、建设标准和相关要求，企业以书面形式承诺其将按照相关法律法规、政策文件和标准规定实施项目建设，承诺"在规定期限内达到许可条件办理行政许可""接受行政机关事中事后监管"以及"接受因失信受到的行政处罚"。同时在项目实施前、项目实施中、项目竣工后，为企业提供事前审批事项、要素保障、验收和手续办理等全程上门服务。实施企业投资项目"承诺制"，推动政府将工作重心从事前审批转向事中事后监管和服务，提升了政府在企业投资项目全过程的监管、服务能力，实现管理型政府向服务型政府转变。

（三）创新金融服务模式

比较典型的有两类，第一类是面向科技型创业型中小企业探索科技金融服务模式。针对科技型创业型中小企业"轻资产、高风险"特征，2008年成都高新区打造集债权融资、股权融资、增值服务为一体的科技金融服务体系，建立包括统借统还平台贷款、政策性贷款产品、融资担保、小额贷款在内的债权融资服务体系；包含天使投资、创业投资（VC）、私募股权投资（PE）在内的股权融资服务体系；包括中小企业投融资培训、改制上市辅导、上市路演、项目对接、论坛沙龙在内的增值服务体系，能满足不同阶段、不同融资需求的企业，为科技型创业型中小企业提供全生命周期投融资服务，有力促进了科技与金融深度融合。第二类是面向外向型中小微企业探索"自贸通"综合金融服务。在融资方面，整合现有"成长贷""双创贷"等特色融资产品，扩大服务企业范围。在降费方面，外向型中小微企业均涉及国际结算业务，而国际结算业务与普通银行业务相比，具有费用种类较多、产品单价较高的特性。合作商业银行对纳入"自贸通"金融服务的企业在合作协议有效期内免除全部国际结算手续费，切实降低企业费用成本。在服务方面，由合作商业银行牵头，为企业开辟业务办理绿色通道、提供境外资信调查、金融咨询、境外金融等特色服务，为外向型中小微企业提供优质、高效、低成本的全方位金融中介服务。

（四）加快构建以信用为核心的市场监管体系

信用监管在市场监管中发挥着越来越重要的作用，已成为市场监管的创新治理手段。伴随着我国社会信用体系建设的不断完善，企业信用监管的重点从主体和行为监督管理转化为依据信用状况实施差异化的监督管理。成都探索市场主体信用积分制监管新思路，自主研究"成都市市场主体信用积分管理"系统，围绕联合奖惩、事中事后监管和政务服务，协同推进信用积分在市场监管、公共资源交易、项目审批、专项资金安排、政府资金补贴等重点领域应用，有效实施联合奖惩。依托成都市电子政务云等数据源，搭建以监管信息归集共享为基础，跨部门协同监管、联合惩戒为核心的市场主体智慧监管平台，统筹各部门业务系统数据资源，以统一社会信用代码为关联码，建立企业多维画像和全息档案，推动建立市场监管领域多部门信息共享、协同联动，跨部门执法联动响应和协作的机制，提升市场监管效能。比如探索环境信用评价制度，对企业进行环境信用等级评价，建立环境联合惩戒机制，实现环境保护"守信激励、失信惩戒"，倒逼污染企业全面履行企业环境保护主体责任，促进企业自律，同时提高环保部门工作效能，提升政府环境保护公信力。

## 第三节　成都服务业开放发展情况

### 一、成都服务业对外开放发展历程

相较制造业，我国服务业对外开放起步较晚。20 世纪 90 年代开始，在金融、保险、商业、旅游、房地产等行业陆续有外资不断进入。2001 年我国加入世界贸易组织（WTO），这是我国深度参与经济全球化的里程碑，标志着我国服务业对外开放进入历史新阶段。按照协议承诺的时间表，我国逐步放开服务业对外开放，逐步取消了服务业对外资的限制，除金融业以外，现代物流业（包括仓储、货运代理、海上运输、交通）、软件服务业、批发零售业、饭店旅游业、会计统计审计咨询等在对外开放领域都有了较快进展[1]，截至 2007 年我国的服务贸易领域开放承诺已经履行完毕。2012 年，党的十八届三中全会提出构建开放型经济新体制的重要内容，并对服务业开放提出了方向，即推进金融、教育、文化、医疗等服务业领域有序开放，放开育幼养老、建筑设计、会计审计、商贸物流、电子商务等服务业领域外资准入限制，我国服务业对外开放进入新的发展阶段，全面启动服务业的高水平开放。同时，通过建立自由贸易试验区、服务业扩大开放综合试点等平台，加大对外开放压力测试力度，探索完善服务业对外

---

[1] 章铮，张大生，王小宽. 中华人民共和国经济发展全纪录：第 5 卷 [M]. 北京：中国社会出版社，2010.

开放的模式和制度安排。

改革开放前，在国家当时自我封闭循环的经济发展模式下，作为我国西南地区重要的经济建设基地和战略大后方的成都，经济发展模式不可能超越国情和体制的约束，加之地处西南盆地，远离沿海和沿边口岸，受到的冲击力度较小，其封闭状态更甚于我国其他沿海沿边地区。改革开放后，成都市开启服务业对外开放的序幕，总体而言，成都市服务业开放是服从和服务于国家整体发展战略，是在国家服务业开放发展的大局下有序推进的，分为三个阶段：第一阶段为改革开放至加入世界贸易组织以前，这是服务业缓慢零星开放阶段；第二阶段为加入世界贸易组织后到 2011 年，服务业开放力度不断加大，这是服务业有限开放阶段；第三阶段为 2012 年以来，服务业全面开放的格局基本形成。

（一）零星缓慢开放的阶段（1978—2000 年）

党的十一届三中全会开启了我国服务业对外开放的序幕。改革开放后至 2000 年，这一时期服务业的开放程度较低，以局部领域的局部试点为主。这一阶段，成都市服务业开放呈现出零星开放特征：思路上，服务业开放思路是被动的，是单向的开放；产业上，个别领域开放较早。具体又分为两个时期：

改革开放后至 90 年代初，这一期间服务业对外开放就是为了更好地积累外汇并主要服务于制造业的对外开放，旅游业是我国最早开放的行业，银行、交通、融资租赁和海上石油勘探等行业也逐步对外开放。由于政策因素的制约，作为西部内陆地区城市的成都以"借船出海"作为开放战略的重点，其独特的特点有：通过与沿海经济特区联合，打通向境外开放的道路；外商直接投资起步较晚，1985 年，成都第一家外商投资企业成都正大有限公司成立，标志着成都市利用外商直接投资开始起步；对外贸易由间接出口向直接出口转变，1988 年，国家对外经济贸易部正式批准"四川省成都进出口公司"成立，成都取得对外贸易自主经营权，结束了单纯组织出口货源的历史。

90 年代至 2000 年期间，为更好地融入经济全球化进程并与国际规则相衔接，我国加快了复关和 WTO 谈判，在此期间进一步扩大了服务业开放。为更好地发展我国服务业，这一时期我国集中出台了规范服务业发展和服务业开放的政策文件和法律法规。1992 年，中共中央、国务院颁布了《关于加快发展第三产业的决定》，这是我国促进服务业发展的第一个重要文件。同年，党的十四大报告中明确指出加快第三产业发展，同时引导外资适当投向金融、商业、旅游、房地产等领域。1994年，我国在财税、金融、外贸、外汇以及投资体制等方面进行了重大改革，为服务业的发展和开放创造了有利条件。1994年《中华人民共和国外贸法》和1995年《指导外商投资方向暂行规定》《外商投资产业指导目录》的出台为服务业的进一步开放营造了良好的环境。1992年，成都成为我国对外开放内陆省会城市，为扩大开放提供了政策机遇。1999年，国家经贸委、外经贸部联合下发的《外商投资商业企业试点办法》，将试点地域扩大到了所有省会城市、自治区首府、直辖市、计划单列市和经济特区。这一时期成都曾被禁止外商进入的商业、金融、保险、航空、律师和会计等行业允许试业，曾被限制外商进入的土地开发、房地产、宾馆和信息咨询等行业逐步放开，在旅游、房地产、餐饮服务等领域对外资的限制相对较松。

（二）开放水平大幅提升的阶段（2001—2011年）

2001年我国成为世界贸易组织（WTO）第143个成员，承诺全方位、有步骤、渐进式开放服务业市场，这一时期我国服务业对外开放是以对WTO的开放承诺为基础的。根据WTO《服务贸易总协定》的分类，我国针对商业服务、通信服务、建筑及相关工程服务、分销服务、教育服务、环境服务、金融服务、旅游与旅行相关的服务、运输服务9个领域做了具体承诺，加大了服务业开放力度。不同的行业开放差异较大，商业服务、旅游与旅行相关的服务、运输服务和房地产总体开放度较高，教育服务、金融服务、通信服务、环境服务等开放度较低，健康服务、娱乐服务和其他服务完全不开放。这一阶段成都市服务业对外开放水平有了较大提升，商业、服务外包、金融产业表现较为突出。

零售市场开放度实现大幅提升。主要表现在外资企业数量和规模引领西部城市。2010年，40家进入中国的世界零售250强中，已有沃尔玛等15家入驻成都；LV、爱马仕等188个国际一线品牌入驻成都，成为西部地区国际品牌投放首位度最高的城市。

服务外包产业成为成都服务业增长的重要引擎。2009年成都服务外包产值约253亿元，占全市服务业总产值的11%。其中，登记离岸业务外包执行金融占全市服务外包业务总额的3%。从服务外包离岸目的地分布看，印度尼西亚、美国和日本业务占成都离岸服务外包业务总额的近六成。从发包行业看，ITO（信息技术外包服务）业务和KPO（知识流程外包服务）业务占了 98%，而金融、信息技术和数字内容等行业是成都服务外包的主要发包行业[①]。

金融业开放水平不断提升。国际金融危机爆发后，国际金融机构的客户服务、资金清算、产品研发、数据中心等后台业务与营运前台相对分离，向人才资源丰富、成本相对较低的地区加快转移。西部大开发战略的实施，促使外资金融机构把成都作为金融外包服务及后台服务的首选地之一。为承接国际金融产业转移，2007 年四川省和成都市共同在高新区启动建设金融后台服务中心，成都于 2011 年规划建设了金融总部商务区，聚集了澳新银行亚太运营中心等金融外包及后台服务机构。2010 年海峡两岸签署了《海峡两岸经济合作框架协议》，并对台湾银行申请在大陆中西部、东北部地区开设分行（非独资银行下属分行）设立了绿色通道，两岸金融业相互开放程度不断提升。成都聚集了富士康、仁宝等一批台资企业，为承接台资金融机构转移提供了支撑条件。2011 年西部首家台资金融机构（台湾国泰财产保险公司）在成都设立省级分公司。

（三）全面开放的崭新阶段（2012 年以来）

党的十八届三中全会后，我国进入了致力于深化改革扩大开放的新阶段。2013 年，党的十八届三中全会通过了《中共中央关于全面深化改革若干重大问题的决定》，提出构建开放型经济新体制的三大支柱，即放宽投资准入、加快自由贸易区建设、扩大内陆沿边开放。这一时期我国服务业全面开放的新格局基本形成，主要表现在：一是在放宽市场准入方面，建立了"准入前国民待遇+负面清单"管理制度，《市场准入负面清单（2021版）》中服务业外资准入特别管理措施仅 23 项，较 2017 年有了大幅减少。《"十四五"服务贸易发展规划》提出要在全国层面推进实施跨境服务贸易负面清单，提升自主开放水平，有序减少跨境交付、境外消费、自然人移动模式下服务贸易限制。二是打造高水平服务业改革开放平台。建立自由贸易试验区和服务业扩大开放综合试点是我国服务业开放的重要举措。2013 年，承载我国改革开放重大历史使命的上海自由贸易试验区正式运行，率先进行开放试验，探索对包括服务业在内的外商投资实行"准入前国民待遇+负面清单"管理模式，拉开了我国进一步改革开放的大幕。2020 年，设立海南自由贸易港，在海南全岛建设自由贸易试验区和中国特

---

[①] 数据来源：《成都市服务外包产业发展规划（2010-2014 年）》。

色自由贸易港，按照《海南自由贸易港建设总体方案》，2025 年前将启动全岛封关运作，将全方位实施自贸港政策制度体系，迈向世界最高水平的开放形态。2015 年北京成为全国第一个国家服务业扩大开放综合试点城市，2020 年升级为国家服务业扩大开放综合示范区，探索服务业扩大开放的新业态新模式新路径。截至 2022 年，国务院已经批复了 21 个自由贸易试验区，形成了"1+4+6"的服务业扩大开放综合试点格局，自贸试验区和服务业扩大开放综合试点作为服务业扩大开放的重要制度创新平台，对于我国全面深化改革和扩大服务业开放探索新途径、积累新经验、管控新风险，探索并完善服务业开放模式和制度安排，提高我国服务业国际竞争力具有积极的作用。

共建"一带一路"倡议构建起陆海内外联动、东西双向互济全面开放新格局，从根本上改变西部内陆地区的经济区位，提升了成都在国内乃至全球的经济地理位置，由内陆腹地变为开放前沿。这一阶段成都市服务业开放发展的主要特征有：管理模式上实施"准入前国民待遇+负面清单"管理模式；开放格局上响应国家战略，注重内外结合，由主要对接沿海开始转向向西、向南、向北、向东主动开放；开放方式上由以往的侧重"引进来"逐步向统筹"引进来"与"走出去"转变；开放领域和深度持续拓展。具体表现在以下几个方面：

亚蓉欧陆海空联运战略大通道基本成型。航空方面，成都实施"深耕欧非、加密美澳、覆盖亚洲、突出东盟"的国际航线发展战略，不断织密成都到全球重要物流节点、全球商务城市、新兴市场和旅游目的地的航班密度，加快布局国际航空客货运战略大通道。截至 2021 年 4 月底，成都的国际（地区）客货运航线数达 131 条，其中定期直飞航线目前已达 81 条，航线规模位居我国内地第四、中西部第一。2020 年，成都双流国际机场旅客吞吐量 4 074.2 万人次，位居全国第二、全球第三。2021 年 6 月，成都天府国际机场开航投运，构成"两场一体"协同运行的新格局，成都也成为继上海、北京之后第三个拥有两个国际机场的城市。铁路方面，以成都铁路港为中心的、贯通亚蓉欧以及链接东西部的铁路运输网络已经成型。2013 年中欧班列（成都）开通运行，从根本上打破了西部地区发展开放型经济必须依赖港口"借船出海"的历史。目前，成都已经全面构建起向西至欧洲腹地、向北至俄罗斯、向南至东盟的"Y"字形国际铁路、铁海物流通道。成都国际铁路港已对外布局 7 条国际铁路通道和 6 条海铁联运通道体系，实现链接境外 61 个城市和境内 20 多个城市。积极参与国际陆海贸易新通道建设，西部陆海新通道利用铁路、公路、水运、航空等多种运输方式建设三条出海通道，按照《西部陆海新通道总体规划》，其中一条出海通道是自成都经泸州（宜宾）、广西百色至北部湾出海口。

---

**专栏　中欧班列（成都）**

2013 年 4 月 26 日，第一列中欧班列（成都）从青白江始发开往罗兹，8 年来，中欧班列（成都）累计开行超过 13 000 列，进出港货值从 2017 年的 577 亿元，增长到 2020 年的 1 507 亿元，年均带动四川进出口贸易 120 亿美元以上。

目前，中欧班列（成都）运输出口货物主要为电子设备、笔记本电脑、电脑配件、汽车整车及零配件等货品；进口货物主要为飞机及零配件、磁悬浮轨道梁、汽车整车及零配件、工业电烘箱、压缩机、轮胎、食品及红酒等货品。

川渝两地开展中欧班列深度合作。2021 年 1 月 1 日，成都、重庆两地同时发出 2021 年中欧班列（成渝）号第一趟列车，至此，成渝两地在中欧班列的品牌建设、统一数据、协商定价、沟通机制等方面的合作迈出了实质性步伐，实现中欧班列（成渝）统一品牌运行。

开展"铁路+"多式联运"一单制"。由于国际铁路联运规则不一，铁路运输单证无物权属性，缺乏贸易结算和融资功能，很多外贸企业无法通过运输单证实现贸易结算和融资。为解决外贸企业货物在进行跨境铁路运输时遇到的结算和融资难题，2017 年成都市推出"一单制"系统集成改革，探索创设以国际铁路为主的多式联运单证，强化陆路运输提单物权属性，积极探索"银担联合""银保联合"等融资模式，推动具备物权性质的多式联运运输单证市场化推广，创新国际铁路多式联运贸易融资方式，提高了贸易便利化水平。

资料来源：根据公开资料整理。

---

服务贸易规模稳步扩大。2016 年，国务院批准在 10 个省市和 5 个国家级新区开展服务贸易创新发展试点工作。成都是 15 个试点中唯一的西部城市，围绕完善服务贸易管理体制、加大服务业双向开放力度、培育服务贸易市场主体、创新服务贸易发展模式、提升服务贸易便利化水平、优化服务贸易支持政策、健全服务贸易统计体系、创新事中事后监管举措八个

方面，为服务贸易提供方式探索新路径、积累新经验、增添新动力。2020年，成都市实现服务进出口总额911.1亿元，保持稳定发展的态势。服务贸易结构不断优化，其中，电信、计算机与信息服务，保险与金融服务，知识产权使用费等知识密集型服务贸易进口规模约占服务进口总额的20.7%；知识密集型服务贸易出口规模约占服务出口总额的40.9%。在市场开拓上，成都不仅与美国、中国香港、新加坡和日本等贸易强国或地区保持密切合作，还拓展了俄罗斯、阿联酋等新兴国家市场，离岸服务外包接包业务涉及共建"一带一路"国家和地区已增加到34个。截至2022年，已有五个特色服务出口基地，包括数字服务出口基地——天府软件园、国家文化出口基地——三国创意园、知识产权服务出口基地——高新技术产业开发区、语言服务出口基地——四川语言桥信息技术有限公司、人力资源国家出口基地——成都人力资源服务产业园，推动服务贸易集聚发展。

"引进来"与"走出去"双向结合。服务业开放的最终目的，是提升服务业和服务贸易的竞争力，这就要求在开放过程中，既要"引进来"也要"走出去"。一方面，减少服务市场的准入限制，扩大服务业对外开放。2014年，成都紧跟上海探索实行负面清单管理模式，天府新区成都片区直管区、成都高新区、龙泉驿区（经开区）3个试点区公开发布了各自的第一份"负面清单"，涉及外商投资、企业投资、区域发展、环境保护四大领域，比全国统一实行的步伐提前了4年。2022年，成都已经全面实施"准入前国民待遇+负面清单"管理模式，推动市场准入负面清单事项与现有行政审批流程动态衔接，对负面清单之外的领域按照内外资一致原则实施管理，鼓励和引导各类资本投向服务业，服务业超越制造业成为支撑成都市外资流入的第一大支柱。2019年，成都实际利用外资金额131.69亿美元，服务业利用外资的占比达75%，其中约80%的资金来源于香港特别行政区。另一方面，坚持扩大服务出口，抢抓"一带一路"建设重大机遇，"走出去"全球布局，支持本土龙头企业有序开展全球战略布局，提升跨国经营水平，培育本土跨国企业集团。截至2020年年底，成都已有730余家企业实现"走出去"发展，投资遍布全球近90个国家和地区。全市新备案境外投资企业（项目）中，在亚欧非等共建"一带一路"国家和地区备案的境外企业和机构数量占比超过70%。

打造高水平服务业双向开放平台。经过多年发展，成都已建成五大类开放平台，形成服务业开放平台梯度。一是以中国（四川）自由贸易试验区成都片区和服务业扩大开放综合试点为核心的制度创新平台。二是由高新综保区（含高新园区和双流园区）、高新西园综保区、成都国际铁路港综保区、成都空港保税物流中心（B型）、天府新区成都片区保税物流中心（B型）共"三区四园两中心"构成的功能开放平台。2011年，成都高新综合保税区正式封关运行，布局了加工制造中心、检测维修中心、研发设计中心、物流分拨中心以及销售服务中心五大中心产业，集保税出口、保税物流、口岸功能于一体。2020年，成都高新西区综合保税区、成都国际铁路港综合保税区通过验收评审。三是由中德中小企业合作园、中法生态园、中意文化创新园、中韩创新创业园、新川创新科技园、中日（成都）地方发展合作示范区6个国别合作园区以及成都经开区构成的产业开放平台。2020年，成都市国别合作园区新增入园企业共计456家，实现总产值431.4亿元，进出口总额1.96亿美元，形成了对外合作开放的重要产业支撑平台。四是以双流国际空港、青白江国际铁路港和天府国际机场构成的口岸开放平台。目前双流国际机场航空口岸已具备植物种苗、冰鲜水产品、食用水生动物、药品、水果、国际邮件、生物制品等进境指定口岸功能，铁路口岸具备汽车整车、肉类、粮食等铁路进境指定口岸功能。随着国际班列增量提质和成都国际铁路港口岸相关配套设施加快完善，成都国际铁路港口岸能级加快提升。五是以西部国际博览城、世纪城会展中心和国际奥体城等为载体的赛事博览开放平台。这些平台和试点正成为承载服务业改革开放的高地，在全市乃至全国服务业开放和高质量发展中有效发挥了示范和引领作用。

---

**专栏　中国（四川）自由贸易试验区成都区域**

2017年4月，中国（四川）自由贸易试验区正式挂牌启动建设。中国（四川）自由贸易试验区成都区域实施面积100平方千米，涵盖成都天府新区片区、成都青白江铁路港片区，涉及成都天府新区、高新区、双流区、青白江区四个行政区域，是中国（四川）自由贸易试验区的主体和核心，承担着扩大开放和深化改革国家试验田的重任。

从功能定位看，成都天府新区片区直辖区块重点发展科技创新和高技术服务业、总部经济、会展经济等产业，建设创新驱动发展引领区；高新区块重点发展高端制造业、新一代信息技术、研发设计等高新技术产业和金融服务、科技服务等现代服务业，建设现代高端产业集聚区和开放型金融产业创新高地；双流区块重点发展民用航空（含基地航空、客货枢纽服务、飞机融资租赁、航空维修、航空再制造、航空研发培训、公务机运营基地）、保税贸易（含保税制造、保税维修、保税文化、国际旅游）、供应链综合服务（含现代物流、跨境电商、口岸贸易、供应链金融、临空总部）等产业，建设国家级临空经济示范区；青白江铁路港片块重点发展国际商品集散转运、分拨展示、保税物流仓储、国际货代、整车进口、特色金融等口岸服务业和信息服务、科技服务、会展服务等现代服务业，打造内陆地区联通丝绸之路经济带的西向国际贸易大通道重要支点。

目前，中国（四川）自由贸易试验区成都区域已在全国复制推广的制度创新成果有13项。主要包括：①中欧班列运费分段结算估价管理改革；②冰鲜水产品两段准入监管模式；③分布式共享模式实现"银政互通"；④空铁联运"一单制"货物运输模式；⑤中欧班列集拼集运新模式；⑥公证最多跑一次；⑦知识产权类型化案件快审机制；⑧"铁银通"铁路运单金融化创新；⑨"自贸通"综合金融服务；⑩"铁路+"多式联运一单制改革；⑪"党建增信"助力中小微企业发展；⑫盈创动力"内源融资＋政府扶持资金＋债权融资＋改制上市"梯形融资模式；⑬"首证通"行政审批改革。

——结合《中国（四川）自由贸易试验区总体方案》以及其他公开资料整理形成。

## 二、成都服务业对外开放现状评析

（一）成都服务业对外开放现状基础

服务业是我国扩大开放的重点领域，是成都比较优势和服务全省高质量发展的"主干"功能。经过多年的发展，成都服务业具备高水平开放的条件。

1. 服务业综合实力增强

成都服务业产业规模持续增长，"十三五"时期服务业平均增速为7.9%，在全国、西部地区、成渝地区双城经济圈、全省中显示出较为强大的集聚能力。2021年，成都服务业增加值13 219.9亿元，服务业增加值占地区生产总值的比重达66.4%；服务业增加值总额、增速在副省级城市中分别排第3、第4位；服务业增加值占西部地区、成渝地区双城经济圈、全省的比重分别为10.6%、32.1%和46.7%，服务业引领作用显著增强，服务业开放的基础日益牢固。

2. 服务进出口稳步扩大

受益于服务业开放和服务贸易创新发展试点工作的积极推进，近年来，虽然受到新冠疫情的巨大冲击，成都服务贸易和服务业利用外资仍然保持较强韧性和增长潜力。据不完全统计，2020年，成都实现服务进出口总额911.1亿元，其中，服务出口额611.7亿元，同比增长12.6%，服务进口额299.4亿元（见图5.10和图5.11）。市场主体实力进一步增强，四川航空股份有限公司、四川国际航空发动机维修有限公司、成都国际铁路班列有限公司等服务贸易企业入选四川省开放发展领军企业，头部企业不断增多。

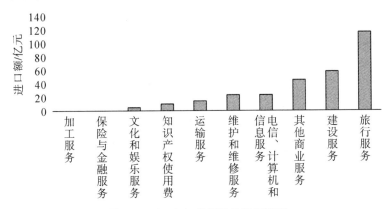

图 5.10  2020 年成都服务进口情况

（数据来源：成都市商务局. 开放之城：建设国际门户枢纽［M］. 北京：中国社会科学出版社，2022）

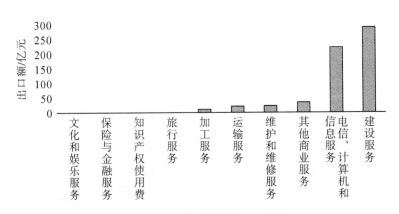

图 5.11  2020 年成都服务出口情况

（数据来源：成都市商务局. 开放之城：建设国际门户枢纽［M］. 北京：中国社会科学出版社，2022）

### 3. 改革开放实质性推进

在激发服务贸易新活力方面，一是精简审批事项，如简化中国（四川）自由贸易试验区银行保险业分支机构和高管准入方式，由事前审核转变为事后报告，保险支公司及以下分支机构设立、改建、迁址和高级管理人员任职资格管理由事前审批改为备案管理。二是优化审批流程，全面实施医疗机构审批登记全程电子化注册，推行"清单制+告知承诺制"，创新开展施工图审查模式，施工图设计全流程均通过数字化审图平台实现全程数字化运作等。三是推进政务服务便利化。

在增强服务贸易新动力方面，一是放宽行业准入限制，加快成都股权投资市场对外开放，试点香港、澳门律师事务所与内地律师事务所在成都市开展合伙联营。二是提升境外人才境内从业便利性，允许港澳人才参加成都市高级经济师职称评价，将港澳从业经历视同为内地从业经历，破除国际化人才流动发展障碍。允许台湾居民参照现行港澳居民相关政策在成都申办个体工商户。

在培育服务贸易新领域方面，加快发展数字贸易、知识产权服务、中医药服务贸易、国际医疗服务等服务贸易新业态，大力推进保税研发检测、保税维修、生物医药研发外包和检验检测外包等业务。2021年，建成全国首个基于区块链技术的知识产权融资服务平台，全面放开中医医疗涉外服务价格，自贸试验区首台保税维修飞机发动机实现交付出厂。

### （二）成都服务业对外开放发展差距

成都服务业在对外开放方面虽已取得一定成绩，但与北京、上海等国内一线城市以及纽约、伦敦等世界知名城市相比，在服务贸易结构和质量、服务业开放度和国际化水平等方面仍存在一定差距。

### 1. 服务贸易与货物贸易发展不平衡

服务贸易发展水平是衡量服务业开放成效的重要指标，服务业开放效果如何，要看服务贸易和外资的发展成效怎么样。2021年，成都货物贸易占对外贸易总额的比重高达88.7%，服务贸易占对外贸易总额比重不到1/5，与上海、深圳、广州等先进城市有较大差距。

### 2. 开放合作平台建设有差距

成都搭建的国际化平台，还处于招商引资甚至推介宣传的初级阶段，功能种类单一，还未形成国际化区域分拨中心、跨境电商全球资源服务中心和进口商品展销中心等开放合作平台。成都进境商品指定口岸仅有10

个，而广州有 38 个，上海有 32 个。价格发现、国际贸易、结算等口岸高端功能缺乏，集散能力和腹地范围与国家中心城市的地位不匹配，对周边省市的辐射能力较弱，辐射范围相对较小。

### 3. 全球供应链建设存在差距

从国内部分城市百强企业中物流服务企业对比来看，成都物流企业占比低，且缺乏上百亿规模的领军型物流企业；从城市物流企业中全球网络物流服务企业占比来看，成都、重庆、郑州等中西部城市远低于上海、深圳等沿海城市；从全国物流供应链企业发展现状来看，成都供应链企业数量少、规模小；从供应链金融服务来看，成都国有银行和商业银行为供应链行业提供的金融服务，仍然以传统客户担保模式为主，仓单质押、动态质押、保理和再保理等业务处于起步阶段，使用传统信用证结汇仍然是主要方式，与上海、深圳等城市相比，在金融服务制度创新上还有较大差距。

### （三）成都服务业对外开放主要短板

我国正在加快形成立体全面开放新格局和竞相开放新态势，成都面临前有标兵、后有追兵、你追我赶、不进则退的开放竞赛，赋能不足是主要短板。

### 1. 服务业开放程度不高

成都产业市场和要素市场开放水平均落后于北上广深等第一方阵，率先开放和高水平开放领域不多，制约外商投资和服务贸易发展。以金融业开放为例，北京获准金融开放 38 条；上海实施"金改 40 条"和"新 25 条"；珠海获准粤澳跨境金融合作；广州获批创新期货交易所；深圳获批人民币海外投资基金；海南、广东、天津相继推出 FT 账户。相较而言，成都金融开放步伐相对缓慢。

### 2. 服务业放权赋能不足

成都是全国获批设立跨境电商综试区的城市，也是深化服务贸易创新试点城市之一。但是，成都享受到的这两项开放政策已属"普惠性"政策，且以优化流程、创新服务等方面的制度创新为主。金融、科技、文旅、健康、商务等现代服务业还存在市场准入、人员往来和执业许可等过度管制，涉及资源配置、要素保障和市场监管等方面的中央和省级事权下放不够，部分试点试验也因缺乏配套保障措施难以落地实施。

### 3. 国际枢纽通道不强

铁路枢纽存在陆海通道等级不高，国际班列运行质效较低，口岸服务功能不足，供应链体系不完善等问题；从国际货运航班运力对比情况来看，成都虽已建立通达北美、欧洲及亚洲的全货机骨干网络，但全货机国际航线数量、全货机航班频次较少，舱位供给相较上海等成熟枢纽仍不充分，租赁、维修、培训等配套服务功能较弱，企业可自主选择面较小。针对上述短板弱项，需要进一步争取国家支持力度，完善省市合力共建的体制机制。

### 三、自由贸易试验区与服务业开放

建设自由贸易试验区是党中央在新时代推进改革开放的一项战略举措，也是我国建设和完善开放型经济体制的必然要求，在我国改革开放进程中具有里程碑意义。自 2013 年设立第一个自由贸易试验区以来，10 年间，我国自由贸易试验区从 1 个到 21 个，从沿海到内陆，组成了中国对外开放的"雁阵"。通过自由贸易试验区积极探索服务业"准入前国民待遇＋负面清单"的开放新模式，将自主开放新模式推进协议开放中，并在进一步的内陆沿边开放战略中，纳入服务业开放新模式，促进东中西部经济的协调①。自由贸易试验区以制度创新为核心，营造国际高标准高水平便利化的投资贸易环境，形成更具国际竞争力的服务业产业集群和贸易新优势。2021 年，全国 21 个自由贸易试验区以不到全国 0.4%的国土面积实现了全国 18.5%的外商投资和 17.3%的外贸进出口②。中国（四川）自由贸易试验区以不足全省 1/4 000 的面积，贡献了全省近 1/4 的外商投资企业、1/10 的进出口、1/10 的新设企业③。

（一）新加坡自贸港和上海自贸试验区发展服务业经验借鉴

1. 新加坡自贸港

新加坡自贸港依托优越的地理位置和自然条件、完善的基础设施和法规、稳定的制度环境，克服自然资源短缺、市场腹地有限的劣势，吸引了一大批知名企业落户，超过 7 000 家跨国公司在新加坡设立营运机构，其中有 4 200 家在新加坡设立区域总部。总体来看，新加坡自贸港促进服务业开放的经验做法主要有以下几点：

---

① 李钢，聂平香. 新时期中国服务业开放战略及路径［M］. 北京：经济科学出版社，2016：49.

② 数据来源：中华人民共和国商务部官网。

③ 数据来源：四川自贸试验区官. 六周年，四川自贸试验区引领全省开发开放局面［EB/OL］.（2023-04-06）［2024-12-26］. https://mp.weixin.qq.com/sVVmvocUnyT1_ksclfcl7yg.

（1）推进制度开放。新加坡作为全球开放程度最高、制度建设最完善、发展最为成熟的自由贸易港之一，其开放的制度环境为服务业发展营造了优良的营商环境。完全开放商业、外贸、租赁、电信市场，对外国投资者进入的行业、股权限制少；企业所得税率（17%）低，并对高端航运、金融等重点领域和跨国公司总部、营运中心等功能性机构给予免税、减税、退税等税收优惠，最低税率可达5%；自贸港无外汇管制、资金可自由流动，宽松的外汇管制和高效的金融监管保证了离岸金融的快速发展，低成本、大资金量的离岸金融市场为国际贸易企业资金融通提供便利。

（2）实施"全球贸易商计划"及"总部计划"等专项促进政策。瞄准同行业领先的世界尖端企业，针对在新加坡设立贸易公司或区域总部的大型企业，资质达到一定条件则有机会将企业所得税从17%降到10%甚至5%。同时，设立专门招商机构和专业招商团队精细服务，专门负责制定新加坡经济发展战略和招商引资政策，扮演企业发展"服务者"和"催化剂"角色。

（3）监管高效，以海关限制最小化为路径便利企业通关。新加坡自贸港率先上线运行电子贸易通关系统，连接海关、检验检疫、税务等政府部门，只需一份电子表格即可办理通关手续，单一窗口还连接包括物流服务公司、货运公司、银行等服务企业。进口的产品一般没有配额限制，应税货物的进口不需要海关的许可。在新加坡海关允许的情况下，进口商可以在自贸区内重新分类、鉴别、包装和展示他们的货品，以有利于合并来自不同国家以及不同批次运来的货物装船运往新的地点。

---

**专栏　新加坡自贸港：以信息化监管提升贸易便利化水平**

新加坡是世界上最早开发、使用"国际贸易单一窗口"的国家，在新加坡政府的大力支持和推动下，1989年，上线了新加坡贸易网（TradeNet）系统，允许所有相关公共及私营部门通过电子方式交换贸易信息、简化处理流程以达到提高效率和降低成本的目的。TradeNet4.0版本完全替代纸面单证的繁杂程序，通过多个政府机构之间的协调统一，向贸易商提供通关/放行的一站式服务，每年处理超过7 000亿新元的贸易量、减少约10亿美元的贸易成本。为了将单一窗口进一步建设成为贸易物流综合平台，扩展商贸服务功能，新加坡建设了全国性贸易及物流IT平台——TradeXchange平台，将单一电子化窗口扩大到物流领域。2018年

9月，新加坡又开发了互联贸易平台（NTP），率先实现了集企业对政府、企业对企业于一体的综合贸易平台，把贸易商、物流商、运输商和银行等聚集在该平台上，贸易商可以完成申请进出口许可证、海关申报、安排和追踪货运、申请融资等所有手续，推动整个贸易与供应链的数字化转型。此外，新加坡基于协助或承接其他国家单一窗口建设的优势，打造了国际电子贸易服务平台（GeTS），加强政府与政府之间信息交换，推动区域单一窗口的建设。GeTS 已成为目前整合资源最广的多系统协同运作的集申报、商务、物流、监管、交易为一体的综合性国家单一窗口平台。

资料来源：根据公开资料整理。

（4）重视引培高素质人才。在人才引进上，新加坡实施专业技术人员和技能人才、A＊Star（Agency for Science，Technology and Research）优秀青年科学家、企业家移民等多类别人才引进计划，并保障相应的科研资助和待遇。推行以月薪为标准的就业准证制度，并建立快捷完善的准证申请系统和程序。出台《雇佣法令》对外籍人员的福利、不公平解雇保护等方面做出规定，最大限度保障外籍人才的权益。在人才培养上，推出职业转换计划，联合学校、协会等机构为物流服务、数字营销、供应链等领域人才提供培训，建立具有实践技能的人才库。

2. 上海自贸试验区

上海自贸试验区是我国设立的首个自贸试验区，依托制度创新引领优势，进一步以开放促改革、促发展、促创新，破除阻碍服务业发展的体制机制约束和政策瓶颈，全面提升服务业能级水平和国际综合竞争力。截至2021 年 8 月，上海自贸试验区累计新设企业超过 7.27 万户，其中累计新设外资企业 1.2 万户，累计吸引实到外资超过 450 亿美元。

（1）积极开展制度创新，营造服务业发展良好环境。在全国率先建立负面清单管理模式，探索跨境服务贸易市场准入负面清单，对清单以外的领域实施内外资一致的市场准入。通过自由贸易账户体系，对区内企业经常项目的跨境结算实施分账核算促进企业跨境结算便利化，并通过金融创新满足外贸企业新型国际贸易需求。在人才引进上，对海外高层次人才个税税赋部分给予补贴；对高科技领域、技能型、符合产业发展方向的外国人才放宽年龄、学历和工作经历限制，一次性给予两年以上的工作许可，并通过承诺制、学历证书免于认证、材料核验流程简化等绿色通道探索外籍人才来华工作许可差异化流程；允许金融、建筑等领域的人才备案后执业；实施管委会直接推荐人才引进重点机构、自主制定技能人才引进目录、人才购房政策微调等特殊政策加大国内人才引进。

（2）搭建开放型贸易便利化服务体系，提升贸易总部能级。实施全球营运商计划（GOP），根据企业个性化需求形成专业化服务支持和监管、通关、跨境交付等多领域的支持政策，吸引在贸易、投资、供应链、研发等方面可以配置全球资源的企业。围绕重点产业集群，充分利用国际知名协会、咨询机构、高能级企业的资源优势，大力引进总部机构、隐形冠军等高能级项目，并从孵化、研发、制造、产业化等方面为企业提供符合全产业链要求的承载空间和服务体系。以贸易型总部为招引对象，聚焦具有采购、分拨、营销、结算、物流等单一或综合贸易功能的总部机构，在财政金融、出入境手续、贸易便利、人才引进等方面给予便利，充分提升全球资源配置能力。

---

**专栏　张江高科技园区：以制度创新优势赋能生物医药研发中心发展**

张江已经集聚 1 400 余家生物医药创新主体，全球医药 10 强有 7 家在张江设立区域总部、研发中心，近三分之一的中国医药工业百强企业将研发中心布局在张江。

借助自贸试验区和上海张江国家自主创新示范区的建设，张江成功设立张江跨境科创监管服务中心，是上海首家机场区域外的空运货物海关监管场所，直接将机场货站和监管仓库功能延伸至张江，作为集关检联合申报、查验、提货等功能于一体的"一站式"通关平台，可以实现生物医药产业对高效通关、货物安全的需求，同时降低了企业的通关成本。此外，张江科学城通过入境特殊物品安全联合监管机制，对进口特殊物品实行"企业建立完善的生物医药安全控制体系＋入境前办理审批＋入境后各部门开展后续监管"的管理模式，进一步优化特殊物品进口审批流程，提高通关效率。张江在药物上市许可持有人（MAH）制度试点、医疗器械注册人制度试点、创新药物及医疗器械审评审批制度改革等方面取得重大突破，将制度创新贯穿研发创新、审评审批、产业化等产业发展多个环节。在人才制度上，张江率先落实自贸区永久居留推荐直通车制度，率先落实自贸外籍高层次人才持永久居留身份证注册科技型企业享受国民待遇，率先开展涉及外籍人才"多证联办"试点，率先试点张江核心园人才办事窗口"无否决权"改革等，张江通过先行先试不断为企业创造良好的发展环境。

资料来源：根据公开资料整理。

（3）推进跨境服务贸易高水平对外开放，引领服务消费转型升级。发挥上海国际化大都市开放度高、经济发展水平高、外资进入踊跃等优势，结合上海国际消费中心城市建设，发展医疗旅游、游轮旅游、会展消费、体育赛事、免税经济等消费新业态。发挥上海医疗资源优质和医疗体系完备的优势，建立完善来沪就医清单管理机制，为境外人员赴清单范围内医疗机构就医提供出入境便利，推进医疗旅游服务业发展。支持上海游轮口岸出境和进境免税店增加销售商品品类，进一步深化上海中国游轮旅游发展试验区建设，推动游轮旅游经济发展。不断完善境外旅客购物离境退税政策。完善重大赛事布局，着力建设国际体育赛事之都。发挥上海国际贸易单一窗口功能，增设服务贸易专区，拓展服务贸易出口退税功能。

（4）以畅达的贸易通道保障贸易往来高效性。依托海运港、航空港等口岸优势，面向全球建立通达的物流网络，助力贸易企业将国际业务领域延伸至欧洲、美洲、澳大利亚等地区。浦东机场建设成为首个实施航空快件国际中转集拼业务机场，吸引众多航空物流承运商、集成商加快集聚，快件分拨中心、冷库中心等专业化货运设施齐全。"智慧港口"建设率先在全国全面实现单证电子化，借助开放和共享的数字化平台实现系统间信息共享交互，实现供应链效率升级，大幅提升企业运营效率。依托上海国际贸易单一窗口，创新推出数字化金融服务应用场景、RCEP 最优关税查询、服务贸易等地方特色功能，通过货站直提、进港特殊货物预约提货、电子运单、监管前推后移等便利化措施提高通关效率。

3. 发展启示

通过对新加坡自贸港和上海自贸试验区推进服务业发展的做法梳理，基于成都实际情况，形成以下三点启示：

（1）进一步发挥自贸试验区制度创新优势。服务业是典型的制度密集型经济，其发展主要取决于制度环境。自贸试验区成立以来，始终扮演着制度创新领域的领航者角色，其"头雁"效应显著推动了全国范围内的制度革新与模式探索，如深化以负面清单为核心的外商投资管理制度，持续放宽外资市场准入，营造公平可预期的营商环境等。站在新的历史起点上，自贸试验区进一步强化了其作为制度创新高地的核心功能，在对接高标准国际经贸规则、推进制度型开放上积极试点，如实现货物贸易更高水平自由贸易便利、引领服务贸易创新发展、深化重点领域改革开放、探索构建跨境数据管理新模式、对接"边境后"规则等。同时，自贸试验区更加注重在特定领域内实施单个领域全过程全链条全周期的集成创新，推动高水平开放迈向新台阶。

（2）进一步推动产业与贸易的协调发展。一方面推动服务消费和服务贸易相结合，成都应充分发挥自由贸易试验区的制度创新引领优势，深度推进"三城三都"建设，引领服务消费转型升级，为建设国际消费中心城市提供支撑。另一方面，推动优势产业和服务贸易相结合，成都应充分发挥重点产业集群优势，深度挖掘电子信息、生物医药、数字文创等领域服务贸易潜力，推动产业优势转化为贸易优势，针对主导产业打通研发、生产、流通、使用、保障全链条制度性障碍，并通过服务贸易促进政策、引入平台型贸易企业等举措完善主导产业贸易功能，降低企业的制度成本，提高规模经济效益。

（3）进一步做强口岸枢纽贸易功能。发挥"一市两场"枢纽优势及中欧班列西向通道优势，以数字化为方向做强口岸服务功能，以电子化、网络化、智能化为方向建立信息化监管模式，基于大数据背景对企业实施信用、分类、风险、动态的监督管理模式，减少通关过程的人工干预，推进口岸物流通关便利化。

（二）自由贸易试验区建设对成都服务业的影响

1. 提升成都服务业的中心性和服务能级

强化成都服务业在区域发展中的中心地位。共建"一带一路"倡议推动了四川经济区位从内陆腹地到开放前沿的转变，提升了成都在全国乃至全球的经济地理位置，为成都充分利用国际国内两个市场、两种资源拓展了空间，为区域抱团开放、打造开放型经济高地带来了新机遇。成都自由贸易试验区整体上就是一个国际化开放共享平台，通过服务区域协同发展，联动市（州）抱团开放，深度融入共建"一带一路"，引领推动内陆开放经济高地建设。成都自贸试验区自运行以来，改革红利不断释放，开放高地和创新要素聚集效应显现，通过搭建协同平台等方式推动区域协作，自贸试验区建设取得阶段性成效，服务区域协同发展的水平不断提高。

提升成都服务业的发展能级。成都自贸试验区自挂牌以来就立足"新时代改革开放新高地"战略定位，坚持以制度创新为核心，以可复制可推广为基本要求，充分调动市级相关部门、四个落地区域政府改革试验积极性，探索形成改革案例"发掘—论证—总结—提炼"机制，大力推进改革创新试验，已成为引领带动成都高水平开放和高质量发展的重要抓手。用好自贸试验区资源，主动对接国家新欧亚大陆桥，中蒙俄、孟中印缅和中巴等国际经济合作走廊，推动城市服务业优势产业、优势企业全方位、多领域、高水平"走出去"，将有力拓展"成都服务""成都品牌"的国际市场空间。

2. 提升成都服务业资源聚合能力和国际化水平

有利于成都加快培育运筹决策中心。2018 年四川自由贸易试验区成都片区全年新增注册企业 26 970 户，占全市 14%，新增注册资本 2 544 亿元，占全市 18%；其中新增外商投资企业 359 户，占全市 29%，新增注册资本 60 亿元、占全市 27%，实际使用外资 6.08 亿美元。自由贸易试验区建设带来的制度创新，使成都在国内外城市发展中的地位和影响力进一步增强。这对跨国公司和大企业大集团在蓉设立区域总部、功能型总部，国际多双边经贸合作组织和商（协）会团体在蓉设立总部机构具有吸引力。有利于加快形成"成都服务+周边制造""成都总部+全国（全球）市场"的产业分工格局，增强成都对西部乃至全国经济活动的影响力，有利于成都建设地区性或全球性资源要素的组织与配置节点、跨地区经济活动的管理与控制中心。

有利于聚集国内外创新创业资源要素，加快建设具有国际影响力的区域创新创业中心。成都自贸试验区是中国（四川）自由贸易试验区最重要的组成部分，是四川自贸试验区集聚全球创新要素的主阵地。国务院印发的《中国（四川）自由贸易试验区总体方案》要求整合全球创新创业要素，"加强与发达国家（地区）在高端技术、重点技术领域的联合研究和技术引进。引导国内外知名孵化机构和优秀平台运营团队参与构建'众创空间—孵化器—加速器—产业园'全链条创新创业体系。探索本土高校自主扩大海外留学生招生规模，与国外高校合作开展学科建设。开展海外人才离岸创新创业试点，完善创新创业人才社会服务机制"，归纳起来为三个集聚方向：集聚创新技术要素、创新人才要素、创新平台要素。集聚全球创新要素是四川自贸试验区的重要使命，也是跟国内其他自贸试验区相比最显著的特色。

3. 提升成都国际交往能力

促进成都与世界更加方便快捷高效的经贸往来和人文交流。改革开放以来，成都的对外开放不断扩大和深入，对外交往活动频繁，截至 2018 年年底，成都拥有国际友城 36 个，友好合作关系城市 62 个，连续五次荣获"国际友好城市交流合作奖"；17 个国家获批在蓉设立领事机构，实际开馆 14 个，始终保持内地领馆"第三城"优势，领馆聚集效应初步形成。成都在海外 19 个国家的 24 个城市共设立了 31 个海外工作站（代表处、联络处和办事处）。工作站积极发挥海外人脉优势，全力服务成都经济社会和对外开放，在促进经贸合作、人才引进、文化交流、领事保护、友城建设等方面初见成效。2016 年在国家给予成都国家中心城市的定位中明确了成都作为国际交往中心的地位，自贸试验区所释放的改革红利，将进一步吸引更多的国家和地区与成都建立经贸往来关系、设立领事机构，助力成都成为在国际上拥有更高关注度和美誉度的国际化大都市，展现出国际交往中心的魅力。

有利于在成都形成一个有一定规模和较强需求的境外消费群体。《中国（四川）自由贸易试验区总体方案》提出，要创新建设国际社区，探索外籍人士参与社区治理模式。成都市参考借鉴国内国际先进做法，首次采取代入感设计理念，基于国际化社区居民视野与需求，着眼全国领先与未来发展，与外籍人员实景互动，模拟外籍居民入住国际化社区，居住、就业、出行、安全、文化等场景所需的各类服务、管理，制定形成全国首张国际化社区"公安全要素"项目清单。这就为符合国际标准、满足国别生活习性要求的服务业，如国际学校、国际医院、国别商店、国际法律、国际培训等业态的发展提供了难得机遇，同时也为成都生活性服务业发展拓展了新的领域和增长空间。

4. 促进和加快成都服务贸易发展

拓展服务贸易发展新空间。2018 年，四川自由贸易试验区成都片区积极加强与欧洲地区的深入合作，全面提升"中国—欧洲中心"能级，增强技术、人才、信息等要素集聚功能，目前已有中欧技术交易中心、中英质量创新与智慧技术研究院、英国国家物理实验室等 44 家单位正式入驻。

厚植服务贸易竞争新优势。在依托成都自贸试验区促进航空运营、航空物流、临空商务服务产业等空港服务业发展外，可立足成都集飞机设计、研发、制造和测试于一体的航空产业优势，发展飞机维护保养、检查、零配件更换、维修等航空维修服务业，有可能使成都成为国际航空主力机型的亚洲维修中心。面向国际国内航空人才需求，发展飞行员培训、机场航务管理培训等航空培训服务业等。2018 年成都全年保税维修飞机发动机 83 台。飞机融资租赁业务取得阶段性成效。西部首家飞机租赁 SPV 公司——四川川航壹号飞机租赁有限公司完成 1 架模拟机租赁。促进和加快中医药产业贸易化发展。依托具有品牌影响力和竞争力的医疗资源、优良的自然生态环境本底和成都国际医学城等载体，面向共建"一带一路"国家和地区，服务境外消费客群，重点发展"医疗+医养+度假+办公"的高端医疗健康服务业，培育具有国际水平的医疗健康服务产业，形成国际化品牌。目前，成都自贸试验区中药出口检验检测技术服务平台初步搭建完成，中医药健康旅游线路不断拓展。

## 第四节　成都服务业创新发展情况

数字经济时代服务业创新的重要特征是服务新形态、消费新场景、商业新模式和新组织方式的诞生、成长。

### 一、创新服务形态

新兴服务业是指伴随着信息技术的发展和知识经济的初现，伴随着社会分工的细化和消费结构的升级而形成的行业，或用现代化的新技术、新业态和新的服务方式改造提升传统服务业而产生的，向社会提供高附加值、满足社会高层次和多元化需求的服务业。成都新兴服务主要伴随新经济的发展而萌芽、蓄势，以跨界融合、创新裂变为特征的新兴服务业态不断涌现，以线上线下、共享共赢为理念的新模式层出不穷，主要形成智慧服务、体验服务、定制服务、共享服务、绿色服务和跨境服务等新兴服务业形态。

（一）智慧服务推动服务业迭代更新

成都以智能技术为核心，依托大数据、互联网、物联网，重点促进智能产品、智能服务和应用场景建设。智能投影、智能运动装备产品领先全国，极米科技开创了以"无屏电视"为代表的智能投影市场，在智能投影领域市场占有率全国第一，2018 年出货量达到 40 万台；咕咚 GPS 运动手表在 2018 年双十一当天销量突破 10 万台，拿下天猫运动手表品类冠军。在智慧医疗、智慧物流、智慧城市治理等方面探索初见成效，打破原有服务时空限制，极大地提高服务效率，已涌现医云科技、数联铭品、驹马物流等领军企业；开发应用一站式"互联网+"市民服务平台——天府市民云，有效整合政务服务、生活服务、社区服务等各类资源，提升智能化城市服务水平。

（二）体验服务增强服务场景交互作用

"生活城市""休闲城市"作为成都特有的文化标识和软实力，为发展体验服务提供了良好的环境。各类旗舰店、体验店、文创 IP 店、快闪店快速发展，成都市第十四次党代会报告显示，五年来，成都实体书店数量位居全国城市第一位。各式体验服务场景加快建设，如以熊猫文化为主题的消费场景展现一种人与自然和谐相处的生态系统和全新自然观，增进消费者对生命进化、自然冥想和生物多样性保护的知识获得与内心体验。

（三）定制服务推动精细化服务水平提升

为积极应对新兴消费阶层个性化、多元化需求，成都在生活家居、服装饰品、运动健身、教育服务等多个领域发展定制店、时尚买手店。已培育丽维家、咕咚运动等领军企业，丽维家率先推出国内首个基于互联网的定制家具O2O平台，荣获"年度影响力互联网家居品牌"奖，已布局全国 50 多个城市、百余家体验店；咕咚运动 APP 在运动类 APP 市场占有率50.77%，位居行业第一，用户数量达 1.5 亿，日均响应全球 210 个国家数千万次运动需求。

（四）共享服务优化配置社会资源

2018 年成都出台实施《成都市关于推进共享经济发展的实施方案》，围绕生产性服务、生活性服务两大领域，重点推进制造资源共享、科创资源共享等九大重点方向。共享服务已渗透交通、住宿、医疗、旅游、办公等诸多领域，2018 年成都共享单车应用使用率达 61.2%，日均骑行次数超200 万人次；吸引 WORK+、优客工场等联合办公平台，培育孵化侠客岛共享办公平台。

（五）绿色服务提升城市宜居生态

成都以轨道交通为主体、常规交通为基础、慢行交通为补充的现代大都市城市多元化绿色交通出行体系加速建成。截至 2018 年年底已开通轨道交通线路 6 条，线路总长 226.017 千米，日均客运量 380 万人次，中心城区城市公共交通占机动化出行分担率达到 53%。2018 年成都 2 家商场获得商务部颁发的"绿色商场"称号；绿色楼宇发展加快，楼宇企业更加注重节能环保、垃圾分类回收，并依托第三方互联网服务平台建立绿色账户，实行绿色贡献值激励机制。

（六）跨境服务促进成都与国际联结

成都已与全球 235 个国家或地区建立经贸往来，跨境服务规模持续扩大，2018 年服务贸易进出口总额突破 1 000 亿元，同比增长 20%；跨境电商交易规模 110 亿元，同比增长 120%。从细分领域来看，旅游、计算机信息服务、运输和其他商业服务进口占比较高；计算机信息服务、旅游、建设、其他商业服务和维修服务出口占比较高。

## 二、创新消费场景

消费场景是由舒适物系统集合而成，承载可感可及的消费体验和美学意义，具有价值导向、文化风格、行为符号的消费空间。消费场景赋予了城市生活独特体验和情感共鸣，体现了城市整体消费文化风格和美学特征。中央经济工作会议将"着力扩大国内需求"作为 2023 年重点工作，强调要增强消费能力，改善消费条件，创新消费场景。消费场景作为一种新概念被运用到越来越多的城市实践当中。

（一）消费场景的发展趋势

目前，全球消费呈现出品质化、多元化、融合化发展态势，消费者更加注重消费过程带来的独特感受和情感体验。在此背景下，场景越来越成为承载生活、社交与学习等功能的城市基本单位。总体来看，消费场景呈现线上线下发展、社交化、个性化、跨界融合创新等趋势。

1. 线上线下全渠道融合场景

随着互联网和通信移动技术的发展，越来越多的消费者在线上平台搜索和比较商品信息，然后在实体店面进行购买或体验。线上和线下渠道相互促进，线上和线下消费场景逐渐融合，创造了更加丰富的消费场景和更美好的消费体验。

2. 社交化互动场景

社交媒体的普及和社交网络的发展，为消费场景带来了新的元素。人们通过社交媒体分享消费体验、评论和推荐产品，消费者更加关注朋友和社交网络的意见和建议，从而影响其消费决策，形成了社交化的消费场景。

3. 体验式代入场景

消费者对于体验和情感价值的需求日益增加，体验式消费场景逐渐兴起。消费者更加重视在消费过程中所获得的情绪愉悦和情感体验，具有"过程即获得"的显著特征。例如，主题乐园、咖啡店、品牌旗舰店等，提供了与产品或服务相关的独特体验。

### 4. 个性化定制场景

消费者对个性化和定制化的需求越来越高，个性化和定制化场景得到了发展。通过技术和数据的支持，企业能够根据消费者的个人喜好和需求，提供定制化的产品和服务。个性化和定制化场景使消费者能够获得与众不同的消费体验。

### 5. 新物种创新场景

不同行业和领域之间的合作与融合，催生消费内容、方式和行为创新。例如，酒店与艺术机构合作举办艺术展览，白酒品牌与咖啡品牌联名白酒咖啡，商场与健身中心合作举办健身活动等。这种跨界合作创造了新的消费场景，提供了更多元化和丰富的消费选择。

### (二) 消费场景的成都实践

成都顺应场景化逐渐成为城市消费空间的发展趋势，把消费场景作为成都建设国际消费中心城市的独有标识和竞争优势，在全国率先提出了要以满足人民美好生活向往为目的推动消费场景营造。2020年，在成都发布的《中共成都市委、成都市人民政府关于全面贯彻新发展理念加快建设国际消费中心城市的意见》中，明确提出了要打造地标商圈潮购场景、特色街区雅集场景、熊猫野趣度假场景、公园生态游憩场景、体育健康脉动场景、文艺风尚品鉴场景、社区邻里生活场景和未来时光沉浸场景八大消费场景。按照国际经验，当服务业增加值占地区生产总值的比重超过60%后，服务消费将会超过实物消费。顺应这一规律，结合成都特色元素，成都在建设国际消费中心城市思路中提出的八个消费场景中有七个是服务消费类场景。

---

**专栏　八大消费场景**

一是地标商圈潮购场景，是以地标商圈为支撑，发展潮流购物、时尚秀展、都市娱乐、定制服务等业态，在跨境电商体验店、高端定制店、跨界融合店等最新最酷潮流店中感受"成都购物"，零时差把握国际时尚脉络，引领潮流风向标，营造都市潮流乐购、时尚体验消费场景。

二是特色街区雅集场景，是以特色街区为支撑，发展文化创意、休

---

闲娱乐、研学创作、艺术交流、国学国潮、美食品鉴、文化演艺等业态，在体现天府文化基因和成都城市肌理的街坊里巷中穿越城市历史，在原汁原味、慢条斯理的特色小店中感受城市温度，品味市井烟火成都"慢生活"。

三是熊猫野趣度假场景，是以熊猫野趣为主题，营造泛熊猫文化消费场景，发展动物科研繁育、生物多样性、科普教育、高端生态旅游、周末乡村度假，以及 IP 舞台剧、影视传媒、动漫游戏、文创设计等衍生业态，打造人与动物、自然与城市和谐共生的生命共同体典范，为全球熊猫爱好者打造多角度聆听熊猫故事、全方位感受天府熊猫文化的国际休闲度假旅游目的地。

四是公园生态游憩场景，是以公园、绿道网络为载体，营造"公园+""绿道+"消费场景，发挥绿色开放空间体系引流聚人兴业作用，叠加运动健身、亲子互动、公共艺术、户外游憩、微度假、田园生态旅居、休闲餐饮等业态，在绿色生态中欣赏大自然、体验闲适快乐、增进社会交流，感受蜀都味、国际范的公园城市生活魅力。

五是体育健康脉动场景，是以赛事活动、健身休闲为核心，营造城市体育消费活力场景，发展品牌赛事、体育旅游、康养度假、运动品牌发布、医疗美容等体育创新融合业态，让人民群众在体育健身活动和运动医疗服务中放慢生活节奏、调养身心，满足全龄人群、全活动过程、全生命周期的健康生活需要。

六是文艺风尚品鉴场景，是以天府文化为魂、生活美学为韵，融合三国、金沙、川剧等特色元素，发展艺术品交易拍卖、原创音乐孵化、全时书店、艺术演出、时尚发布、主题展览、"社交+"等业态，让市民在文艺鉴赏中接受美学熏陶，静心感受生活之美，追求审美格调的有品生活，促进人的自由全面发展。

七是社区邻里生活场景，壮大社区发展市场主体，完善社区婴幼儿照护设施、卫生服务中心、体育运动空间、养老服务设施、共享停车位等基础设施，发展缝补维修、简餐早点、生鲜超市等基本生活服务；托育服务、老年康养、社区关怀、生活美学、体育健身等教育成长服务；无人货柜、智能安防、智慧物业等新型智慧服务，在"家门口"享受功能完善、专业高效、温暖贴心的社区商业和高品质和谐宜居生活。

八是未来时光沉浸场景，发展全息情景营造、VR/AR 交互娱乐、4K/8K 超高清沉浸式影院、全景 3D 球幕、5G 超高清赛场、数字光影艺术展、智能服务机器人等数字经济创新服务和产品，以充满科技感和未来感的互动艺术装置，营造超现实体验空间，在科技驱动下丰富现实感知，拓展虚拟世界，感受全新未来生活。

——《中共成都市委成都市人民政府关于全面贯彻新发展理念加快建设国际消费中心城市的意见》

2021 年，成都结合践行新发展理念的公园城市示范区建设编制《公园城市消费场景建设导则（试行）》。《公园城市消费场景建设导则（试行）》是全国城市中首份针对消费场景营建的导则，填补了国内关于消费场景建设的空白，也是场景营城理念在成都渐成共识后，以政策形式率先在消费领域探索落地方案的"施工图"和"路线图"。基于导则的评价指标，从 2021 年开始，成都持续开展"一场景一示范"工作，通过对不同消费场景的运营管理、空间配置、内容组合、文化价值表达、示范情况等指标进行打分，评选出一批示范场景和特色消费场景。

**专栏 《公园城市消费场景建设导则（试行）》主要内容**

《成都公园城市消费场景建设导则（试行）》（以下简称《导则》）共分三个板块，主要内容包括总则、场景建设总体指引和场景建设分类指引。

**一、总则**

《导则》明确了成都市消费场景建设的总体目标，即以满足人民美好生活需求为逻辑起点，以促进形成强大国内市场为主线，在国内国际双循环发展新格局中持续增强消费服务竞争力，培育品质化与大众化共生、创新性与传承性融合、快节奏与慢生活兼容的消费场景，创新消费供给，吸聚消费流量，促进文化互鉴，提升城市品质。在总体定位上提出了四大目标定位：一是创造美好生活引力场，建设可阅读易传播可欣赏易参与的消费场景，多维多彩表达成都生活方式感召力和吸引力，将城市发展具化为可感可及的美好体验，让市民和游客沉浸在各取所需、各得其所的个性化消费满足中，增进消费者剩余和获得感。二是构造公园城市美空间，强化消费场景的形象识别，营造人与自然共生、情景交融互动的社群空间，将街区故里、商圈 TOD、公园街道、川西林盘、雪山户外等人与人和谐相处的生活空间，按照人群细分和消费偏好打造满足消费者需求的主题场景，彰显新时代人本空间美学和体现中国特色、时代特征、城市特质的天府文化魅力。三是建造品质品牌活力区，持续改进商业环境，培育引进与国际同频的潮流商品供应链主和服务消费品牌集群，推动全球企业、品牌和客群加速向场景载体聚集，显著增进城市作为消费枢纽的作用，推动场景经济、文化、生态和社会价值间综合转化。四是营造新型消费策源地，构建创新引领的消费供给新赛道，成长一批技术创新、产品创新、模式创新、服务创新的头部企业，推动消费场景成为消费新业态创生地、消费新平台集聚区、消费新生态试验田和国际消费目的地。

**二、场景建设总体指引**

基于各类消费场景的共性特征，《导则》提出三大场景建设总体指引，包括消费空间指引、消费实现指引和消费文化指引。

消费空间指引是以消费引流为导向，满足消费者对消费内容和消费过程的美好体验，展现优化的空间尺度，注重新技术在城市交通、基础设施、公共服务配套设施等领域中的创新应用，从舒适便捷、开放互动、共融共享、美轮美奂四个维度，营造精致有范、特色鲜明、独具匠心的消费空间和动线。其中，舒适便捷上，消费场景布局应体现"舒适性"，以安全、高效、智慧为原则，强化交通畅达、慢行宜人，提供更方便更优质的出行体现。开放互动上，消费场景布局应体现"开放性"，强化场景内商业空间、公共区域与私密场所的科学联结，优化空间、活动的立体穿插，营造起承转合的空间氛围。共融共享上，消费场景布局应体现"共享性"，强调功能复合、空间复合、时段复合，实现集约高效，增进消费体验。美轮美奂上，消费场景布局应体现城市生活美学，围绕成都生活特点与城市文化特质，强化空间的创意理念，展示消费场景设计的蜀都味和国际范。

消费实现指引要顺应消费迭代趋势，坚持以场景驱动消费升级，以供给创新引领消费热点，增加高品质产品和服务供给，增强专业化供给能力和品质品牌影响力，强化场景承载消费实现、配置、创新功能，通过"强辨识度""强创新力""强体验性""强多元化"，精准连接消费者有效需求，实现消费集成创新和消费复合体验。其中，强辨识度上，聚焦满足人民对美好生活的向往，细分消费人群及其行为，精准连接消费者需求，打造差异化消费场景主题，合理配置消费业态，活跃消费氛围，促进消费升级。强创新力上，顺应新时代数字化转型趋势，抢抓消费链条数字化、网络化、智能化发展新机遇，夯实消费场景创新基础，实现集成创新，促进消费场景定义未来生活。强体验性上，注重营造丰富且动人的消费体验，增强人的感官、情感、思想和知识体验，启迪对生命的冥思，触发对宇宙深空的瞭望，满足消费多样化精神需求。强多元化上，尊重多样化消费场景营建模式，构建消费元素富集、多元主体共同营造的消费场景，展示消费场景丰富多彩、主题鲜明的文化特质。

消费文化指引是以联结消费者为导向，注重和挖掘场景中蕴含的文化价值观和生活方式，弘扬"创新创造、优雅时尚、乐观包容、友善公益"的天府文化，培育绿色健康的消费理念，建设体现优雅时尚精致生活、生态文化简约适度的生活新天地。其中，绿色简约上，立足公园城市首提地和示范区，围绕实现碳达峰、碳中和战略目标，促进绿色空间与消费活动无缝衔接，崇尚绿色低碳、简约适度的消费文明。优雅时尚上，促进优雅、闲适的人文样态和生活情调统一，营造传统文化与时尚潮流交相辉映的消费氛围，体现优雅时尚、温情和煦、诗情画意的生活美学。创新创造上，尊崇创新创造精神，全方位塑造消费创新创造生态，以消费场景为支撑，推动消费供给端持续创新发力，激发和释放消费市场潜力。开放包容上，提升兼容并蓄的文化气度，按照"全球视野、成都表达"，促进交汇融合、和谐共荣，在多元交流中丰富消费文化时代内涵，塑造蜀风雅韵、别样精彩的城市特征。

**三、场景建设分类指引**

结合八大场景的个性特点，《导则》从基本指引、场景特征、舒适物指引、业态指引四个维度，提出场景建设分类指引，进一步强化消费场景主题鲜明化、消费业态多元化的建设理念，细化了八大场景的发展模式。

一是"地标商圈潮购场景"建设指引。依据场景"最新最潮"特征，明确潮品嗨购体验、新锐生活体验和潮玩酷炫体验3大功能，提出重点发展首店经济、创意体验等时尚消费，植入新物种体验、潮漫盲盒、AI定制等新业态。

二是"特色街区雅集场景"建设指引。根据"城市记忆"特征，明确在地文化体验、本土品牌孵化和国际文化交往功能，重点发展文化演艺、品牌孵化等文化潮流业态，植入文玩创意、IP跨界合作、CP经济等新业态新模式。

三是"熊猫野趣度假场景"建设指引。以熊猫 IP 为场景特征,引导自然科学现代博物馆、探索极限基地、生物多样性体验基地等舒适物建设,围绕熊猫文创功能、原野郊游功能和科研教育功能,重点发展 IP 消费、动物科研、生态体验等熊猫主题情感消费业态,植入熊猫直播、森林沉浸式夜游、动物 VR 体验等新业态。

四是"公园生态游憩场景"建设指引。以绿色呼吸为场景特征,引导具有绿色属性的 AI 智能景观健身亭、冥想空间、禅意馆、绿道科普教育基地等舒适物建设,围绕智慧消费功能、休闲游憩功能和交往互动功能,重点发展生态体验、公园 LIVE 演艺、绿色产品零售等绿色消费,植入 AR 互动娱乐、无人租赁服务等新业态。

五是"体育健康脉动场景"建设指引。以元气活力为场景特征,引导体育俱乐部、5G 智慧球场、体育主题游乐园等舒适物建设,围绕增强国际赛事服务功能、全民健康服务功能和体育休闲服务功能,重点发展赛事运营、全民体育、健康管理等动感业态,植入赛事直播、AI 健康监测、"线上+线下"乐动体育等新业态。

六是"文艺风尚品鉴场景"建设指引。以新锐先锋为场景特征,引导音乐剧院、开放式剧场、艺术馆、美术馆等舒适物建设,围绕增强文艺消费体验功能和文艺创作生产功能,重点发展音乐演艺、创意设计等创意经济,植入二次元消费、文化 IP 塑造、联名跨界等新业态。

七是"社区邻里生活场景"建设指引。以市井烟火为场景特征,引导电子菜柜、智能医务室、社区"双创"空间、社区文化演艺中心等舒适物建设,围绕便民服务功能、社区交往功能和社区文化体验功能,重点发展亲子消费、文化生活体验、社群消费等社区生活性服务业态,植入共享服务、IGC 智慧服务等新业态。

八是"未来时光沉浸场景"建设指引。以黑科技范为场景特征,引导与未来时光沉浸场景相匹配的数字视听体验园、全球 3D 球幕、智慧商场、数字创意研发中心等舒适物建设,围绕增强场景创新孵化功能、未来服务展示功能和数字创新体验功能,重点发展数字文创、云服务、数字娱乐等新经济业态,植入超感体验、智购猎奇等新消费业态。

——内容整理自《成都公园城市消费场景建设导则(试行)》

### 三、创新平台经济

平台经济是指以互联网、云计算、大数据等新一代信息技术为基础，基于虚拟或现实空间进行资源分配、生产、消费的新型经济形态。平台经济已经成为数字时代越来越重要的一种产业组织形式，通过重塑生产模式与产业形态、高效匹配供需双侧降低交易成本等方式促进经济发展。平台经济的许多特性，如规模经济、范围经济、网络效应等推动基于网络虚拟平台的产业发展和融合形成巨大的规模，据不完全统计，全球最大的100家企业中，有60家企业的大部分收入来自平台类业务。从监管政策看，平台经济经历了从"防止资本无序扩张"，到2021年设置"红绿灯"、2022年"常态化监管"，再到2023年建立透明、可预期的常态化监管制度和与平台企业的常态化沟通交流机制"两个常态化"。平台经济创新发展的总基调基本确立，要求平台企业增强创新引领、创造就业、国际竞争力等功能，进一步为扩大需求提供新空间、为创新发展提供新引擎、为就业创业提供新渠道、为公共服务提供新支撑。

成都早在2009年就成立国家电子商务示范城市创建工作领导小组、移动电子商务推进小组以及专门职能机构，从规划、政策、资金、项目、发展氛围等方面着手，采取一系列举措大力推进电子商务发展，于2011年获批为首批"国家电子商务示范城市"。经过几年的发展，成都平台经济快速成长：

（一）平台的产业规模

从平台的产业规模看，平台经济在推动成都加快转变经济发展方式、实现经济平稳健康发展、带动就业中发挥了积极作用，呈现快速发展的良好势头。

从电子商务交易规模看，2011年，成都电子商务交易额超过2 000亿元，约占全国的3.4%，居西部城市首位，较2010年实现倍增；2015年成都电子商务交易规模达到6 800亿元，较2010年增长了近6倍；2020年成都实现电子商务交易额22 637.5亿元，是2015年的3.3倍，规模居全国第六。从网络零售看，2015年网络零售总额超过1 100亿元，其中实物商品网络零售总额超过780亿元，占社会消费品零售总额的比重超过15%；2020年网络零售额实现4 129.5亿元，其中实物商品网络零售额为2 618.8亿元，占社会消费品零售总额的比重约32.3%（见图5.12）。电子商务催生了大量就业岗位，2020 年成都电子商务带动就业 221.9 万人，其中直接带动 100.5 万人，间接带动 121.4 万人。

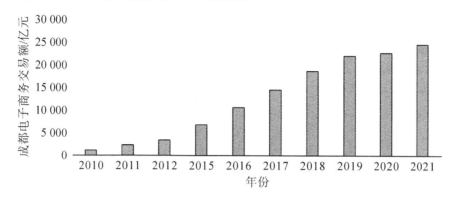

**图 5.12　部分年份成都电子商务交易额情况**

（数据来源：《成都市电子商务发展"十三五"规划》《成都市电子商务发展"十四五"规划》）

（二）平台的类型分布

在平台的类型分布上，逐步形成了以本土垂类细分平台与全国综合领军平台"百家争鸣"的发展格局。

成都作为西部地区的特大中心城市，网民资源十分丰富，庞大的网民规模、丰富的用户资源为电子商务的普及应用和平台经济的发展奠定了坚实基础，对平台企业的吸引力不断增强，各类市场主体蓬勃发展。2011年，阿里巴巴西部基地、淘宝创业园、京东商城西部运营中心、京东研究院、携程网西部总部等重大项目落地成都，在成都投资成立区域总部以及运营中心的电子商务平台企业超过 20 家；到 2020 年，成都集聚了快手、抖音、美团、小红书、字节跳动等一批国内外知名平台企业设立区域运营中心、结算中心、呼叫中心及研发中心。自 2009 年起，成都着力开创了电子商务创新创业新局面，通过持续开展"菁蓉汇""蓉漂茶叙""电商咖啡"等品牌活动，开创了电子商务创新创业新局面；2017—2020 年期间成都持续开展了市级平台企业示范评价活动，推动电子商务与本土优势特色产业紧密结合，培育了一批具有全国影响力的行业性第三方电子商务平台，在钢材、食品、医美、酒类销售、家居、服装、女鞋、中药材、书籍销售等细分领域已成长出了一大批行业领先的"小而美"平台。到 2020年，成都已培育 5 家电商独角兽企业、7 家国家级电子商务示范企业、3 家国家级数字商务企业，孵化市级平台企业 61 家、创新型企业 300 余家。

（三）平台的产业分布

从平台的产业分布看，平台经济涉及应用领域广泛，涵盖商贸、金融、交通物流、医疗、教育、文化娱乐、旅游等十多个细分领域。

成都生活服务资源供给丰富，科技和网红人才供给充足，创业及工作生活成本相对不高，一批专注于大宗商品、生活服务、数字娱乐、商务服务领域的平台不断涌现，并且通过发掘独特的盈利方式不断创新商业模式。第一类是大宗商品交易服务平台。由线上网站和线下各大宗商品交易服务商共同组成，利用平台为供需多方提供交易功能，为企业或消费者提供大宗商品一站式交易服务。具有代表性的大宗商品交易服务平台企业包括积微物联、九正建材网、中药材天地网、华西云采等。第二类是本地生活消费服务类平台。利用平台向居民提供衣食住行各方面的消费产品及服务，其产品、服务用于满足居民生活中的各种需求，对提高消费者生活水平、增强消费体验作用显著。具有代表性的消费服务类平台企业包括1919酒类直供网、找我网、美呗医美、杏仁医生、科伦医药商城等。第三类是数字娱乐类平台。利用平台为消费者与企业提供数字娱乐以及广告传媒类产品及专业服务。具有代表性的数字娱乐类平台企业包括品果科技、迅游网络、游戏工场、完美世界等。第四类是商务服务类平台。利用平台为企业提供具有一定专业性的服务，如支付、后台客服服务、信息资讯等。具有代表性的商务服务类平台企业包括天府通、阿商订货宝、拉货宝等。

# 第五节　本章小结

本章首先梳理了改革开放以来成都服务业动能转换历程，其次从改革、开放、创新三种动力观察了成都服务业发展情况，主要结论如下：

第一，服务业劳动生产率的提高是改革开放以来全员劳动生产率提高的主要动力。改革开放以来，成都的全员劳动生产率从965.2元/人提高到2021年的172 274.3元/人，增长了177.5倍。其中第一产业从485.3元/人提高到2021年的36 692.6元/人，增长了74.6倍；第二产业从2 816.9元/人提高到2021年的188 139.4元/人，增长了65.8倍；第三产业从986.5元/人提高到2021年的196 636.1元/人，增长了198.3倍。第三产业的劳动生产率一直处于稳定向上的增长轨道。从分阶段的劳动生产率演变来看，服务业劳动生产率自 1990 年开始超过第二产业，到 2005 年被第二产业反超，直至 2018 年又超过第二产业。

第二，劳动力、资本等要素投入，技术应用、创新驱动等因素共同推动服务业劳动生产率提升，促进了成都服务业的增长。从时间看，总体上呈现要素投入主驱动—要素与创新双驱动—技术与创新双驱动的迭代趋势，特别是数字技术为服务业提供了巨大的生产力回报，显著提升了服务业的劳动生产率。成都需要抓住数字经济快速发展的机遇提高服务业的劳动生产率，推动整个经济高质量发展。

第三，成都服务业增长根源在于改革、开放、创新所释放出的动能。服务业是典型的制度密集型产业，研究表明，其劳动生产率的增长既需要要素投入、技术驱动，更需要与要素高效配置、技术创新相适应、相配套的制度体系。此外，创新的活跃度与服务业的发展密切相关，服务创新对制度的依赖性和敏感性较高。因此，制度改革对推进服务业高质量发展尤为重要，要坚持改革与开放、创新相结合，以开放倒逼改革、以改革促进创新。

# 第六章　推进成都服务业高质量发展

党的二十大报告提出"以中国式现代化全面推进中华民族伟大复兴",而"实现高质量发展是全面建设社会主义现代化国家的首要任务"。新时代新阶段的发展,必须是高质量的发展。经过中华人民共和国成立以来70多年的快速发展,成都服务业综合实力显著提升,当前服务业已转向高质量发展阶段。本章在对成都服务业进行多维度客观评价的基础上,顺应产业发展新趋势,立足成都的自身条件,试图探寻一条成都服务业高质量发展道路。

## 第一节　高质量发展的内涵特征

党的二十大报告指出:"中国式现代化,是中国共产党领导的社会主义现代化,既有各国现代化的共同特征,更有基于自己国情的中国特色。"党的二十大报告还概括了中国式现代化的基本特征和本质要求,即中国式现代化是人口规模巨大的现代化,是全体人民共同富裕的现代化,是物质文明和精神文明相协调的现代化,是人与自然和谐共生的现代化,是走和平发展道路的现代化。纵观世界现代化进程,生产力的革命性发展是推动传统社会向现代社会转型最根本、最深层的决定性因素①,高度发达的生产力和极大丰富的物质财富是中国式现代化的基础和前提。因此,在中国式现代化进程中,必须把高质量发展作为全面建设社会主义现代化国家的首要任务。

---

① 王昌林. 坚持以高质量发展为引领推进中国式现代化 [N]. 学习时报,2023-09-07.

## 一、高质量发展的内涵

高质量发展是当前我国经济社会发展的主题，在经济社会学术研究中，"高质量发展"一词经常被提及和阐释。如，张占斌和王海燕（2022）指出，高质量发展呈现五大特征，即发展方式由规模速度型转向质量效率型，产业结构由中低端水平转向中高端水平，增长动力由传统要素驱动转向新兴要素驱动，资源配置由市场起基础性作用转向起决定性作用，经济福祉由先好先富起来转向包容共享共富。刘伟和刘守英（2022）认为高质量发展是供求相互作用不断趋向均衡的发展，是着力提高全要素生产率的发展，是着力推动产业链供应链优化升级并不断增强产业链供应链韧性和提升安全水平基础上的发展，是以现代化经济体系为运行机制的发展等。王昌林（2023）认为，高质量发展是完整、准确、全面贯彻新发展理念的发展，是质的有效提升和量的合理增长，是居民有就业、职工有收入、企业有利润、政府有税收的发展。陈景华等（2023年）指出，新发展理念是高质量发展的理论内核。上述从理念、过程、结果、路径等视角对高质量发展内涵进行界定的研究，为高质量发展界定做了有益探索。可见，要实现高质量发展，完整、准确、全面贯彻新发展理念是关键，构建现代化经济体系是重要依托，实现共同富裕是最终目的。

## 二、服务业高质量发展的内涵

从已有的文献看，党的十九大以后关于服务业高质量发展的研究逐步升温。任兴洲（2018）认为服务业高质量发展的主要任务包括，质量变革重在服务业各领域各环节的发展质量之变；效益变革关键是提高全要素生产力，全方位提高服务业效率；动力变革既指服务业的新旧动能转换，又指激发各类市场主体活力。刘奕和夏杰长（2018）厘清了经济服务化与经济高质量发展之间的关系，提出推进服务业高质量发展的主要任务包括产业融合、服务创新、传统服务业转型升级等，为实现服务业高质量发展的目标，提出应鼓励竞争、扩大开放、统筹服务创新资源，在推动多利益主体协同共治的同时，运用灵活多样的政策手段切实减轻企业负担等政策建议。姜长云（2019）提出，服务业高质量发展是能满足人民日益增长的美好生活需要的发展，主要体现为服务业发展能有效地适应、创造和引领市场需求；服务业高质量发展是有效体现新发展理念的发展，体现为服务业发展凸显坚持创新、协调、绿色、开放、共享发展理念的系统性、整体性和协同性。王曰影（2023）认为，服务业高质量发展主要归结为服务业全要素生产率（TFP）的提高。在理解经济高质量发展的基础上，笔者认为，在推动服务业高质量发展方面，新发展理念是理论内核，全要素生产率提高是关键所在。

### 三、成都服务业高质量发展的内涵

当前成都进入全面转型的发展期，已经经历了经济起飞阶段，正在向更高级的成熟推进阶段迈进，发展方式由速度规模为主的粗放型增长向以质量效益为主的集约型发展转型①。遵循城市经济发展规律，城市转型发展的趋势特征是城市产业空间的重构和经济体系趋于服务化，服务业已经并且将长期成为成都经济发展的重要力量，因此，推动成都经济增长转向高质量发展过程中，主要的着力点之一是推动服务业高质量发展。关于服务业高质量发展的认识，主要聚焦于三个方面：

第一，服务业高质量发展的核心是提高全要素生产率。经济增长理论中，经济增长宏观效率的主要度量指标是全要素生产率，提高全要素生产率是提高经济发展质量的核心和关键。提高全要素生产率的关键是依靠技术进步、人力资本水平提升、制度创新，提高资源要素的利用程度，提高资源配置效率，促进资源要素的高效流动，全方位提高服务业效率。

第二，服务业高质量发展的路径是践行新发展理念。创新驱动是服务业发展的第一动力，新一轮信息技术催生的服务业新型产业表现出了极强的生命力，通过不断创新生产方式和管理方式加快形成以新经济为引领的服务业高质量发展新动能；服务业具有很明显的产业融合性，把科技、文化、制造、农业和服务融合一体，协调是实现服务业持续健康发展的内在要求；通过推进绿色生态价值转化，营造高品质生活环境、高质量发展环境，绿色发展是服务业推进产业结构转型的重要方式；开放是推进服务业高质量发展的必由之路，以大开放引领发展，主动服务国家对外开放大战略，形成以服务业开放带动、引领经济结构升级的良性循环发展机制；共享坚持以人为本，推动城市发展从工业逻辑回归人本逻辑，是推进服务业高质量发展的根本目的。

---

① 李霞，阎星. 改革开放40年成都经济发展道路［M］. 成都：四川人民出版社，2018.

第三，服务业高质量发展的目标是有效满足"两个需要"。"两个需要"即人民日益增长的美好生活需要和产业结构转型升级需要。高质量发展和人民对美好生活的向往之间是有一致性的，推动服务业高质量发展的过程，就是不断满足人民日益增长的美好生活需要的过程。未来经济社会，物质需求是一部分，人民会对物质生活提出更高要求，但相比之下，非物质需求，公共产品与服务的需求，譬如人民对民主、法治、公平、正义、安全、环境等方面的需求会增加。服务业高质量发展就是从单纯追求总量扩展，转变为适应人民更高标准、更加多样化的需求。通过推动服务业高质量发展，扩大服务的可及性、便利度、舒适度，增强服务消费体验性，提高人民的满意度和获得感，以更好地满足人民日益增长的美好生活需要。服务业领域高度活跃的创新，是加快新旧动能转换、提升经济活力和韧劲的重要引擎。新一代信息技术在服务业领域的加快应用，提升劳动生产率、变革服务生产方式，促进服务业"新技术、新业态、新模式"不断涌现，带动服务方式革新和服务内涵提升。同时，服务业朝着产业智能化发展、融合式发展，推动服务业与农业、服务业与制造业、服务业不同领域之间的融合，促进不同领域之间交叉渗透、协同创新，不断向价值链高端跃升。

## 第二节　服务业发展的趋势特征

### 一、服务创新成为经济增长的新动能

与传统概念中的制造业创新相比，服务创新不仅是指服务部门中的技术层面、服务模式、服务流程、服务体验等多方面的创新，更是指服务作为一种元素投入，在生产创新、组织创新以及产品创新等过程中所起的创新作用。实际上，在当代新兴生产力兴起的浪潮中，服务创新正在颠覆传统的产业发展方式，推动全方位的技术、流程、管理和制度变革，成为经济增长的新引擎①。

（一）创新孕育服务业新质生产力

服务创新是技术和服务深度融合的产物。新一代信息技术，如大数据、云计算、人工智能、物联网以及区块链技术等，极大地改变了服务的特性，加速了服务内容、业态和商业模式的创新，孕育了服务业新质生产

---

① 汪欢欢. 数字经济时代的服务业与城市国际化 [M]. 杭州：浙江工商大学出版社，2021.

力。一方面，新技术不断突破和被广泛应用，催生了许多新兴服务领域，如跨境电商、云计算服务、共享经济等，这些新兴服务领域不仅丰富了服务内容、提高了服务效率，还改变了人们的生活方式和工作模式。另一方面，新技术使时间和空间的概念逐渐丧失了其重要性，许多生产和消费原须同时进行的服务现在可以实现生产和消费的分离，越来越多地在远离最终市场的地方提供，形成远程消费①。如远程医疗系统通过在线问诊、视频连线等方式，打破了地域限制，大大拓展了服务半径，使得患者能够享受到更多优质的医疗服务。同时，新技术还推动服务智能化自动化，使得传统服务领域的内容得到拓展和深化，带来了全新的消费体验。如人工智能、物联网技术与家居服务融合催生智能家居系统，可以自动调节室内温度、湿度、照明等环境参数，大大提高了居住舒适度。

---

**专栏　服务业新兴业态（部分列举）**

1. 智慧医疗

随着人工智能、大数据、云计算、物联网等技术的不断进步，智慧医疗的应用场景日益丰富，如远程医疗、健康监测、慢性病管理、居家养老等，这些技术为医疗服务的智能化、信息化提供了强大支撑。据中商产业研究院数据，2023 年我国智慧医疗应用规模预计可达到 936.6 亿元。

2. 即时零售

根据艾瑞咨询的调查，疫情后线上购买生鲜水果和食品饮料的用户分别增长了 27.6% 和 17.3%，保健品、汽车用品、母婴用品、家居用品、百货等同样实现线上销售正增长。需要注意的是，有别于过去传统电商主站销售、大仓配送的供应链模式，2020 年之后"线上下单、门店发货、商品小时达"的即时零售，逐渐成为零售领域最具潜力的增长点之一。

3. 低空消费

截至 2023 年年底我国低空消费应用场景主要有三类：一是为社会提供各种公共服务性飞行活动，包括电力巡检、气象探测、消防安全、紧急救援、政务飞行等。二是面向企业端，为工农林牧渔等提供各种飞行作业活动，包括牧业飞行、渔业飞行、航空探测、石油服务、电力作业等。三是面向消费端，提供消费性航空活动，包括物流配送、飞行培训、空中游览、私人飞行、航空运动、娱乐飞行等。

---

① 周振华. 全球城市国家战略与上海行动 ［M］. 上海：格致出版社，2019.

4. 自动化服务

自动化服务在多个领域得到推广，如自动驾驶、智能仓储、自助结账等，这些技术的应用不仅降低了人力成本，还提高了服务效率和准确性。

资料来源：根据公开资料整理。

## （二）服务创新推动制造业提质增效

制造业占经济比重不应仅来自制造环节，生产性服务业的高度发达也是其重要组成部分，通过生产性服务业为制造业赋能，也是高端产业引领功能的集中体现[①]。新技术条件下服务创新不仅改变了服务本身，还通过跨界融合、协同创新等方式拓宽了产业融合的深度和广度，使得产业之间的界限越来越模糊，生产性服务成为制造和服务融合发展的粘黏剂、联动升级的催化剂，成为在提升制造业工业部门整体发展能级和重塑制造业未来新的竞争优势中起重要作用的因素。生产性服务环节往往是数据要素、人力要素、资本要素进入制造生产过程的通道和载体，因此，生产性服务创新在制造业创新中发挥着引领创新、促进产业链攀升、增强竞争力等多重作用。如智慧物流服务优化供应链管理，提高制造企业的运营效率；工业设计服务提供个性化的产品设计服务，推动制造企业产品升级；电商平台通过分析用户的购买历史和浏览行为，为用户推荐个性化的商品；数字营销和国际贸易帮助制造企业通过精准营销和产品定位实现差异化竞争，实现市场规模扩张。

### 专栏　服务业促进工业升级的机制

服务业对工业升级的正向作用机制至少包括以下四种：一是服务业发展为工业升级提供技术支持。越来越多的制造业领军企业加大培育具有优势的高附加值服务环节，最终"裂变"出服务于全行业的技术研发、产品设计等专业化服务企业，从而进一步巩固其行业领军地位。此外，在服务业内部分工演化的基础上产生的生产性服务业同样为工业升级提供必不可少的技术条件。二是服务业发展为工业升级提供资金支持。

---

① 马海倩，朱春临，邹俊. 美国制造业回流的成效、特点与启示 [J]. 宏观经济管理，2024（6）：83-92.

金融业降低了工业升级的资金成本，金融业发展能够分散工业升级的风险。三是服务业发展为工业升级提供市场支持。服务业发展可以不断提高居民消费层次，为工业创造更大规模和更高层次的需求，从而为工业升级提供必不可少的市场支持。四是服务业发展为工业升级提供组织支持。现代金融、保险和管理咨询等服务业的发展，有利于推动工业企业的现代化。更适应社会化大生产的新型业态不断被创造出来，有利于推动工业组织创新。比如分享经济模式正在向工业领域延伸，使产品和需求能够更有效地对接。

资料来源：宁吉喆. 新常态下的服务业：理论与实践［M］. 北京：中国统计出版社，2017.

## 二、服务贸易成为贸易增长的新动能

在电子信息技术、交通运输技术、卫星广播技术等的共同作用下，服务贸易已经成为国际贸易的主要内容，文化、商务、娱乐、餐饮、酒店服务等原本难以进行贸易的服务产品可贸易性大大增强，生产者与消费者的距离被拉近，服务产品在不同的国家或地区之间实现生产与消费的同时性成为可能。据麦肯锡全球研究院对全球 43 个国家 23 个行业价值链的分析结论，数字平台、物联网、自动化和人工智能等新兴技术在未来 10 年可能使得商品贸易的发展进一步减缓，同时推动服务贸易加速发展。

（一）服务贸易在国际贸易中的重要性日益凸显

从全球层面看，商品贸易增长趋于平缓，服务流已成为全球经济真正的"结缔组织"，全球服务贸易发展迅猛，在国际贸易中的地位不断上升，2021 年服务贸易额占全球贸易总额的比重超过 20%。从我国的发展情况看，改革开放以来，服务业的对外开放经历了由小范围试点到大范围、实质性开放，经历了逐步放开服务产品市场、服务要素市场到大幅放宽市场准入。除了事关意识形态与国家安全的领域，包括金融、教育、文化、医疗在内的大部分服务行业已经或正在全面开放。随着中国对外开放的力度不断加大，服务业在过去的 20 年时间里已经发展成为吸引和利用外资的主要力量，2022 年服务业实际利用外资额占比近乎 7 成。我国服务贸易对全球服务贸易的贡献度逐年提高，目前已成为全球服务贸易增长的主要引擎和动力源。

（二）数字贸易成为服务贸易的重要形式

数字贸易是指以互联网为基础，以数字交换技术为手段，实现传统实体货物、数字化产品与服务、数字化知识和信息的高效交换的商业活动，是数字货物贸易和数字服务贸易的有机统一①。当前世界经济整体处于动能转换的换挡期，全球数字经济快速发展，人工智能、物联网、生命科学、区块链技术的广泛应用催生了数字贸易这一新型贸易模式，成为代表数字经济时代未来发展方向的现代贸易形式。数字贸易正在全球范围内不断增长，已逐步成为引领全球经济新一轮发展的重要引擎，也是国际贸易转型升级的重要突破口。世界各国尤其是美欧日加快数字经济战略部署，聚焦数字贸易发展，引领全球数字经济发展浪潮，成为全球数字贸易发展的引领者。2017年美国数字贸易（不包括数字商品）出口额占美国服务贸易出口总额的比重达到57.63%，数字贸易（不包括数字商品）进口额占美国服务贸易进口总额的50.39%。欧盟数字贸易出口额占欧盟出口总额的30%左右。随着我国数字基础设施的互联互通以及网络通信服务能力的快速提升，我国数字贸易也在蓬勃兴起，数字贸易正成为中国对外贸易创新发展方向。城市层面，上海率先出台了数字贸易发展行动方案，数字贸易正面临前所未有的发展机遇。

### 三、服务消费成为消费增长的新动能

随着社会经济发展和居民收入增加，居民对生活和消费的需求不再局限于物质层面，文化、旅游等体验式服务消费需求增长迅速。据统计，2022年，我国居民人均服务消费支出占居民人均消费支出的比重为43.2%，预计"十四五"末这一比重将有望超过50%，服务消费对经济发展的支撑作用将进一步增强。从服务业发展规律看，当城市的服务业增加值占GDP的比重达到60%时，服务消费占社会总消费的比重将超过50%。可见服务消费是未来消费升级的主要方向，也是培育新消费的重要来源。当前全球消费升级呈现四个特征：

（一）基于居民消费升级催生出品质化新消费

随着社会经济发展和居民收入增加，满足居民"过好日子"需要，居民消费呈现由传统的提袋式消费向体验消费升级、由从众消费向个性化消

---

① 蓝庆新，窦凯.美欧日数字贸易的内涵演变、发展趋势及中国策略［J］.国际贸易，2019（6）：48-54.

费升级的态势。一方面，居民对生活和消费的需求不再局限于物质层面，文化、旅游等体验式服务消费需求增长迅速。2018年北京市服务消费规模超过1.3万亿元，占全市总消费的53.8%，在国内率先步入服务消费主导时代。各服务消费领域通过跨界融合形成了新的体验式消费业态，如博物馆零售、森林康养、微度假消费等。另一方面，绿色健康、时尚精致等高层次消费需求增长迅速，催生出中高端个性化新消费，例如家庭健康管理、私人财富管理、高级定制、颜值消费等。2018年，不到3 000万名的中国消费者在奢侈品上的花费占全球奢侈品消费的1/3，麦肯锡预计到2025年，这一数字将翻番。

（二）基于现代技术发展催生出智能型新消费

近几年以ABCD（人工智能、区块链、云计算和大数据）为代表的前沿信息技术快速发展，并广泛应用于零售、娱乐、医疗、教育等诸多消费领域。一方面，在前沿信息技术的辅助下，传统商品和服务在运营模式、交互体验、定价定位、交付反馈等环节有了重大创新，重组构成新的消费模式，催生出如新零售、AI公园、远程医疗、3D定制等新业态。另一方面，以新兴技术为核心创造出了众多全新的消费内容，如智能穿戴设备、IOT智能家居、无人驾驶、AR视效呈现、定制化基因测序、VR交互娱乐等。以智能家居为例，目前美国智能家居普及率为32%，英国、德国、澳大利亚、日本等国的智能家居普及率也已超过15%。据估计，2018年全球智能家居包括设备、系统和服务消费支出总额接近960亿美元，到2023年将增长至1 550亿美元①。

（三）基于个人爱好扩展催生出兴趣型新消费

随着居民生活水平的提高，越来越多的消费者愿意投资自己的兴趣爱好，兴趣导向催生出诸如二次元消费、电竞消费、古风消费、极限运动消费等新型消费。这些小众消费领域正逐渐大众主流化，并通过纵向带动上下游产业、横向以文化植入方式与其他业态融合创新，形成了较为成熟的产业链和多元化的消费业态，成为拉动一国经济和消费发展的新兴势力，如美国的橄榄球经济、日本的动漫经济、我国当前的电竞产业、汉服消费等。以电子竞技为例，据艾瑞咨询《2023年中国电竞行业研究报告》，

① 数据来源：Strategy Analytics. 2018 Global Smart Home Market Forecast ［R］. Boston：Strategy Analytics，2018.

2022 年中国电竞市场规模约为 1 579 亿元，中国电竞用户规模约为 5.04 亿人。同时，围绕电竞消费还形成了电竞线下体验、电竞直播、电竞赛事观赏、电竞主题餐饮、电竞文创周边等丰富多样的新型消费业态。以汉服消费为例，据天猫《2018 汉服消费人群报告》，2018 年购买汉服人数同比增长 92%；截至 2019 年 4 月底，在抖音上抖索"汉服"话题，其播放量已超过 96 亿。

（四）基于政策调整规范释放出新型消费热点

在全球消费发展过程中，各国在交通安全、医疗健康等领域曾存在不同程度的政策限制，如汽车改装被很多国家明令禁止，医疗健康等领域的市场准入门槛较高等。随着部分国家、城市松绑原有限制、降低市场准入、引入多元主体参与、推动标准化建设等政策调整，一些消费领域释放出创新活力，引发了如汽车改装、医疗整形、宠物消费等新型消费热潮。以汽车改装为例，日本从 90 年代初打压改装车到其后政策放开，通过制定严格的标准使得汽车改装逐渐合法化，推动了日本汽车改装文化的兴盛，私车改装率高达 80%，成为全球汽车改装产业最为发达的国家之一。

# 第三节　成都服务业的阶段特征

## 一、处于服务功能的重塑期

（一）服务国家全面开放战略的应有之义

根据国际经验以及我国城市发展的实践，在服务国家全面开放战略过程中将会出现一批立足国内、辐射周边国家、面向世界的全球城市，成为许多国家参与全球服务市场竞争、集聚全球资源、吸引全球市场主体的重要载体。在推动形成全面开放新格局的进程中，特别是随着"一带一路"建设的推进，地处内陆的西部地区正在由开放的末端转变为开放的前沿。作为西部地区的特大中心城市，成都已成为我国内外贸一体化、国内外消费一体化的双向通道和战略节点。

从地理区位看，成都位于中国西南、西北和中部地区的重要接合部，是亚欧地理中心，是"一带一路"和长江经济带的交会点，是构建中的欧亚铁路、公路大陆桥连接东南亚、南亚到西亚、欧洲的中心位置，是国家西向开放的重要门户，是中国进入世界和世界进入中国的战略节点。从经济区位看，成都地处国家内陆市场中心区位，与重庆、西安、昆明、贵阳等位于西部的直辖市、副省级城市、省会城市相距500千米左右，具有经济学意义上的最佳辐射半径，市场腹地广阔，为成都发展服务业，增强集聚辐射功能，更好地发挥金融、科技、商贸、物流、交通通信枢纽的作用提供条件。

作为对西部地区、全国乃至更大范围具有较强的集聚辐射能力的枢纽城市，服务国家全面开放战略需要是成都建设全球城市的应有之义。根据弗里德曼的世界城市和萨森的全球城市理念，全球城市往往要集聚跨国公司总部、生产性服务业等服务要素，从而成为世界城市网络的中心。因此，越是全球城市，越要强化资源配置功能。遵循全球城市发展规律，成都在实现向服务业为主导的经济结构转型过程中，亟须增强金融、科技、国际消费中心等城市服务功能，进而带动全国服务业发展。

（二）服务成渝地区双城经济圈高质量发展的迫切要求

城市群是由不同性质、不同类型和不同等级规模的城市组成的。正是城市群各城市的经济规模、发展水平、工业化程度都存在显著差异，为中心城市的产业调整与升级、城市间的互补性分工协作提供了客观基础。服务业的发展程度受城市的等级差异影响，不同级别和支配力的城市对应着不同能级和功能的现代服务业产业集群。而中心城市往往承担着更为高端的控制性的服务功能，发展更具控制力和影响力的生产性服务业以及保持城市活力的消费性服务业，从而进一步形成了人口和产业在城市空间聚集的向心力，并通过知识创造、溢出以及相关的创新活动不断增强自己在城市群内部的辐射力，最终在其所处的城市群内部发展成服务中枢，成为最具强影响力的核心城市。如纽约、东京、伦敦、上海等国际化大都市均集中了大量的跨国公司总部以及金融、法律、专业服务等服务机构，成为所在区域、所在国家甚至全球的营运控制中心、供应链管理中心、消费中心等高等级服务功能中心。

成渝地区双城经济圈建设已经上升为国家战略，按照城市群发展规律，要发挥比较优势，推进成渝地区统筹发展，促进产业、人口以及各类生产要素合理流动和高效集聚，强化重庆和成都的中心城市带动作用，使成渝地区成为具有全国影响力的重要经济中心、科技创新中心、改革开放新高地、高品质生活宜居地，形成高质量发展的重要增长极。以成渝地区双城经济圈为范围来看，成都服务业目前在区域中的分工已初步呈现出向高等级服务业聚集的趋势。2020年，成都服务业增加值达1.2万亿元，在全国15个副省级城市中排位第三、中西部第一，服务业增加值占西部地区、成渝地区双城经济圈比重分别为10.6%、32.1%，较2015年分别提高1.1和0.9个百分点；国际航空、铁路和信息枢纽让"蜀道难"成为"全球通"、内陆腹地成为开放前沿；商业魅力位居全国新一线城市榜首，显示出较为强大的集聚能力。从现实发展考虑，作为成渝地区双城经济圈的"双核"之一，成渝协同发展将极大提升成都极核功能和区域影响力，成都更需提高经济和人口的承载能力。

基于服务业在城市体系中的等级布局趋势，随着成渝地区双城经济圈建设进程的深入推进，未来城市群高等级服务功能将向中心城市进一步聚集。主要体现在两个方面：一是做强极核功能，不以完整服务业产业体系为导向，聚焦区域性运筹决策、金融、创新、供应链管理等更具控制性的高等级功能，立足城市群广阔的腹地空间，发展主导产业头部功能，与次级城市形成水平分工链式协同，带领区域经济全面融入国际产业链、价值链、供应链和创新链分工体系，与全球城市网络中的更高等级城市发生服务产品的双向流动。二是做强带动功能，不以持续提高服务业总量在城市群中的占比为导向，提升高水平开放、服务中枢、高能级服务创新、国际消费中心等核心功能，承担更多制度先行者角色，带动城市群协同发展、西部大开发大开放，促进城市群形成高质量发展的重要增长极。

### 二、处于服务内容的创新期

#### （一）居民消费结构变迁引致生活性服务业创新

我国经济由高速增长阶段转向高质量发展阶段，人们对美好生活的向往总体上已经从"有没有"转向"好不好"，需求端结构发生一系列新变化。基于人类需求层次理论的分析视角（见图6.1），人类需求由水、睡眠、食物等生理需求，安全、保护、避所等安全需求，上升到社交尊重和自我价值实现的更高层次需求，如，爱、他人接纳、认可等，由此带来明确的居民消费结构变迁，即从商品到服务转变，生存型消费占比降低，发展型消费、享受型消费占比提升。

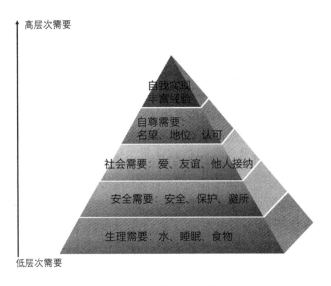

图 6.1　马斯洛的需求层次理论

　　居民消费结构变迁的一个重要特点是服务消费的占比不断提升。从国际经验看，在从中等收入迈向更高收入的发展阶段中，具体而言，当人均GDP 达到 1 万美元后，服务消费占总支出的比重将快速增加，服务消费将成为消费增长的重要动力。目前，我国居民消费结构升级正处于从生存型消费向发展型、享受型消费转型的阶段，餐饮住宿、旅游、文化娱乐、体育、居住服务、教育和培训、养老托育等服务消费已进入快速增长期。从成都居民消费结构看，居民消费向品质化、个性化和多元化的品质消费和服务消费升级，食品烟酒、衣着和生活用品等基本生存资料消费占比明显下降，服务消费等享受资料消费及高层次的发展资料消费占比明显提升（见图 6.2）。2021 年成都居民消费向享受型、发展型转变，城镇、农村居民恩格尔系数较十年前分别下降了 1.7、5.6 个百分点；限额以上体育、娱乐用品类，通信器材类，文化办公用品类等非生活必需品销量快速上升，商品零售额年均分别增长 19.3%、15.9%、12.6%。2014 年以后，受居住成本增加影响，全市城镇居民家庭服务消费占比减少至 28% 左右，但文化娱乐、医疗保健等服务消费占比仍继续增加，同时与北上广等城市相比居住成本对居民消费的挤占较小，未来消费发展空间较大。

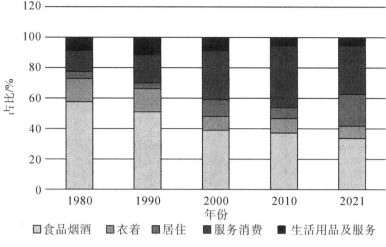

**图 6.2　成都历年消费结构变化**

（数据来源：《成都统计年鉴 2022》）

居民消费结构变迁中伴随消费者个体意识的崛起，消费者正在成为生产过程的重要组成部分，推动消费者和生产者的关系、消费者与自然环境的关系、消费者与他人的关系等一系列重要消费关系发生显著变化。例如，在与生产者的关系中，消费者成为共同生产者；在与自然环境的关系中，消费者践行绿色消费、低碳消费的理念；在与他人的关系中，消费者逐渐体现出对于共享消费、圈层消费的意愿与行动等。① 这些消费关系的变化推动了绿色消费、悦己消费、共享经济等消费新增长点的涌现。以绿色消费为例，随着消费者对绿色消费的认识逐渐加深，绿色消费理念推动绿色生活方式发展和绿色消费市场增长，吃穿住行等领域分层次、多样性绿色消费正在逐步形成，绿色消费呈普及化发展态势，家电、建材、交通、快递、旅游等领域绿色消费发展势头强劲。特别是汽车绿色消费发展迅速，我国新车销售量中新能源汽车占比由 2021 年的 1/8 增至 2022 年的 1/4，就是新车销售中每 4 辆车里就有 1 辆新能源汽车。

在居民消费结构变迁过程中，技术赋能作用明显，可能形成一些新的消费热点和新型消费方式，进而以消费引领创新、以创新引领供给，带来成都生活性服务业的创新。一是数字消费的创新将持续演进。数字消费不再局限于传统的电子商务，以网络零售、远程医疗、数字音乐等为代表的

① 彭泗清. 我国居民消费结构变迁：新维度与新趋势 [J]. 人民论坛，2023（18）：21-24.

数字消费新业态日益普及，直播带货、社交电商、社区团购等新型消费场景不断拓展。我国连续多年成为全球最大的网络零售市场。2022年全国实物商品网上零售11.96万亿元，占社会消费品零售总额的27.2%。二是共创消费成为一种新兴的消费现象。共创消费强调消费者与生产者或品牌方之间的深度互动。消费者不是产品和服务的被动接受者，而是与生产者或品牌方共同创造价值的主动型消费者，如积极参与到产品的创意、研发、设计过程中。依托新技术，特别是在互联网平台的助力下，共创消费将愈加普及。三是首发经济将成为推动经济增长的重要力量。首发经济发轫于首店，但不止于首店，本质上是一场商业革新，具有时尚、新潮、品质等特征，满足消费者对新产品、新服务等新鲜事物的需求。四是场景化成为城市消费空间发展的趋势。消费的本质是流量，随着消费者愈发重视"情绪价值"，"更懂人心"成为消费空间的核心竞争力。城市能否持续吸引消费者，关键在于其能否通过营造成功的消费场景，提供让消费者身在其中难以忘怀的体验，使得产品和服务感知化。

---

**专栏　成都首店首发经济发展情况**

2023年，成都全年新增首店813家，持续稳居全国首店经济第三位。其主要特征如下：

1. 紧密结合在地文化

2023年，57%的首店选择落户街头商铺，标志着集中式商业不再是大部分品牌首选，城市街区获得了更多特色首店品牌的青睐。伴随着品牌走上街头，这种原生的生活气息和接地气的商业风格共同构筑了成都与众不同的首店景观。

2. 餐饮首店占比不断提高

2023年，成都首店餐饮业态占比为54%，较2021年、2022年分别提高8个百分点和10个百分点。跨界融合成为餐饮首店新业态。例如，餐饮首店食物工坊集食材加工、美食、观光体验为一体；西南首店空港壹号，让顾客体验在飞机底下涮火锅。

3. 首店首发经济新物种爆发

一是新潮运动迅速席卷，解锁城市边角空间新体验。2023年，人们对户外活动的需求增多，各种新潮运动成为潮流新宠。例如，温江区金马街道金马湖大桥下滨河FUN运动空间，将边角空间改造成有趣又高颜值的运动空间。二是小兴趣创造新需求，越小众越主流。例如，作为国内二次元文化的热门地标之一，成都吸引了富有特色的二次元品牌。"缝隙市场"中的小众买手店，小众俱乐部等，赋予兴趣圈一种可以辨别身份和属于某一群体的特殊气质和话语体系。

数据资料：根据中商数据和成都零售商协会联合发布《2023年度成都首入品牌研究》整理形成。

### （二）经济结构转型引致生产性服务业创新

从世界经济史演进历程来看，只要资源和投入不断向效率更高的部门配置，就会出现结构变化带动的经济增长，这就是经济结构转型。生产性服务业是指伴随着技术进步与分工深化，从生产环节中逐步分离出来的直接或间接为生产过程提供专业性和高知识含量服务的具有中间需求性的服务业，包括直接作为工业企业的中间投入，作为商品交换过程的一部分的流通和金融服务，与新生产结构相适应的人力资本的形成所需要的服务，以及对整个生产体系进行协调和规制所需要的服务等。

通过对已有研究成果进行归纳和总结，生产性服务业推动经济结构转型的作用机制大致可分为以下四个方面的内容：一是生产性服务创新成为制造创新之源。生产性服务业作为"产业的中间人"，已发展成为制造业产品差异和增值的主要来源。如信息技术服务使制造业实现了生产方式、经营流程、管理手段的变革和创新；研发设计和市场营销增强了企业获得自主知识产权和创造自主品牌的能力；物流、金融、商务等服务扩大了企业交易空间，提高了企业交易效率，降低了企业执行成本；等等。二是生产性服务业优化城市产业空间。一方面，生产性服务业的空间分布更多地体现为在大城市的空间高度集聚，反映了城市经济的集约化发展趋势；另一方面，生产性服务业的集聚发展也促进了区域内城市等级结构的形成。生产性服务业通过空间的网络分工为大城市腹地，甚至是大城市以外的制造业服务，由此进一步提高制造业的效率和促进市场的扩大，提升大城市在城市体系中的经济影响力。三是生产性服务业提升城市创新能力。生产性服务业以其高知识、高技术含量占据产业链的高端环节，对创新资源形成较强的控制力，能够更好地将创新资源转化为创新成果，对知识创新和服务创新都具有直接和主导性的作用。四是生产性服务业缓解资源环境压力。生产性服务业通过推动知识溢出和技术创新，强化了工业发展对知识和技术的依赖，从而改变过去传统工业化过程中对资源和能源的大量消耗以及由此导致的经济增长和生态环境之间的冲突，也促进工业企业在产业链上地位的攀升。

从成都生产性服务业发展现状来看①，2022年成都生产性服务业实现增加值7 121.3亿元，占服务业增加值的比重为51.5%，占GDP的比重为34.2%，较2021年分别提升1.9、0.9个百分点；对GDP增长的贡献率为62.7%，较2021年提升23.2个百分点。从内部结构看，根据成都市统计局数据，2022年，以信息传输、科学研究、金融业和租赁商务服务业等为代表的现代生产性服务业实现增加值5 246.9亿元，占生产性服务业比重为73.7%，较2021年提高2.2个百分点。其中，科学研究和技术服务业实现增加值1 196.3亿元，占生产性服务业比重16.8%；信息传输、软件和信息技术服务业实现增加值1 274.6亿元，占生产性服务业比重17.9%；生产性金融业实现增加值1 789.3亿元，占生产性服务业比重25.1%；生产性交通运输、仓储和邮政业实现增加值869.3亿元，占生产性服务业比重12.2%。这说明生产性服务业现代化程度提高，改变了以往以交通运输、仓储和邮政业以及批发业等为代表的传统生产性服务业行业门类为主的格局，形成了与生产过程结合更加紧密的以研发、设计、供应链管理、金融、信息等为代表的现代生产性服务业行业门类为主的结构。在互联网大数据时代，随着"成都制造"向"成都智造""成都创造"转变进程的加快推进，在产业融合这一大趋势下，成都生产性服务业专业化和高端化分工将进一步深化，呈现出以下发展趋势：

第一，生产性服务业在城市经济中的地位和作用更加凸显。成都经济增长正进入一个从要素投入型的粗放式增长模式向创新驱动、追求效率的可持续增长方式转变的时期，服务业和制造业都亟须提高全要素生产率。根据江小涓等学者的研究结论，现代服务业的全要素生产率要高于传统服务业的全要素生产率，生产性服务业的全要素生产率要高于消费性服务业的全要素生产率②。同时，在制造业提质增效过程中，迫切需要提高制造

① 服务业处. 2022年成都生产性服务业占服务业比重过半 [EB/OL]. (2023-03-20) [2023-12-26]. https://cdstats.chengdu.gov.cn/cdstjj/c154785/2023-03/20/content_5838659c0eb846e19d5c0135835a82ca.shtml.

② 江小涓. 网络时代的服务型经济：中国迈进发展新阶段 [M]. 北京：中国社会科学出版社，2018：115-116.

业的附加值和竞争力，不同生产环节中高附加值生产服务需求加大，推动了诸如金融、商务服务、研发设计、人力资源管理、咨询、广告、会计、市场销售等现代生产性服务业的极大发展，服务业与制造业深度融合趋势更加明显。因此，高质量发展生产性服务业，不但是服务业本身发展的需要，而且是推动制造业升级、提高制造业竞争力、提升制造业全要素生产率的需要。

第二，成都作为区域生产性服务中心的功能将更加凸显。生产性服务业迅速成长并主要集中分布在经济体量和市场潜能较高的特大及大城市，即趋向于在中心城市集中发展的生产性服务业是以一定区域内的制造业和服务业为服务对象的。随着成渝地区双城经济圈建设的不断推进，作为四川省"首位城市"、成渝地区双城经济圈核心城市的成都，其生产性服务业发展趋势是立足城市群内部的分工协作，牢牢把握"成都服务"产业核心和发展"周边制造"的战略布局，从局部性合作转向整体性谋划，加快推进区域一体化进程和成渝地区双城经济圈发展战略。在城市群战略中要强化成都高端服务功能和首位城市导向，坚持"能让则让"，凡是其他城市可以落地的项目要坚决舍得让周边城市承担，成都主要吸引周边城市不能胜任的高端项目；坚持"能迁则迁"，凡是不符合成都功能定位的制造业和传统服务业应坚决向外转移；坚持"能分则分"，凡是可以部分分离出去的配套产业和协作功能要坚决分离出去，形成有利于在区域内横向分工协调互动的发展格局。

第三，生产性服务业专业化集群的趋势更加凸显。目前成都处于后工业化时期向上跨越的节点上，对国际化大都市工业化进程的研究发现，工业化后期服务作为一种中间投入在制造业高端化发展中的作用日益突出。服务业与制造业在未来一段时期内仍将呈现并重发展且加速融合的趋势，突出表现在生产性服务业的快速发展上。生产性服务业是在工业化发展到一定程度之后从制造业内部脱离出来，逐步独立发展起来的新兴服务业。这一过程中，生产性服务业不仅摆脱了对制造业发展的依附，更是成为服务农业、制造业和服务业自身发展的最活跃的部门。旺盛的市场需求和行业创新需要促成了生产性服务业向更加专业化、集群化发展。纵观国外发达城市发展生产性服务业集群的实践，发现创新是生产性服务业集群发展的核心动力。制度创新会吸引集群区域外部甚至国外的相类似企业进入该集群，技术创新特别是新技术的应用，能维持集群在行业内领先者的地位。事实证明,规划建设服务业集聚区/功能区是国内外城市发展生产性服务业集群的普遍做法,也是非常成功的做法。

### 三、处于增长动力的变革期

#### (一)创新正成为服务业增长的澎湃引擎

任兴洲和王微(2017)认为,新一轮科技革命促进了服务业分工的持续深化,服务业态、商业模式、运作方式和管理方式的更迭将成为常态。江小涓(2018)认为网络经济和大数据时代,服务业创新的重要特征是技术创新、内容创新和商业模式创新三位一体,尤其是商业模式创新在资源聚集和生产组织方式变革中发挥着更加重要的作用。在当代新兴生产力兴起的浪潮中,服务创新正在颠覆传统的产业发展方式,推动全方位的技术、流程、管理和制度变革,成为经济增长的新引擎。成都拥有足够的创新要素,有近60所高等院校,超过30家国家级科研机构,超过500万的各类人才以及400余家创新创业载体。创新创业环境、生活成本和城市宜居宜业优势明显。当前成都与互联网、大数据相关的服务业新业态、新模式正加速涌现,并呈现以下两个特征:

一是基于"互联网+""大数据"的服务业创新不仅是形成新一轮创新创业潮的主要推动力,而且将为创新创业开辟巨大的市场空间。以平台经济为例,从20世纪90年开始在互联网大潮的影响下,一批国内互联网巨头进入成都,成都平台经济起步发展,主要由传统企业在第三方交易平台进行交易。2008年以来成都市着力推动电子商务与本土优势特色产业紧密结合,培育了一批具有全国影响力的电商平台企业,成都平台经济快速成长,创新创业蓬勃兴起。平台经济与全市经济社会发展各领域深度融合,"互联网+"在传统行业结合方面试点示范成效显著,主要包括基础设施、智慧城市、创新创业等多个维度,涵盖了商贸、金融、交通物流、医疗、教育、文化娱乐、旅游等十多个细分领域。

二是新兴服务业正在成为新职业的密集诞生地。据《成都市新职业人群发展报告2019》统计,2013年以来,成都新职业从业者需求量呈现跨越式增长的态势,2016年新职业从业者需求量仅10万,2019年已突破45万,呈现出高速增长态势。2019年,成都新职业人群总体规模排名全国第三,副省级城市排名第一,其中,生活服务类新职业人群占比近九成,主要集中在出行、医美、健康、美食等领域;生产性服务业领域出现了人工智能工程、短视频运营、大数据工程师等新职业。这说明服务业创新活力旺盛，正在深刻改变人们的生产生活方式，日益成为就业的重要渠道。

（二）服务业领域改革开放拓展服务业增长空间

与制造业相比，服务业以提供无形产品为特征，其交易过程更需要一个公开、透明、稳定的可执行合同的制度环境，越开放的环境越容易吸引服务业发展所需的各种要素，因此服务业对制度环境开放性、规范性的要求高于制造业。近年来，服务业领域体制改革开放提速，开展了全国范围内的"营改增"试点、注册资本登记制度改革、利率市场化改革等，以及通过设立北京市服务业扩大开放综合试点、自由贸易试验区、自贸港等开放平台倒逼服务业深层次改革。我国在探索服务业要素市场化改革、扩大服务业开放、金融业制度创新、负面清单管理模式等方面取得了阶段性成果，标志着我国的服务业领域体制改革开放进入了全新的阶段。

成都以国家首批服务业综合改革试点和自贸试验区建设为契机，深入开展了内贸流通、服务贸易、服务业扩大开放等领域多项改革试点工作，以改革创新推动服务业高质量发展、高水平开放，推动城市功能从区域性中心城市向国家中心城市跃升。随着全面深化改革和扩大开放的逐步推进，成都服务业改革将结合国家总体导向和自身试点创新不断深入，其总体趋势将聚焦于两个关键词："放活"与"开放"。

一是"放活"，激发市场创新创造力。很多服务业行业都具有自然垄断或准自然垄断性质，长期以来存在着各种类型的市场准入、人员往来、执业许可等进入管制和竞争限制，因此市场准入与微观管制一直是服务业发展面临的重要问题。大量研究表明，政府的控制力是当前制约服务业自由进入和退出的首要障碍。改革开放多年的经验表明，不论是政府主动或市场倒逼，放活服务业能提高供给质量和效率，不仅对经济增长有意义，对生产方式和生活品质都有深刻的影响。从全国导向及成都基础来看，要促进服务业高质量发展，既要"放开"，更要"善管"，只有改进基于大数据、互联网的服务业新业态新模式新经济的监管方式，才能真正体现"放活"初衷。

二是"开放"，提高服务业素质和竞争力。当前，服务全球化推动服务的生产、消费和相关生产要素的配置跨越国家边界，形成一体化的国际网络。因此，中国服务业要加快发展和提高竞争力，就要打破国内配置的局限，扩大开放是必然选择。党的十九大以来，我国掀起新一轮开放大潮，开放的重点从以往的制造业领域向服务业领域转移。作为西部内陆开放高地，成都主动服务国家开放战略，推动由商品和要素流动型开放向规则等制度型开放转变，构建接轨国际的开放型经济体制机制，营造法治化国际化便利化营商环境，不断强化城市国际资源要素集聚和配置能力，形成以服务业开放带动消费结构优化、引领经济结构升级的良性循环发展机制。

## 第四节　推进高质量发展的建议

### 一、加快建设服务业核心城市

2022 年全球化和世界城市研究网络（GaWC）将成都城市等级定为 Beta +，说明成都在全球高端生产性服务业网络中已经逐渐占据了重要的地位。这主要得益于中国经济的整体发展和西部地区不断成长的商务市场。我国经济发展的空间结构正在发生深刻变化，中心城市和城市群正在成为承载发展要素的主要空间形式，中心城市和城市群等经济发展优势区域将成为引领全国高质量发展的新动力源。跨国生产性服务业机构普遍将成都视为进入中国西部市场的桥头堡。当前成都加快建设中国西部具有全球影响力和美誉度的社会主义现代化国际大都市，在未来更长时期向国际区域性中心城市迈进，服务业素质和竞争力的提升相当程度上来自成渝地区双城经济圈乃至西部地区日益强烈的国际经济联系。换言之，成都服务业的发展需要腹地发展的支撑和服务业核心城市地位的形成。

（一）服务业核心城市的内涵特征

服务业核心城市，通常是指地区性或全球性资源的组织与配置节点，是跨地区活动的管理与控制中心，是专业化服务的供给基地，也是创新性产品和生产要素的生产基地和扩散中心。建设服务业核心城市，是服务要素与活动不断向外拓展，自身集聚与辐射能级不断提升，逐步在区域或全球层面形成不可替代的服务功能和核心竞争力的过程。根据服务业核心城市的影响和辐射范围，可将其分为国际性和区域性的服务业核心城市。如纽约、伦敦、东京是公认的国际性服务业核心城市，新加坡、芝加哥、法兰克福等则是区域性的服务业核心城市。根据城市的核心服务功能特性，又可将其分为综合型和专业型的服务业核心城市。如纽约、伦敦、新加坡、芝加哥、法兰克福等都是典型的综合型服务业核心城市，而鹿特丹、苏黎世、日内瓦、戛纳等城市则是因专业化服务在全球占据举足轻重的地位。以新加坡、芝加哥、法兰克福等城市为代表的综合型区域性服务业核心城市，其服务业发展具有显著的共性特征：第一，服务业在经济发展中占主导地位，表现为服务业增加值占GDP的比重高，农业、制造业的服务化程度高。第二，集中了较多的跨国公司和国际金融机构以及国际经济与政治组织，在某种程度上能够控制或影响全球或区域性经济活动。第三，是区域性的贸易、金融中心，在世界经济中具备相当的竞争力和影响力。第四，多元化的服务业发展是核心服务功能的重要支撑，也是城市发展活力的重要源泉。第五，植根本土、坚持创新的内涵式发展是保持服务业核心城市地位的内在驱动力。

（二）成都建设服务业核心城市的功能支撑

现代城市是与"先进服务、生产中心、全球网络市场"相联系的，城市能级水平的高低越来越依赖于是否具有更大的流动性、集聚力以及辐射力。成都要建成服务业核心城市，既要通过"服务"实现与全球城市间的要素交流，增强全球资源"集聚"和"辐射"的门户功能，更要对全球资源形成"运筹"和"配置"的枢纽功能，成为经济腹地同全球联系的中枢，与周边城市和经济腹地建立紧密的地区合作体系和开放共享的全球链接网络，从而成为带动整个区域发展的核心城市。因此，成都亟须增强一个或多个突出功能，使其影响力和辐射功能超越地区、波及全球，在区域甚至全球层面形成强劲的核心竞争力。一是运筹决策功能，通过集聚平台企业、跨国公司地区总部和功能性总部以及其他国际性经济机构和非营利性组织，形成全球或区域性重要资源和要素的配置管理功能，形成对全球或区域性经济资源的配置力、掌控力、影响力。二是生产服务中心，聚焦科技服务、金融、供应链管理、商务、研发设计等高端生产性服务业发展，做强西部金融中心、科技创新中心、国际门户枢纽等核心功能，吸引和利用全球生产性服务业头部企业，紧密联系、服务成渝地区双城经济圈乃至西部地区制造业发展，引领城市群、西部地区制造业参与国际分工，融入全球产业链、价值链、供应链。三是国际消费中心，聚集全球消费资源，广泛吸引和汇聚世界各地的消费者，发展发达的消费性服务业、消费品制造业以及具有全球吸引力的消费场景，建设成为高度繁荣的消费市场、配置全球消费资源的枢纽中心以及引领西部地区消费发展的创新高地。

## 二、着力提升服务业创新能力

新一代信息技术、人工智能技术等不断突破和广泛应用，将在很大程度上重塑服务业的发展空间和发展条件，加速服务内容、业态和商业模式创新，推动服务网络化、智慧化、平台化，知识密集型服务业比重将快速提升，服务业发展将面临广阔的前景。对比国内外主要城市，成都在住房、交通、娱乐、饮食等综合生活成本方面具有明显的比较优势，有利于吸引国内外优秀人才和企业，提升服务业创新能力。以发展新质生产力为重要着力点，推进融合和创新，是成都服务业顺应网络时代的服务经济阶段特征，培育新经济新动能的路径选择。

（一）推动服务业与制造业、农业深度融合发展

推进先进制造业与现代服务业"两业"深度融合，高质量发展生产性服务业，通过增值服务要素的投入，引导制造业企业通过业务流程再造、管理创新、市场创新、科技创新等，重塑价值链重心，促进制造业向价值链高端延伸。推进农业与服务业深度融合，通过服务创新推动挖掘农业除生产功能外的生态环境、农耕文化、农事体验等多样化功能，拓展农业产业链的广度和深度。

（二）培育服务业新技术新业态

把数字牵引作为服务业高质量发展的强劲动能，发展基于新一代信息技术、人工智能的服务业新经济，结合消费结构升级、产业结构转型等应用场景，培育数字经济、智能经济、绿色经济、创意经济、流量经济、共享经济等新经济形态。推动互联网、大数据、人工智能和实体经济深度融合，在中高端消费、绿色低碳、现代供应链、人力资本服务等领域培育新增长点。推动各种新型技术改造提升传统服务业，提高传统服务业的技术含量和专业化水平，提高传统服务业发展效率，推动生产性服务业向专业化和价值链高端延伸、生活性服务业向精细化和高品质转变。

（三）关注基于数字技术的服务模式创新

如在"双十一""双十二"以及新冠疫情防控期间企业自主创新的"共享员工"服务模式。"共享员工"服务模式是企业与企业间根据员工意愿调配空闲人力资源的一种新型用工模式，核心是把部分企业在某一时期多余的人力资源利用起来，实现人力资源的优化重构。"共享员工"服务模式有多种表现方式，比较典型的是互联网平台企业把其产业生态圈内的

服务型、零售型传统企业有意愿的待岗人员利用起来，从而实现企业间部分人力资源共享的灵活用工方式。这一方面可解决平台因线上单量激增出现的短期用工缺口问题；另一方面也解决了服务型、零售型企业人员待岗问题，为传统企业分担人力成本。

### 三、推进服务要素市场化改革

国际经验表明，服务业对现代市场经济制度具有更高层次的需求，要求建立健全更加公正开放的市场体系，更加健全和透明的信用体系。当前人民群众的多样化、个性化、高端化需求与日俱增，服务供给难以适应市场需求变化，具体表现为中高端生产性服务业发展滞后、高品质生活性服务业供给不足。推进供给侧结构性改革，用改革的思路和创新的办法解决"成长中的烦恼"，就要立足适应、创造、引领需求，小切口、大纵深加快改革开放，推进市场化改革，有效利用两个市场两种资源，形成顺应整个社会服务需求和需求结构变化的服务业供给体系。

（一）优化要素市场化供给

加快建设数据要素市场体系和数据资源体系，探索数据交易市场建设，充分发挥数据资源推动研发、生产、流通、服务、消费的全价值链协同效应。实施更加开放的人才政策，构建具有区域和国际竞争力的引才引智机制，建立健全人才保障机制和激励机制，营造具有国际竞争力的人才吸引环境，构建涵盖高层次人才创新创业、融资、后勤保障等的"一站式"服务平台。建设多层次金融市场，引导金融机构开发适合服务业特点的金融产品，积极发展供应链融资、商业保理等融资方式，推动完善融资服务体系，为服务业提供资本要素支撑。发挥政府投资引导效益，重点支持服务业产业功能区、服务业重点项目、服务业龙头企业和中小微企业、服务业品牌培育和标准化建设等领域，发挥专项资金引导和撬动作用，广泛吸纳社会资本以及外资参与，扩大服务业有效供给。

（二）加强服务标准建设

建立"政府推动、部门联合，企业为主、有序实施"的服务业标准化推动机制，积极向上争取开展服务业标准化试点，对标国际标准，立足行业发展需求，结合现行行业规范，重点聚焦会展、金融、文旅、物流、生活服务等行业，依托行业协会，以企业为主体，鼓励社会团体和企业制定高于国家标准的团体标准、企业标准。建立健全服务品质认证认可制度，加强服务认证技术和规范研究，将消费者评价、企业信用等纳入服务提供企业品质认证认可中；鼓励社会第三方机构开展服务认证认可业务，引导帮助各类服务企业特别是中小型服务企业提升质量管理水平；重点在健康、养老、教育、家政、金融、电商等质量控制较难的领域开展服务品质认证活动，提高行业发展质量。

（三）持续优化营商环境

深入推进"放管服"改革，探索外资企业极简审批模式，开展市场准营承诺即入制试点，建立投资便利化审查机制，及时协调处理市场主体在准入准营方面遇到的问题。全面推进政府采购电子化，在政府采购信息发布、供应商条件确定、评标标准等方面着力清理差别化条款，真正落实好外资企业的国民待遇。持续扩大政务服务一网通办覆盖面，提升"数字+"外资治理效率，依托数字技术完善外资公共服务平台，集中向外资企业提供信息咨询、企业设立、外汇登记、跨境融资等"一站式"服务。提升口岸信息化水平，实现数据互联互通，针对企业普遍反映的单一窗口稳定性问题，建立应急维护机制，提升企业使用体验。围绕降低企业遵规成本，从精简流程、更新规管要求、加强支援服务、改善牌照申请指引、应用信息科技等多维度制定指标体系。引导企业参与营商环境治理，并使之成为政府营商环境服务供给的受益者和评价者。如从成都服务业各重点产业领域征集若干家"志愿企业"，组成企业"内测小组"，为成都营商环境建设及政策制定建言献策。

**四、有序推进服务业对外开放**

成都市正处于开放格局整体跃升期，主动服务和融入"双循环"新发展格局，推进服务业开放与建设西部经济中心、科技创新中心、对外交往中心、国家先进制造业基地相结合，以制度创新为核心，从更大范围、更宽领域、更深层次三方面突破，提升服务业开放的规模和质量。

（一）全面推进国家服务业扩大开放试点

纳入服务业扩大开放综合试点扩围，对成都服务业发展意义重大，有利于塑造"成都服务"国际竞争优势和合作新优势，对推进成都高水平开放、经济高质量发展和创造高品质生活等方面具有重要意义。一方面，成都按照充分竞争性服务业、有限竞争性服务业、自然垄断领域竞争性业务、特定领域服务业，结合成都服务业发展实际，推动分层次有序开放，改善服务贸易结构和服务业国际竞争力。应结合产业特色优势推动重点领域突破，在自主能动性探索中做出特色，将政策机遇转化为一个个落地可操作实现的重点项目，做强优势产业、做优主导产业、做大新兴产业。另一方面，成渝两地可联合推进试点协同贯通，依托重大共建平台，推进两地在政策、产业、制度等方面的协同贯通，以"双核"的高水平开放，为打造带动全国高质量发展的重要增长极和新的动力源做支撑。

（二）建设更高水平自贸试验区

用活自贸试验区制度开放红利，为服务业领域更高水平开放进行压力测试。加大开放压力测试，对标国际高标准经贸规则，在自贸试验区率先探索跨境服务贸易负面清单。围绕产业发展全链条、企业发展全周期，加强改革整体谋划和系统集成，推出跨部门跨领域协同集成的改革事项清单。探索建立新技术、新产品的标准化和认证体系，聚焦国家战略需要、科技前沿、碳中和相关产业发展需要，完善绿色低碳技术创新成果转化机制，加快技术评估与交易体系建设，完善成熟先进适用技术推广目录，促进绿色低碳技术在区域内的规模化、产业化应用。打造便利化、市场化、国际化、法治化营商环境，聚焦重点领域、关键环节、基础性制度深入开展自贸试验区贸易和投资自由化便利化改革创新，在促进国内外人才、资本、技术、数据等要素自由流动方面加大制度创新力度。

（三）扩大对 RCEP 成员国服务业开放

充分利用 RCEP 关于自然人移动和专业服务相关规则，鼓励开展专业服务资格认证对话，深化成都与日韩的信息服务、研发服务、设计服务、咨询服务等专业服务业合作。发挥成都服务业优势，围绕"三城三都"建设，扩大对 RCEP 成员国旅游、文化、教育、医疗、物流等服务输出。依托国家数字服务出口基地，充分利用自然人移动规则，鼓励软件类专业技术从业人员及团队前往 RCEP 成员国开展高水平合作，进一步推动服务外包。基于 RCEP 生效为人民币国际化提供的机遇，进一步在大宗商品优势品种上扩大定价的国际影响力，以便利跨境贸易、跨境投资为核心的经常项目和资本项目开放推进金融服务贸易发展，构建成都金融产业对外开放基础平台。

（四）推进服务业重点行业领域开放

推动生产性服务业通过服务外包等方式融入全球价值链、产业链，大力发展寄递物流、仓储、研发、维修保养、影视制作、国际结算、分销、展览展示、跨境租赁等新兴服务贸易。在生活性服务业领域，扩大外资在医疗、养老、旅游、演艺等领域的市场准入，以开放促改革、促发展、促竞争。结合国际服务外包转移趋势，聚焦信息技术外包（ITO）、知识流程外包（KPO）和业务流程外包（BPO）三种形式，重点发展软件开发、国际金融、财务结算、网络与数字增值、人才培训、电信增值与运营等服务外包产业。依托 5G 技术，大力发展众包、云外包、平台分包等新模式，积极推动工业互联网创新与融合应用，培育一批数字化制造外包平台，发展服务型制造等新业态。大力发展数字贸易，加快发展数字游戏、数字动漫、数字视觉等数字产品贸易，以及软件服务等数字技术贸易，推动以数字技术为支撑、以高端服务为先导的"服务+"整体出口。推动知识产权、人力资源、语言服务、地理信息、法律、会计、咨询等专业服务走出去，拓展专业服务国际市场。在消费品牌方面，推动中医药健康服务、口腔服务等优势服务品牌建设，提升国际消费中心城市的美誉度和影响力。

（五）提升各类开放平台能级

充分运用国别园区作为服务业对外开放的重要窗口和产业创新合作的示范性标杆作用，夯实服务业开放的核心载体。加强成都与重庆在服务业扩大开放试点的目标、领域、政策、产业、时序、机制等方面的协同，共建西部金融中心、西部科学城、川渝自贸协同开放示范区、具有巴蜀特色的国际消费目的地等；加快建设成资协同开放走廊等跨区开放平台，推进以成都高水平开放带动成都都市圈"水涨船高"。

**五、优化服务业空间结构布局**

服务业空间格局的演变深受城市空间发展格局影响。长期以来，成都城市发展呈现单核心、同心圆"摊大饼"的空间形态，随着城市发展格局转向"一山连两翼"的大都市区，服务业空间也经历了结构变迁。在迈向高质量发展阶段，服务供给需要与区域功能、人口流动迁徙精准匹配，以重大功能设施、资源禀赋和产业生态引导服务业产业布局。以重点片区为突破，以项目集群为支撑，差异化推动中心城区、城市新区、郊区新城服务业高质量发展，以适应其集聚、辐射的要求。

（一）中心城区服务业要突出提能级、强效率

推动城市有机更新、产业转型升级、宜居品质提升、治理效能增强，聚力城市服务能级提升，重点发展科技信息、创意设计、总部办公、金融

商务、现代商贸等现代服务业，促进高端服务业和高附加值服务环节集聚，提升成都在全国服务经济网络中的位置和资源配置能力。围绕核心优势产业，依托区域服务业集聚发展基础，增强中心城区高端要素运筹、国际交流交往、文化传承创新、时尚消费引领、科技创新等功能，加快实现由中心集聚向辐射带动转变，打造具有超大城市综合竞争力影响力的核心功能集聚高地。

**（二）城市新区服务业要突出创新力、锻优势**

聚力城市新区创新发展要求，加快发展与城市功能相适应的现代服务产业，重点发展大数据、科技、金融、物流、会展、文创等产业，增强创新链延伸力和产业链集聚力，打造高质量发展新动力源和高能级发展新平台。强化科技赋能，推动先进制造业和现代服务业深度融合，围绕核心技术攻关，重点增强研发设计、创新转化、科技金融、高端人力等服务配套，助力提升产业现代化水平。坚持创新驱动、高端引领、产城融合、联动发展，主动承载国家赋能，突出城市新区创新策源转化、国际门户枢纽、新兴产业集聚等核心功能。

**（三）郊区新城服务业要突出特色化、规模化**

发挥大城市带动大郊区优势，围绕做优做强郊区新城生态产品价值转化、促进乡村全面振兴、公园城市乡村表达等核心功能，加快发展农业电子商务、物流等生产性服务业和旅游、县域商业、教育、医疗、健康养老等生活性服务业，补齐公共服务基础设施短板，增强公共服务能力，助力打造超大城市持续健康发展的重要战略支撑，拓展超大城市持续健康发展的战略空间。立足自身资源禀赋和产业基础，从现代服务业的角度去考虑"一业特强"，形成具有比较优势的服务业特色细分领域，做强"长板"，做大规模。

**（四）建设服务业集聚区和功能区**

遵循全球先发城市服务业产业功能区的发展特征和一般规律，就加快建设成都市服务业产业集聚区和功能区提出"四个避免、四个体现"的建议：一是生态营造上避免封闭化，充分体现国际化。高度国际化和开放是现代服务业产业功能区快速发展和融入全球市场的重要方法。比如伦敦金融城，是国际化程度和开放度最高的区域。它服务于全球贸易和发展，高度自由化和开放的市场环境，吸引了一大批跨国公司总部和国际金融机构落户。防止将服务业集聚区或功能区建设简单地等同于建楼宇、引业态，应充分发挥自贸试验区、服务贸易创新试点、跨境电商综试区、供应链试点等各类改革平台的作用，营造接轨国际的市场环境，融入全球产业链、供应链、创新链的建设，促进高能级要素集聚，推动服务业产业功能区成为成都建设全国服务业核心城市的主要载体。二是产业发展上避免同质化，充分体现特色化。"精而强"是城市推动服务业产业功能区发展的方向。在功能区工作推进前期，应避免"摊煎饼"和"眉毛胡子一把抓"的工作思路，而应该尊重发展基础、明确培育重点，以有限的资源和精力优先发展起来一批具有全国或区域领先地位的服务业细分领域，突出细分领域的辨识度。三是功能定位上避免单一化，充分体现复合化。产业功能区不仅是商务办公地区，也是城市的经济和文化核心区域。只有居住、购物、餐饮、展览、娱乐、旅游等综合配套条件完备，才能充分发挥其核心区域的功能。特别是商业设施和生活服务设施的开发配套有利于吸引人流，不仅方便区域内生活、工作的人员，更是推动区域持续繁荣发展的重要保障。比如东京新宿商业商务中心，购物、娱乐休闲、商务办公等多元化功能区相配合，形成了繁华的东京现代核心城区。现有的服务业产业功能区建设遵循服务业发展融合趋势，注重生产、生活服务功能复合。四是制度供给上避免趋同化，充分体现专业化。服务业包含门类广泛，各类服务业行业对制度供给的需求存在多样性和差异性。注重从不同行业的制度供给需求出发，因地制宜创新有效制度供给和政策支持体系，提高先进生产要素的可获取性和产业协作能力。主要体现在两个层面：第一，产业生态层面要突出专业化，结合特定产业的要素敏感度有针对性地设计制度供给，构建要素可及、资源共享、协作协同、绿色循环、安居乐业的产业生态圈。第二，产业功能区层面突出精准性，针对特定产业功能区细分领域精准设计政策，形成具有区域比较优势的产业生态，着力提升细分领域的显示度和竞争力。

## 第五节　本章小结

当前成都服务业发展的内外部环境已经发生了本质的变化，为高质量发展提供了坚实的物质基础和良好的支撑条件。服务业是实体经济和现代化产业体系的重要组成部分，在中国式现代化建设中有着重要的地位。本章在中国式现代化视域下探索成都高质量发展的战略思路和具体路径。

当前和未来一段时期，高质量发展将是成都服务业增长的主旋律。高质量发展是中国式现代化的本质要求。当前成都服务业已转向高质量发展阶段，要顺利实现高质量发展，新发展理念是理论内核，全要素生产率是关键指标，有效满足人民日益增长的美好生活需要和产业结构转型升级的需要是初心目标。

网络和数字技术时代，效率提升极有可能成为服务业发展的趋势特征。数字技术革命引致生产力跃迁，在新质生产力兴起的浪潮中，服务业将成为引领内容创新和商业模式创新的主导力量。具体表现在服务创新成为经济增长的新动能，服务贸易成为贸易增长的新动能，服务消费成为消费增长的新动能。

现代产业正发生深刻变革，成都服务业要探寻合适有效的高质量发展道路。当前成都服务业呈现三个方面的特征性变化，即处于服务功能的重塑期、服务内容的创新期和增长动力的变革期，亟须创新服务业高质量发展的思路和举措。面向未来，要以建设服务业核心城市引领服务业高质量发展，以服务创新推动服务业优质高效发展，以扩大服务业开放倒逼服务业改革，以空间结构调整创造服务功能空间载体，从而助推服务业稳步迈向高质量发展。

# 参考文献

阿哈罗尼，纳查姆，2013. 服务业全球化：理论与实践启示 [M]. 康昕昱，译. 上海：格致出版社.

莱骐，2015. 社会化网络时代的粉丝经济模式 [J]. 中国青年研究 (11)：8-11.

曹邦宇，姚洋洋，2013. 美国城市群服务业空间布局研究 [J]. 当代经济管理 (35)：78-83.

钞小静，薛志欣，王宸威，2021. 中国新经济的逻辑、综合测度及区域差异研究 [J]. 数量经济技术经济研究 (10)：3-23.

陈景华，刘展豪，毛开元，2023. 中国式现代化进程中的高质量发展：历程、成就与展望 [J]. 华东经济管理，37 (11)：1-16.

陈笑艳，2014. 生产性服务业对农业劳动生产率的影响 [J]. 中国商贸 (7)：152-153.

陈绪冬，潘春燕，黄际恒，2013. 服务业布局的新趋势、新分类及新模式 [J]. 规划师，29 (7)：101-104.

成都市商务局，2022. 开放之城：建设国际门户枢纽 [M]. 北京：中国社会科学出版社.

程大中，2010. 中国服务业与经济增长：一般均衡模型及其经验研究 [J]. 世界经济 (10)：25-42.

程大中，2003. 中国服务业增长的地区与部门特征 [J]. 财贸经济 (8)：68-76.

崔功豪，魏清泉，陈宗兴，2001. 区域分析与规划 [M]. 北京：高等教育出版社.

德劳内，盖雷，2011. 服务业经济思想史：三个世纪的争论 [M]. 江小娟，译. 上海：格致出版社.

董凤丽，曲瑞，马发旺，2017. 基于产业融合视角的乡村旅游发展模式分析 [J]. 农业经济（4）：34-37.

杜宇玮，刘东皇，2015. 中国城镇化与服务业发展耦合协调度测度 [J]. 城市问题（12）：52-61.

"服务经济发展与服务经济理论研究"课题组，2004. 西方服务经济理论回溯 [J]. 财贸经济（10）：89-92

伏开宝，陈宪，2021. 后工业化时期中国服务业生产率影响因素研究 [J]. 经济问题探索（3）：181-190.

盖雷，加卢，2012. 服务业的生产率、创新与知识 [M]. 李辉，王朝阳，姜爱华，译. 上海：格致出版社.

高雁鹏，2018. 沈阳市现代服务业空间格局演变研究 [D]. 长春：东北师范大学.

格莱泽，2018. 城市的胜利 [M]. 刘润泉，译. 上海：上海社会科学院出版社.

顾乃华，2005. 1992—2002 我国服务业增长效率的实证分析 [J]. 财贸经济（4）：85-90，97.

关权，2014. 发展经济学 [M]. 北京：清华大学出版社.

郭凯明，黄静萍，2020. 劳动生产率提高、产业融合深化与生产性服务业发展 [J]. 财贸经济，41（11）：112-125.

国家统计局，2019. 新中国成立70周年经济社会发展成就系列报告 [R]. 北京：国家统计局.

国务院发展研究中心市场经济研究所课题组，2020. 以制度型开放促进服务业改革深化的思路和建议 [J]. 中国经济报告（5）：35-57.

何传启，2016. 中国现代化报告2016：服务业现代化研究 [M]. 北京：北京大学出版社.

何永达，2015. 人力资本、知识创新与服务业空间集聚：机遇省际面板数据的计量分析 [J]. 经济地理，35（9）：120-125.

胡鞍钢，2022. 中国式经济现代化的进展（2012-2021）[J]. 南京工业大学学报（社会科学版），21（6）：1-25，109.

江小涓，等，2018. 网络时代的服务型经济 [M]. 北京：中国社会科学出版社.

江小涓，靳景，2022. 数字技术提升经济效率：服务分工、产业协同和数字孪生 [J]. 管理世界，38 (12)：9-26.

江小涓，2017. 高度联通社会中的资源重组与服务业增长 [J]. 经济研究 (3)：4-17.

姜松，林小童，2023. 数字普惠金融对服务业劳动生产率的影响研究：兼论"鲍莫尔病"治理 [J]. 金融发展研究 (8)：28-38.

姜长云，邱灵，2017. 深化我国服务业综合改革的经验总结与建议 [J]. 江淮论坛 (5)：35-40.

姜长云，2019. 服务业高质量发展的内涵界定与推进策略 [J]. 改革 (6)：41-52.

科特金，2010. 新地理 [M]. 王玉平，王洋，译. 北京：社会科学文献出版社.

蓝庆新，窦凯，2019. 美欧日数字贸易的内涵演变、发展趋势及中国策略 [J]. 国际贸易 (6)：48-54.

李钢，聂平香，2016. 新时期中国服务业开放战略及路径 [M]. 北京：经济科学出版社.

李江帆，魏作磊，2003. 广东第三产业发展特征及其启示 [J]. 南方经济 (4)：10-13.

李俊，王拓，杜轶楠，2017. 世界服务业与制造业协调发展的规律与启示 [J]. 国际贸易 (9)：4-8.

李明超，2017. 城市治理导向的楼宇经济社区发展模式探讨 [J]. 同济大学学报（社会科学版），28 (3)：66-76.

李霞，阎星，2018. 改革开放 40 年成都经济发展道路 [M]. 成都：四川人民出版社.

李晓华，2018. "新经济"与产业的颠覆性变革 [J]. 财经问题研究 (3)：3-13.

李晓华，2022. 数字技术与服务业"成本病"的克服 [J]. 财经问题研究 (11)：16-26.

李悦，2004. 产业经济学 [M]. 2 版. 北京：中国人民大学出版社.

李志平，2018. 现代服务业集聚区形成和发展的动力机制研究 [D]. 上海：同济大学.

梁鹏，谢双艺，曾文志，2022. 疫情下北京市服务业扩大开放促进服务业高质量发展的路径研究 [J]. 商业经济研究 (14)：162-164.

林娜，2021. 成都市加快创建国际消费中心城市的路径选择 [J]. 中国西部 (4)：27-35.

刘黄金，陈幼英，2007. 20 世纪 90 年代以来南京服务业结构演变特征分析 [J]. 江苏经贸 (1)：11-12.

刘雷，2017. 世界服务业现代化的历史与经验 [J]. 理论与现代化 (5)：42-48.

刘娜，2023. 新消费的理论内涵、实践样态与创新经验 [J]. 消费经济，39 (3)：3-13.

刘胜，徐榕鑫，陈秀英，2021. 服务业综合改革政策的效果评估：兼论体制机制创新助力高质量发展启示 [J]. 上海财经大学学报，23 (3)：79-94.

刘书翰，2005. 新熊彼特服务创新研究：服务经济理论的新发展 [J]. 经济社会体制比较 (4)：137-140

刘涛，王微，2017. 国际消费中心形成和发展的经验启示 [J]. 财经智库 (5)：74-75.

刘伟，刘守英，2022. 坚持以高质量发展为主题推进中国式现代化历史进程 [J]. 前线 (11)：94-99.

刘奕，夏杰长，2018. 推动中国服务业高质量发展：主要任务与政策建议 [J]. 国际贸易 (8)：53-59.

刘钰，李登辉，余卓芮，等，2021. 城市人口与服务业空间协同的多维机制：以福建省为例 [J]. 地理科学 (8)：1354-1363.

芦千文，韩馥冰，2023. 农业生产性服务业：世界历程、前景展望与中国选择 [J]. 世界农业 (5)：32-43.

罗红波，2010. 城市：全球化网络的节点 [M]. 北京：社会科学文献出版社.

马图，斯特恩，赞尼尼，2012. 国际服务贸易手册 [M]. 陈宪主，译. 格致出版社.

毛中根，谢迟，叶胥，2020. 新时代中国新消费：理论内涵、发展特点与政策取向 [J]. 经济学家 (9)：64-74.

孟佩，徐宏毅，2022. 国外服务创新研究综述及展望 [J]. 财会月刊 (6)：119-125.

宁吉喆，2017. 新常态下的服务业：理论与实践［M］. 北京：中国统计出版社.

派恩，吉尔摩，2002. 体验经济［M］. 夏业良，鲁炜，译. 北京：机械工业出版社.

彭泗清，2023. 我国居民消费结构变迁：新维度与新趋势［J］. 人民论坛（18）：21-24.

瞿华，刘荣荣，2018. 中国城镇化对服务业影响的区域差异：基于系统GMM模型的实证研究［J］. 重庆大学学报（社会科学版）（2）：15-23.

任兴洲，王微，2017. "互联网+流通"究竟到了哪一步［J］. 中国中小企业（6）：30-31.

任兴洲，王微，2011. 服务业发展：制度、政策与实践［M］. 北京：中国发展出版社.

任兴洲，2018. 推动服务业实现高质量发展［J］. 上海质量（4）：8-12.

森川正之，2021. 服务立国论［M］. 魏海波，谭冰，关玲，译. 南宁：广西示范大学出版社.

上海规划和国土资源管理局，上海市规划编审中心，上海市城市规划设计研究院，2016. 上海15分钟社区生活圈规划研究与实践［M］. 上海：上海人民出版社.

上海市经济委员会，上海科学技术情报研究所，2007. 世界服务业重点行业发展动态2007—2008［M］. 上海：上海科学技术文献出版社.

上海市商务发展研究中心，2022. 国际消费中心城市全球化视野的比较与评估［M］. 上海：上海人民出版社.

尚文思，2020. 新基建对劳动生产率的影响研究：基于生产性服务业的视角［J］. 南开经济研究（6）：181-200.

沈煜恺，全于娟，黄华，2022. 楼宇经济国内研究综述［J］. 广东经济（4）：76-79.

斯密，2019. 国富论［M］. 胡长明，译. 重庆：重庆出版社.

孙浦阳，韩帅，许启钦，2013. 产业集聚对劳动生产率的动态影响［J］. 世界经济，36（3）：33-53.

所罗门，拉博尔特，2014. 消费心理学［M］. 2版. 王广新，王艳芝，张娥，等译. 北京：中国人民大学出版社.

谈力，史北祥，王红扬，2018. 城市知识创新型服务业空间布局特征与模式研究：以南京市城区为例［J］．现代城市研究（10）：2-10．

谭洪波，2017．人工智能能够根治鲍莫尔病吗？［N］．光明日报-12-19（14）．

谭振亚，陈伟军，2009．改革开放以来武汉市服务业的发展历程与前景展望［J］．现代商业（15）：173-175．

陶希东，2020．上海建设国际消费中心城市的成效、问题与对策［J］．科学发展（11）：39-46．

汪欢欢，2021．数字经济时代的服务业与城市国际化［M］．杭州：浙江工商大学出版社．

汪靖，2019．国际消费中心城市：内涵和形成机制［J］．经济论坛（5）：17-23．

王家宝，满赛赛，敦帅，等，2020．基于分享经济与零工经济双重视角的企业创新用工模式构建研究［J］．管理现代化，40（5）：103-105．

王明杰，2022．成渝地区双城经济圈生产性服务业对外服务能力研究：基于城市流强度模型［J］．成都行政学院学报（1）：101-120．

王宁，2021．分享经济的社会建构［J］．中国社会科学（11）：158-208．

王少剑，刘志涛，张婷婷，等，2019．服务业与多位城镇化的耦合协调研究［J］．热带地理（3）：450-460．

王微，刘涛，2020．服务业：制度型开放促改革深化［M］．北京：中国发展出版社．

王卫兵，2022．"流量至上"宰制下网红经济的伦理反思与引导路径［J］．理论导刊（10）：75-80．

王小红，2011．宋代成都"十二月市"考［J］．宋代文化研究（0）：123-129．

王燕武，李文溥，张自然，2019．对服务业劳动生产率下降的再解释：TFP还是劳动力异质性［J］．经济学动态（4）：18-32．

王曰影，2023．服务业高质量发展的制度逻辑与实践路径［J］．学习与探索（9）：118-125．

王兆宇，2015．世界城市服务业发展的结构特征与经验借鉴［J］．城市发展研究，22（12）：5-8．

吴高臣，2023．企业信用监管制度研究［J］．法学杂志，44（5）：125-138．

吴海瑾，李程骅，2010．现代服务业：城市转型的新动力系统［J］．现代城市研究（11）：23-28.

吴军，营立成，2023. 场景营城：新发展理念的成都表达［M］. 北京：人民出版社.

吴军，2014. 大城市发展的新行动战略：消费城市［J］. 学术界（2）：82-90.

吴启焰，1998. 从集聚经济看城市空间结构［J］. 人文地理（1）：17-21.

习近平，2022. 高举中国特色社会主义伟大旗帜 为全面建设社会主义现代化国家而团结奋斗：在中国共产党第二十次全国代表大会上的报告［M］. 北京：人民出版社.

夏杰长，2019. 新中国服务经济研究70年：演进、借鉴与创新发展［J］. 财贸经济（10）：17-31.

夏杰长，2022. 以服务业开放为主要抓手形成全面开放新格局［J］. 财贸经济（10）：5-9.

肖建中，2012. 现代农业与服务业融合发展研究［D］. 武汉：华中农业大学.

肖挺，刘华，2013. 中国服务业制造化的产业绩效分析［J］. 软科学（8）：15-19.

徐全红，王燕武，2019. 中美服务业结构演变比较及其经验启示［J］. 经济研究参考（13）：44-64.

徐紫嫣，2023. 人力资本积累与服务业劳动生产率关系探究：基于服务消费与技术创新的双重视角［J］. 改革（2）：105-117.

闫德利，2023. 平台经济在思考：它是什么，不是什么［J］. 中国信息化（8）：5-6.

阎星，2009. 改革开放30年成都经济发展道路［M］. 成都：四川人民出版社.

杨晨，原小能，2019. 中国生产性服务业增长的动力源泉：基于动能结构视角的研究［J］. 财贸经济，40（5）：127-142.

杨艳琳，2015. 现代服务业集聚对城市经济增长影响的实证研究［D］. 重庆：重庆大学.

佚名，2023. 成都高新区：让"创新之花"结出"产业之果"［N］. 光明日报-10-07.

于柳菁，高煜，2023. 数据要素是推动中国服务业增长的新动能吗：来自机器学习的估计［J］. 现代经济探讨（9）：73-85.

余小燕，吕萍，2021. 服务业与城镇化协调发展的内在机理研究 ［J］. 社会科学战线 （10）：258-262.

袁富华，张平，刘霞辉，等，2016. 增长跨越：经济结构服务化、知识过程和效率模式重塑 ［J］. 经济研究 （10）：12-26.

臧涛，邰莘，2019. 商业街区的前世今生 ［M］. 成都：四川民族出版社.

詹森，2013. 服务经济学 ［M］. 史先诚，译. 北京：中国人民大学出版社.

张克英，郭伟，姜铸，2015. 创新型服务业与总部经济发展研究 ［M］. 北京：科学出版社.

张文忠，1999. 大城市服务业区位理论及其实证研究 ［J］. 地理研究 （18）：273-281.

张占斌，王海燕，2022. 新时代中国经济高质量发展若干问题研究 ［J］. 北京工商大学学报（社会科学版），37 （3）：1-9.

章铮，张大生，王小宽，2010. 中华人民共和国经济发展全纪录：第 5 卷 ［M］. 北京：中国社会出版社.

赵弘，牛艳华，2010. 商务服务业空间分布特点及重点集聚区建设 ［J］. 北京工商大学学报（社会科学版）（25）：97-102.

赵文哲，2022. 国际消费中心城市的内涵及实施路径 ［J］. 人民论坛 （5）：75-77.

周勇，2009. 中国劳动密集型生活服务业的分类及升级研究 ［J］. 生产力研究 （24）：24-26.

周振华，2019. 全球城市国家战略与上海行动 ［M］. 上海：格致出版社.

BAUMOL W J，1967. Macroeconomics of unbalanced growth：the anatomy of urban crisis ［J］. The American economic review，57 （3）：415-426.

GOODWIN T，2015. The battle is for the customer interface ［EB/OL］. （2015-03-03） ［2023-12-26.］ http：//techcrunch. com/2015/03/03/in-the-age-of-disintermediation=the-battle-is-all-for-the-customerinterface/.

TRIPLETT J E，BOSWORTH B P，2003. Productivity measurement issues in services industries："Baumol's disease" has been cured ［J］. Economic policy review，9 （3）：23-33.

ZHONG Y，WEI Y D，2018. Economic transition，urban hierarchy，and service industry growth in China ［J］. Tijdschrift voor economische en sociale geografie，109 （2）：189-209.